AF599600

CATARATA

Antonio García Tabuenca, María Gálvez del Castillo Luna
y José Carlos Díez Gangas

Reindustrialización y PERTE en España

INDUSTRIA Y POLÍTICA INDUSTRIAL EN LA TRANSICIÓN VERDE

COLECCIÓN INVESTIGACIÓN Y DEBATE
SERIE: ANÁLISIS ECONÓMICO CON IMPACTO SOCIAL

FUENCARRAL, 70
28004 MADRID
TEL. 91 532 20 77
WWW.CATARATA.ORG

REINDUSTRIALIZACIÓN Y PERTE EN ESPAÑA.
INDUSTRIA Y POLÍTICA INDUSTRIAL EN LA TRANSICIÓN VERDE

ISBN: 978-84-1067-102-7
DEPÓSITO LEGAL: M-19.972-2024
THEMA: KJJ/KNBT

ÍNDICE

INTRODUCCIÓN

En este trabajo de la Cátedra de Investigación Iberdrola-Universidad de Alcalá de Energías Renovables Responsables se explora la evolución y perspectiva que la industria manufacturera y sectores conexos (denominaremos "industrias" al conjunto) están presentando en España de acuerdo con la acción de las empresas y sectores involucrados y la política industrial que los acompaña. Esta composición de industrias se refiere tanto al ámbito terrestre como marino. Como es lógico, este análisis no puede realizarse separadamente del comportamiento general en este mismo campo de los países pares de la Unión Europea (UE) y de la política industrial comunitaria en estos últimos años, así como del de las principales economías del mundo que enmarcan la senda de la trasformación global, principalmente Estados Unidos y China.

En España los puntos nodales sobre esta dinámica han sido, de un lado, la puesta en marcha del Plan Nacional Integrado de Energía y Clima (PNIEC) 2021-2030, que está en proceso de actualización desde junio de 2023, mediante un texto que ha sido sometido a información pública, acompañado del "Borrador de actualización del PNIEC 2023-2030" y de un "Formulario aportaciones actualización"[1]. Y de otro lado, las "Directrices generales

1. Vicepresidencia Tercera del Gobierno y Ministerio para la Transición Ecológica y Reto Demográfico, https://lc.cx/mpDTVz.

de la nueva política industrial española 2030", enmarcadas en la agenda del Gobierno de 2018 (y 2019) y alineada con los Objetivos de Desarrollo Sostenible, que siguen la filosofía de la UE sobre un mayor compromiso con la industria y, en particular, del que se deriva de la transformación energética verde.

Asimismo, este nuevo rumbo industrial se vio reforzado, tras la pandemia, de la mano de la UE, con el Plan de Recuperación, Transformación y Resiliencia, en particular conducido a través del componente 12 de los denominados PERTE (Proyectos Estratégicos para la Recuperación y Transformación Económica, bajo el esquema de participación público-privada), ya que la finalidad del Plan de Recuperación es más amplia que la política industrial. Igualmente, la eclosión y expansión de la guerra de Rusia contra Ucrania y la explosiva conflagración en octubre de 2023 en Oriente Medio están siendo hitos clave (y graves) en la comprensión y evolución del desarrollo general de la industria y sus necesidades energéticas.

A este ámbito de la industria española se refirió el trabajo de esta Cátedra: "Una política industrial verde orientada a nuevas industrias y tecnologías en la transición ecológica" (García Tabuenca y Díez Gangas, 2023)[2]. En su desarrollo, tras exponer un panorama de los hitos principales de la industria en España, presentaba unas bases y principios, académicos y experimentales, sobre los que se asienta una política industrial verde, así como una propuesta para su puesta en marcha, orientada al doble reto de aumentar la riqueza de las naciones y asumir las limitaciones del planeta.

En este trabajo se estudia, se reflexiona y se extraen conclusiones desde dos perspectivas. Primera, la que ofrece la literatura económica, que permite conocer y valorar casos, análisis de estudios académicos —a veces también de organizaciones económicas internacionales o de expertos reconocidos— sobre la desindustrialización/reindustrialización y la transformación verde de las economías. La segunda perspectiva del trabajo, a partir de un modelo de entrevistas cualificadas y una encuesta de opinión a los

2. DT-IAES (WP-08/23) https://lc.cx/Loop6c.

responsables empresariales de proyectos PERTE, ofrece un marco posible de estrategias empresariales —de tamaños y sectores—. Estas podrían acompañarse de una actuación decidida por parte del Gobierno de nueva política industrial verde, que se sostiene y justifica en una flexible gestión pública, en el establecimiento de condicionalidades a las empresas beneficiarias de proyectos verdes, y en las externalidades ambientales que conllevan un fallo adicional de mercado, incluidos los fallos de coordinación y de gestión de bienes públicos.

A partir de estos antecedentes, la presente obra consta de seis apartados, incluida esta introducción. Junto a la introducción y las conclusiones, en el primer capítulo se lleva a cabo una amplia revisión de la literatura económica, tal como se ha indicado en el párrafo anterior. En el capítulo 2, se presentan algunos de los principales rasgos de las políticas industriales de China y Estados Unidos, y de su anticipación ante la transición industrial verde. El tercer capítulo describe las características, convocatorias públicas y grado de ejecución del Plan de Recuperación, respaldado por el mecanismo de los fondos NextGenerationEU, dentro del que se insertan los PERTE en España, y plantea algunas reflexiones y perspectivas sobre la naturaleza y evolución de estos fondos. El capítulo 4 profundiza en el conocimiento y desarrollo de los proyectos PERTE mediante el método de entrevistas abiertas a algunos destacados empresarios y directivos de empresas beneficiarias, que cumplimentan también una encuesta específica sobre su valoración de los proyectos PERTE que gestionan y su opinión del conjunto de la acción PERTE. Finalmente, en el último apartado se extraen las principales conclusiones y se ofrecen algunas sugerencias y recomendaciones orientadas al desarrollo próximo de una política industrial verde.

CAPÍTULO 1
LITERATURA SOBRE DESINDUSTRIALIZACIÓN Y REINDUSTRIALIZACIÓN. LA TRANSICIÓN VERDE

"Sin una base manufacturera vibrante, las sociedades tienden a dividirse entre ricos y pobres: quienes tienen acceso a puestos de trabajo estables y bien remunerados, y aquellos cuyos empleos son menos seguros y viven condiciones más precarias. En última instancia, la manufactura puede ser fundamental para el vigor de la democracia de una nación".

Dani Rodrik (2011)

El estudio y debate sobre la reindustrialización se encuentra entre las importantes preocupaciones de Gobiernos, centros de investigación, representantes sociales y organizaciones especializadas. En las últimas décadas —acompañadas de la Gran Recesión, la pandemia y las guerras recientes— viene observándose que las economías avanzadas tienden a desindustrializarse y que los países de mediano ingreso no logran alcanzar posiciones de crecimiento estable a largo plazo en el ámbito de las manufacturas y otras industrias.

Un estudio de Tregenna (2011) anticipó en medio de la crisis que al considerar los caminos hacia la industrialización en el siglo XXI "es necesario tener en cuenta el hecho de que muchos países en realidad se han estado desindustrializando". Sus resultados indican que en la mayoría de los países la disminución del empleo manufacturero está asociada principalmente con el aumento de la productividad del trabajo en este sector; además de esta razón, la literatura económica ha propuesto otras causas que explican también este fenómeno. La autora destaca algo que es oportuno en la elaboración de este trabajo: la reindustrialización es clave para el crecimiento a largo plazo, pero es difícil de llevar a cabo, lo que pone de relieve la relevancia de políticas industriales consistentes si los países quieren cruzar de la desindustrialización a la reindustrialización.

Se comienza esta revisión de la literatura acudiendo al caso de la Unión Europea, que ha mostrado con perseverancia desde 2019 su impulso a la reindustrialización comunitaria sustentada sobre una política industrial definida por la Comisión Europea y los Estados miembros. Después, se repasan algunas aportaciones académicas en esta materia, que cubren Estados Unidos, China y otros países asiáticos, europeos y de América Latina. Finalmente, se presentan algunos estudios académicos (aún escasos) sobre reindustrialización y energías renovables.

1.1. LOS PASOS DE LA UNIÓN EUROPEA HACIA LA REINDUSTRIALIZACIÓN

En mayo de 2019, el Consejo de la Unión Europea reclamó una clara y enérgica estrategia global a largo plazo de la política industrial europea con una visión para 2030, y solicitó a la Comisión Europea que la materializase antes de finalizar 2019. El punto de vista del Consejo partía de que una sólida industria de la UE era vital para tener una economía fuerte. En concreto, proponía respuestas a cuatro desafíos: la competencia mundial, la digitalización, el desarrollo sostenible y la descarbonización (Consejo UE, 2019).

Tácitamente, se estaba aceptando que la industria europea perdía el compás internacional y declinaba en términos de valor añadido y empleo en los últimos años. Los datos mostraban que entre 2000 y 2022 la participación relativa de la industria comunitaria en el total del valor añadido había caído del 22,6 al 20,6% (Eurostat, 2023). Y ello en favor principalmente de la industria norteamericana de alto valor añadido y tecnología, y sobre todo del fuerte empuje de la de China. Esta última, tras ser proveedora mundial durante varias décadas de *inputs* de bajo valor añadido o de *outputs* tradicionales, había cristalizado una industria global basada en las tecnologías más emergentes, el talento y conocimiento adquirido por una parte importante de sus empleados y técnicos, las alianzas internacionales y cadenas de valor establecidas con grupos industriales internacionales, y la pertenencia de materias primas indispensables en el enfoque hacia la nueva producción industrial verde.

En marzo de 2020, la Comisión sentó las bases de una estrategia industrial dirigida a impulsar la doble transición hacia una economía ecológica y digital, reforzar la competitividad industrial de la UE a nivel mundial y mejorar la autonomía estratégica abierta de Europa. Su lema deja claro el propósito de la estrategia: "Europa está emprendiendo su transición hacia la neutralidad climática y el liderazgo digital. La estrategia industrial europea quiere garantizar que la industria europea marque el rumbo en esta nueva era".

Al día siguiente de la presentación de esta nueva estrategia, la Organización Mundial de la Salud declaró la pandemia de COVID-19. Algo más de un año después, en mayo de 2021, la Comisión actualizó esta estrategia contemplando las circunstancias de la crisis pandémica e incidiendo en los mismos aspectos estratégicos: impulsar la transformación hacia una economía más sostenible, digital, resiliente y competitiva. En todas las acciones derivadas de esta estrategia, se contempla a las pequeñas y medianas empresas (pymes) como vector principal de innovación en los diversos ecosistemas.

Asimismo, la Comisión se propuso seguir mejorando la autonomía estratégica abierta en ámbitos clave donde la COVID-19 había causado perturbaciones en la cadena de suministro mundial, lo que dio lugar a la escasez de determinados productos esenciales en Europa. Entre estas dependencias estratégicas figuran 137 productos utilizados en ecosistemas sensibles, de un total de 5.200 productos analizados, que representan el 6% de las importaciones totales. Más de la mitad de estos corresponden a productos originarios de China y, en menor medida, de Vietnam y Brasil. La vulnerabilidad es aún mayor en el caso de 34 productos debido al escaso potencial de diversificación y de sustitución por otros elaborados en la UE. Igualmente, hay seis ámbitos estratégicos en los que la UE es dependiente del exterior: materias primas, baterías, ingredientes farmacéuticos activos, hidrógeno, semiconductores y tecnologías de computación en la nube y en el borde (Comisión Europea, 2020).

Para acelerar la doble transición, la Comisión Europea (CE) dispuso llevar a cabo proyectos plurinacionales y maximizar las inversiones dentro del Mecanismo de Recuperación y Resiliencia (creado en junio de 2020). Asimismo, la CE (2019) se anticipó formulando el Pacto Verde Europeo[3] con la finalidad de transformar la UE en una economía moderna, eficiente en el uso de los recursos y competitiva, garantizando eliminar las emisiones de gases de efecto invernadero en 2050.

No obstante, en un sentido contrario se ha argumentado que este Pacto Verde exigiría que los sistemas de producción de Europa sean neutrales en carbono y una gama más amplia de políticas industriales "verdes" (Pianta y Lucchese, 2020). En esta línea crítica también se ha señalado que Europa sigue estando lejos de tener una política industrial verde de pleno derecho. Hay multitud de iniciativas a nivel europeo, nacional o regional que según Bruegel (2020) "no están coordinadas e incluso pueden entrar en conflicto [...] porque las políticas industriales verdes, significativamente distintas en diferentes países, fragmentan el mercado único de la UE y podrían socavar la igualdad de condiciones. Se justifica una fuerte acción y coordinación de la UE".

Parecería, sin embargo, que en este decurso dichas deficiencias han venido siendo —al menos parcialmente— rectificadas, tanto por la Comisión como por los Estados miembros más comprometidos en mitigar los efectos del cambio climático y asumir políticas industriales verdes. Ciertamente, no parece que en 2023 nos hallemos ante una nueva política industrial verde propiamente dicha, aunque sí con instrumentos adecuados y posibles de desarrollar, principalmente, los elevados fondos que la CE ha comprometido con los Estados miembros. Para hacer frente a las consecuencias de la pandemia, desde el Mecanismo de Recuperación y Resiliencia se instrumentó el fondo NextGenerationEU, dotado con 750.000 millones de euros (360.000 millones de préstamos reembolsables y 390.000 de transferencias no reembolsables).

3. https://lc.cx/up-NZC.

Los Estados miembros compartieron el objetivo de que estos fondos se destinaran a acelerar la doble transición ecológica y digital. Este "fondo UE" supone por primera vez una federalización de la financiación, con la emisión de bonos por parte de la CE, mutualizando la deuda de los Estados (Melle, 2023). De acuerdo con la UE, España destina una parte importante de este fondo a reforzar el impulso industrial y la actividad económica a través de los Proyectos Estratégicos para la Recuperación y Transformación Económica (PERTE).

En suma, entre 2019 y 2022, la UE conocedora del progresivo debilitamiento de su sector industrial, del reducido acompañamiento público y de los riesgos que ello comportaba, tomó la determinación de afrontar un proceso de reindustrialización, que posteriormente asoció al Pacto Verde Europeo. Aunque con algunas críticas académicas y de expertos, la senda está encaminada a reforzar campos industriales estratégicos y a tomar el pulso al nuevo escenario que presenta la competitividad internacional tras la pandemia y la guerra de Rusia contra Ucrania y sus consecuencias económicas, valiéndose principalmente de las oportunidades que brinda la doble transición verde y digital.

Como se ha indicado, este panorama sobre desindustrialización y reindustrialización no es único en la Unión Europea. Sistemáticamente, en las últimas décadas venía observándose que en las economías avanzadas posindustriales, aunque también en algunas destacadas de países en desarrollo, se sufría una importante tendencia de desindustrialización, acompañada de procesos de deslocalización de empresas. El caso de Europa sería un particular ejemplo de esta tendencia, pero también de otras áreas industrializadas en los países de la Organización para la Cooperación y el Desarrollo Económico (OCDE), Asia y extremo Oriente, Sudáfrica, Brasil y otros países latinoamericanos. Estados Unidos, de nuevo, ha sido el país que con mayor rapidez e ímpetu ha marcado el paso en la política verde y reindustrializadora, tanto en la dotación de abundantes fondos como en la selección de las tecnologías energéticas e industriales. A Estados Unidos y a China se dedica un apartado específico en este libro.

1.2. PREMATURA DESINDUSTRIALIZACIÓN: REINO UNIDO, OCDE, ESTADOS UNIDOS

Entre los trabajos pioneros sobre desindustrialización se encuentra el de Singh (1977), referido a Reino Unido. Considera este autor que la desindustrialización es equívoca en la medida que expresa un desequilibrio estructural de la economía. O, dicho de otro modo, el sector manufacturero es incapaz no solo de satisfacer la demanda interna al menor coste, sino también de exportar lo suficiente para pagar el nivel de pleno empleo de las importaciones (considerando un tipo de cambio adecuado). Estudios posteriores han analizado empíricamente las causas de la desindustrialización en los países desarrollados. Así, Saeger (1997) encuentra evidencia de que las importaciones del sur contribuyeron a un menor empleo manufacturero en 23 países de la OCDE entre 1970 y 1990. En otro análisis de 23 países de la OCDE, ampliado al periodo 1963-2002, Rowthorn y Coutts (2004) encuentran que el comercio con economías menos desarrolladas contribuyó significativamente a la desindustrialización en el norte; no obstante, el análisis recalca que fueron aún más determinantes otros factores internos como el crecimiento de la productividad y los cambios ocurridos en la demanda.

En el mismo trabajo, Rowthorn y Coutts ofrecen las cinco explicaciones sobre la desindustrialización que se han propuesto en la literatura. La primera es la especialización o subcontratación externa de actividades anteriormente producidas internamente a proveedores de servicios especializados, lo que da lugar a una aparente disminución del empleo en el sector manufacturero (aunque ello puede ser más de naturaleza estadística que real). La segunda, una caída en los precios relativos de las manufacturas, significa que representan una proporción menor del gasto de los consumidores. La tercera explicación se basa en el mayor crecimiento de la productividad en el sector manufacturero en relación con los servicios, lo que conlleva a un crecimiento del empleo más lento en el sector manufacturero que en los servicios, incluso si la producción aumenta al mismo ritmo. En cuarto lugar, el comercio internacional podría afectar negativamente el empleo manufacturero en las economías avanzadas al aumentar la productividad a través de mayores presiones competitivas, supresión de actividades de bajo valor añadido o empresas ineficientes y reemplazo de actividades relativamente intensivas en mano de obra sujetas a presiones importadoras por actividades menos intensivas en mano de obra que produzcan exportaciones más sofisticadas. Y la quinta explicación se refiere a que la reducción de la tasa de inversión en una economía tenderá a disminuir la participación de las manufacturas —en empleo y producto interior bruto (PIB)—, ya que una desproporcionada participación del gasto en inversión corresponde a las manufacturas.

A estas explicaciones sobre la desindustrialización puede agregarse otra adicional, de Palma (2008), referida al "síndrome de la enfermedad holandesa" que puede presentar una economía cuando se descubren importantes recursos naturales y desarrolla la financiación de las exportaciones o el turismo, o también como resultado de una política de "liberalización" en los países de ingresos medios. En este sentido, más adelante se explica el caso de Brasil.

Refiriéndose a los países de la OCDE y en esta misma línea de análisis, Fariñas y Martín Marcos (2015), señalan que están experimentando un proceso de desindustrialización, medido tanto por la reducción en el empleo como en el valor añadido. Si la relación es con el nivel de renta per cápita, el patrón medio de desindustrialización sigue una trayectoria en forma de U invertida, lo que refleja el comportamiento de variables básicas como la productividad relativa del sector, sus precios y su demanda relativa. Se constata también que la cobertura creciente de la demanda interior con importaciones es otro factor que ha actuado en la misma dirección, al igual que la externalización de ciertos servicios y la terciarización creciente de actividades manufactureras. Sobre el caso de España, señalan que "no es posible reindustrializar España en el sentido de incrementar de nuevo el peso relativo de sus manufacturas. Los esfuerzos deben orientarse a favorecer el desarrollo de nuevas actividades ligadas con el cambio tecnológico que tiene lugar en el sector".

Dentro de este mismo concepto de la "prematura desindustrialización", Rodrik (2016) la analiza en relación con la industrialización, medida tanto por el empleo como por la participación en la producción respecto al PIB, se estaba desplazado hacia abajo y acercándose al origen, lo que significa "que los países [en desarrollo] se están quedando más tempranamente sin oportunidades de industrialización y con niveles de ingreso mucho más bajos en comparación con la experiencia de los primeros industrializadores". Entretanto, las economías avanzadas han venido perdiendo una cantidad considerable de empleo (especialmente del tipo poco cualificado), pero han aguantado su participación en la producción manufacturera a precios constantes. Tanto la globalización como el progreso tecnológico en el sector manufacturero, que ahorra mano de obra, han estado detrás de esta evolución.

Este sería el caso de Estados Unidos, que ha experimentado un constante proceso de desindustrialización en las últimas décadas debido a la competencia global y a los cambios tecnológicos (Rodrik, 2011). Entre 1990 y 2010, la proporción del sector manufacturero en términos de empleo se redujo en casi cinco puntos porcentuales. Pese a ello, la productividad y las remuneraciones de la mano de obra fueron sustancialmente más altas (75%) en la industria manufacturera que en el resto de la economía. Entretanto, los países asiáticos y los exportadores de manufacturas han podido mantenerse en gran medida aislados de esas tendencias y, al contario, los latinoamericanos se han visto especialmente afectados.

1.3. CASOS DE INTERÉS ENTRE PAÍSES EN DESARROLLO Y EMERGENTES

1.3.1. BRASIL

En esta línea del análisis sobre la desindustrialización, Salama (2012a) ya se había preguntado durante el periodo de la Gran Recesión (que implicó la mejora de las economías e industrias de los países emergentes, particularmente en Latinoamérica) si la intensificación de las relaciones comerciales asimétricas entre China y Brasil podían explicar la temprana desindustrialización en este último país. En su trabajo demuestra que no es la apertura económica lo que conduce a la desindustrialización, la baja productividad o la reducción del valor añadido, sino la forma en que se implanta: "La desindustrialización en Brasil se explica porque la apertura económica no estuvo acompañada de una adecuada política cambiaria e industrial". Es conocido (ya se ha mencionado anteriormente) que la exportación de materias primas puede ir en detrimento del crecimiento de la industria por la gran afluencia de capital y la apreciación de los tipos de cambio, lo que favorece la "enfermedad holandesa". En otro trabajo del mismo autor, Salama (2012b) ya había planteado que, a excepción de Alemania, el conjunto de los países avanzados había experimentado desde una década atrás una desindustrialización masiva, que también afectó a una parte importante de las economías emergentes, salvo algunas de las grandes economías asiáticas.

Esta retracción de la industria brasileña vuelve a exponerse una década después en un trabajo sobre la influencia de la crisis-pandemia, sostenido con un modelo *input-output* (Dweck *et al.*, 2022). Entre los resultados, los autores destacan los efectos nocivos sobre la estructura productiva del país, así como la dependencia de las importaciones del sistema de salud brasileño, la caída de la producción bruta manufacturera y el valor agregado, principalmente en los sectores intensivos en conocimiento, con pérdidas de empleo e ingresos tributarios. Y sugieren que la pandemia señala algunos caminos hacia la reindustrialización y la resiliencia, dada la reorganización de las redes de producción internacionales y la creciente dependencia de las importaciones en sectores manufactureros clave.

Esta desindustrialización temprana en Brasil, que se extendió durante los pasados años, ha llevado al nuevo Gobierno brasileño a poner en marcha (a mitad del año 2023) un plan de reindustrialización, al que destinará 21.500 millones de dólares, al que ha llamado "nueva revolución industrial". El Consejo Nacional de Desarrollo Industrial (CNDI), integrado por representantes del sector, los sindicatos y la sociedad civil, definirá la nueva política industrial con el fin de superar el atraso productivo y tecnológico, mejorar las infraestructuras y promover la inclusión socioeconómica, la formación profesional y la mejora de la renta de la población para reducir la desigualdad y potenciar la sostenibilidad[4]. El propósito de esta reindustrialización es conseguir una economía baja en carbono y con mejoras en la productividad y competitividad. Estos objetivos son ambiciosos y se hallan dentro de un modelo reindustrializador diferente a los conocidos en el pasado y con una orientación cercana a la propuesta por la Unión Europea.

1.3.2. CHINA

Asimismo, la prematura desindustrialización ha sido también recientemente analizada en China, en particular en las provincias occidentales de desarrollo manufacturero tardío. Un estudio adopta el mismo, o similar, índice —que aplica Rodrik— para analizar a los recién llegados a la producción manufacturera y determinar la ocurrencia estadística de desindustrialización prematura o reindustrialización, que se expresa por el desplazamiento hacia abajo o hacia arriba en la relación manufactura-ingreso en un determinado nivel de ingreso (Lar y Taguchi, 2023). Este estudio muestra que, pese a que China haya podido mantenerse aislada, al menos en parte, de las tendencias de desindustrialización, también las ha sufrido en territorios del interior. Así, los resultados del análisis confirman la existencia de una desindustrialización prematura en la zona económica occidental de China. Sin embargo, en las zonas económicas oriental e intermedia el efecto de la reindustrialización supera a la desindustrialización prematura debido a la globalización de China y a sus idóneas políticas industriales y de desarrollo regional. Por lo tanto, según los autores, el Gobierno chino y sus políticas industriales deberían priorizar las provincias de la región occidental para que puedan experimentar un crecimiento inclusivo.

4. https://lc.cx/7RxnLn.

1.3.3. INDONESIA

En este marco mundial de las economías asiáticas, es también sugerente un estudio que diagnostica una posible desindustrialización, pese a que podría parecer lo contrario. Sugiharti *et al.* (2019) examinan, en este caso, el crecimiento de la productividad industrial en el corredor manufacturero de Indonesia (de gran importancia en las exportaciones internacionales), que abarca las empresas de todas las provincias de Java (2007-2013). Su método de análisis captura las fuentes de crecimiento de la productividad que apoyan o disuaden el crecimiento de la producción, diferenciando las características de las empresas (tamaño, intensidad de la tecnología, intensidad de las habilidades, localización por provincia y relación capital-producto); se obtiene también el progreso tecnológico, el cambio en la eficiencia técnica y los efectos de escala, y se estudian los costes de los factores de producción, hallándose que los de la energía anulan las posibles ganancias en los efectos de escala al aumentar desproporcionadamente tanto el consumo como los precios. Los resultados del modelo que proponen evidencian de que el crecimiento de la productividad total de los factores (PTF) es negativo y sigue cayendo en el tiempo, lo que plantea la posibilidad de que el corredor manufacturero en lugar de dirigirse a una reindustrialización deseada esté dentro de una senda que lo lleve hacia la desindustrialización.

1.3.4. ÁFRICA Y SUDÁFRICA

Si nos situamos en el continente africano, es bien conocido que sigue siendo la región del mundo menos industrializada, con solo un país de todo el continente, Sudáfrica, actualmente clasificado como industrializado (emergente). Se ha escrito mucho sobre la lejanía de África de los centros económicos e industriales del planeta y de las difíciles posibilidades que tiene de aprovechar las oportunidades con que cuenta para salir de su estado de muy bajo desarrollo. Tras la emergencia de la pandemia, se escucharon voces de los principales organismos internacionales haciendo llamamientos a la introducción de mejoras. "Para aprovechar estas oportunidades, resulta imperativo que todos los países de África, tanto individual como conjuntamente, se comprometan de lleno con una agenda de transformación industrial que refleje el papel crucial de la industria en el desarrollo del continente", señala Hai[5] (2020), que sobre la estrategia a seguir apunta que "no debe seguir la misma senda de la industrialización que la liderada por Europa y América del Norte. El desarrollo industrial africano debe ser inclusivo y sostenible: inclusivo para que todos los sectores de la sociedad puedan participar y beneficiarse de la industrialización, y sostenible para que el medioambiente no lo sufra".

Sin embargo, una senda africana general hacia la industrialización sigue siendo poco factible en este periodo de transición energética y digital. Su pasado colonial, extractivo y destructivo al mismo tiempo, continúa siendo freno al desarrollo económico, industrial y social. En realidad, apenas hay debate, fuera del contexto de las Naciones Unidas, sobre su industrialización y apenas se salvan algunos países al norte del Sahel y Sudáfrica, que es el más industrializado. No obstante, la transición está ofreciéndole algunas oportunidades a través de inversión europea en energías renovables. Y, por otro lado, las inversiones chinas, mediante convenios de colaboración y contratos, vienen desplegándose y aumentando cada año en el ámbito de la producción agrícola y agroalimentaria, servicios de tecnología, infraestructuras y transporte en algunos países[6]. Esta evolución inversora está siendo considerada por algunos medios como "la imparable colonización de África por parte de China". Aun así, el principal socio comercial e inversor del continente africano sigue siendo la Unión Europea.

Sudáfrica, según cifras del Banco Mundial, en 2022 tenía un valor añadido industrial del 24,4%; pese a su desarrollo industrial relativo (Alemania en el mismo año tenía el 26,7%), este valor ha

5. Helen Hai es gerente general de la iniciativa Made in Africa y embajadora de buena voluntad de la Organización de las Naciones Unidas para el Desarrollo Industrial (ONUDI) para la industrialización en África.
6. Para más información, se puede visitar The International Institute for Sustainable Development (IISD), www.iisd.org/.

venido cayendo desde 1960, año en el que suponía el 32,5%; en el año 1980, alcanzó el punto más elevado: el 40,8%. Estos valores, aparentemente altos, incluyen sin embargo además del sector de las manufacturas la industria extractiva, que ha sido fuente relevante de exportaciones. Forma parte de los países emergentes más destacados denominados BRICS y es un claro ejemplo de desindustrialización prematura y de bajo crecimiento durante un largo periodo. La desindustrialización prematura es uno de los factores clave que encierra a muchos países de ingresos medios en una trampa tecnológica de crecimiento estancado e impiden su aproximación a las economías avanzadas (como es el caso de Sudáfrica). También reduce su margen de mejoras sostenidas de la productividad necesario para alcanzar a los países avanzados. Estas sugerentes aportaciones de Andreoni y Tregenna (2021) se desprenden de un modelo econométrico y comparativo entre varios países de ingresos medio-bajos y de ingresos medios. El caso sudafricano proporciona información importante sobre los desafíos que enfrentan los países de ingresos medios cuando intentan desarrollar su capitalización productiva para impulsar su transformación estructural. A pesar de que Sudáfrica se abrió y se integró en la economía global, liberalizando el comercio y los mercados financieros, ha permanecido estancada en actividades de productividad relativamente menor con una débil diversificación de las exportaciones.

En particular, refiriéndose conjuntamente a Sudáfrica, Brasil, China y Malasia (e incluyendo en ocasiones a otros países de industrialización emergente, como México), estos autores identifican un determinado valor del PIB per cápita y la participación del sector manufacturero en el empleo total asociado con un "punto de inflexión" en el que la participación del sector manufacturero se estabiliza y comienza a declinar. Hasta mediados de los años setenta, Sudáfrica se mantuvo ligeramente por encima del 20% del PIB per cápita de Estados Unidos, luego cayó bruscamente entre 1975 y 2000, tuvo una modesta recuperación hasta 2010, pero a partir de 2011, en lugar de mejorar la trayectoria *catching-up*, se quedó aún más atrás, con un PIB per cápita algo más bajo del 10%

del de Estados Unidos en 2022 (gráfico 1). Asimismo, la falta de transformación estructural de Sudáfrica ayuda a explicar su incapacidad para escapar de la trampa tecnológica de los ingresos medios.

GRÁFICO 1

SUDÁFRICA Y PAÍSES COMPARADOS:
% DE PIB PER CÁPITA EN ESTADOS UNIDOS 1960-2022 ($)

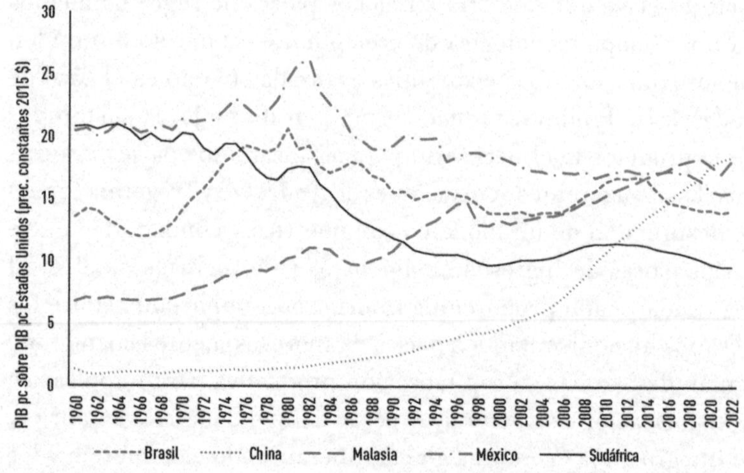

Fuente: World Bank World Development Indicators (WB WDI).

1.3.5. MÉXICO

México ha tenido un proceso de industrialización dependiente de Estados Unidos y sus exportaciones están dirigidas mayoritariamente al vecino del norte, lo que no le ha permitido un desarrollo industrial autónomo, sino más bien basado en la maquila —plantas de Estados Unidos en México— y la subcontratación norteamericana a empresas mexicanas. El crecimiento económico mexicano ha avanzado en las últimas décadas: en 2022 era la 15ª economía mundial en términos de PIB. España ocupaba la posición 14ª a muy poca distancia de México. Según el Worl Economic Forum, es la segunda economía latinoamericana en términos de productividad, Chile se encuentra a la cabeza.

Dentro del contexto de la crisis, la desindustrialización generalizada en las economías desarrolladas y un largo proceso de desregulación financiera, que condujeron a la Gran Recesión y a la severa retracción de las economías de Estados Unidos y la Unión Europea, en un estudio de Olmedo (2014) se plantea cómo revertir el complejo proceso de desindustrialización de México. Basándose en que las empresas multinacionales manufactureras habían experimentado cambios en sus estrategias de producción mundial en las últimas décadas, el autor argumenta que México adoptó estas mismas estrategias al fomentar un patrón exportador maquilador de carácter trasnacional, convirtiéndose en exportador de manufacturas de medio y alto nivel tecnológico. Sin embargo, esta producción de manufacturas de exportación se lleva a cabo con crecientes *inputs* importados, lo que ha venido desestructurando los encadenamientos productivos, por lo que se ha registrado un proceso de desindustrialización nacional y se ha profundizado la dependencia tecnológica.

En este contexto, Olmedo propone generar un proceso de reindustrialización que exige en primer lugar definir una visión diferente del desarrollo y asumir estrategias distintas en términos de política comercial, industrial y de ciencia y tecnología e innovación, así como de políticas de apoyo a las mipymes, pero también de otras políticas como las educativas, laborales, de financiamiento, fiscales y monetarias. Estos razonamientos, concluye, obligan a una redefinición de las prioridades nacionales con el objetivo de ampliar y fortalecer el mercado interno, implantando cambios profundos y reformas de la política económica y social. En la revisión de este estudio se detecta, sin embargo, bastante escepticismo respecto a la transformación industrial de esta extensa y emergente economía, considerando el camino a contracorriente que mantiene en los últimos 30 años ("nada indica que se estén gestando las condiciones para un cambio en beneficio del desarrollo", por parte del nuevo Gobierno).

¿Cómo entender en México que los países que impulsarán el crecimiento económico en los próximos 25 años (Brasil, Rusia, India y China) lo harán basándose en modelos de apoyo a la actividad manufacturera mediante políticas industriales bien definidas y al margen de dogmas y concepciones academicistas?, se pregunta Gutiérrez Muguerza (2012) en un trabajo titulado "Hacia la reindustrialización de México". En esta línea de investigación unos años más tarde, Sánchez Juárez y Moreno Brid (2016) encuentran evidencia de que la producción manufacturera es causa estadística de la producción no manufacturera y total, es decir, del crecimiento económico.

Para Gutiérrez Muguerza el Tratado de Libre Comercio de América del Norte (TLC o TLCAN), en vigor desde 1994, implicó una estrategia necesaria y, de inicio, muy exitosa, de apertura a los mercados; sin embargo, el riesgo, desde un principio, era que el modelo de desarrollo industrial terminara privilegiando la producción de *inputs* manufacturados fuera de la región del TLCAN, como así ocurrió. Para solucionarlo, se generaron programas especiales que permitieron la importación con aranceles preferenciales en ciertas industrias y paralelamente Estados Unidos fue reduciendo su arancel promedio para cualquier país miembro de la Organización Mundial de Comercio. La reducción del arancel de nación más favorecida de Estados Unidos benefició a los productores americanos asentados en Asia, a los importadores americanos y a los consumidores mexicanos, con lo que se fueron extinguiendo las ventajas y atractivos del TLC. Esta evolución condujo a México a padecer un importante proceso de desindustrialización, que cobró mayor complejidad con la crisis financiera global de 2007-2008. En distintas instancias empresariales y académicas, donde coinciden ambos trabajos, plantearon la necesidad de una política industrial consensuada en su diseño y participativa en su aplicación, en el marco de necesarias y estrechas alianzas público-privadas.

En 2019, el Gobierno anunció una nueva política industrial orientada a varios objetivos, entre los que alienta el crecimiento de las pymes y el fomento de la digitalización del sector manufacturero con el impulso de la industria 4.0, y la mayor capacitación y tecnificación del capital humano; no aparecen señales sobre la industria verde. Sin embargo, desde el Instituto de Investigaciones

Económicas de la UNAM, la política industrial de México existe solo en el papel: "Fuera de ahí no tenemos un proyecto que vincule a las grandes multinacionales del país con las empresas pequeñas y medianas, ni estrategias de gobierno que apoyen y den fomento financiero a estos actores, pese a ser cruciales para nuestro desarrollo" (Basave Kunhardt, 2020). También en otros medios sociales se incide en que México requiere una política industrial en la que los inversores exteriores encuentren confianza y certeza que les dé seguridad jurídica.

1.3.6. OTROS PAÍSES DE EUROPA ORIENTAL

De vuelta a Europa, en concreto a algunos Estados miembros de la Unión Europea, existen trabajos referidos a dos de los que se incorporaron en las dos últimas ampliaciones: Rumanía (2007) y Polonia (2004).

Desde el Center for Industry and Services Economics de Bucarest (Neagu *et al.*, 2015) se ha realizado un trabajo sobre el estado del sector de la industria extractiva de Rumanía –desde 1989 hasta 2014– empleando un análisis de fortalezas, oportunidades, debilidades y amenazas (FODA) y enfatizando el papel y la importancia de esta industria en el desarrollo de la economía rumana. La investigación, que no hace referencia a fuentes de energías renovables, sino solo a recursos naturales (extractivos), sigue la evolución tecnológica y las transformaciones socioeconómicas tanto a nivel nacional como internacional y analiza los diferentes sectores de esta industria (gas natural, carbón, mineral de hierro y otros minerales ferrosos y no ferrosos). El objetivo es identificar las perspectivas y requisitos de reindustrialización de esta industria y configurar los elementos de política industrial que impulsen el proceso. Aparentemente, de esta investigación se desprende un proceso de divergencia y un (todavía) lento proceso de industrialización de este país, perteneciente al este europeo, respecto a las economías centrales comunitarias.

Otro sugerente trabajo de Krawczyński *et al.* (2016), sobre la eventual reindustrialización en el caso de Polonia, parte de que "una de las razones de la pérdida de independencia de Polonia y de sus 123 años de particiones fue su débil industria", como ya lo indicara en un sentido alegórico Agnosiewicz (2014). Recurren al concepto de reindustrialización considerando que tras la crisis financiera algunas multinacionales de Estados Unidos o la Unión Europea trasladaron su producción a China, si bien en los últimos años la brecha salarial con este país se ha reducido y han aumentado los precios del transporte. Así, empresas estadounidenses decidieron replegar parte de sus procesos productivos y comerciales a su país de origen. Por otra parte, señalan que la UE ha defendido los beneficios de una industria estable dentro del espacio de su mercado interior, por lo que ha lanzado una estrategia de "renacimiento de la industria europea" que implica un crecimiento de la participación de la industria en el PIB hasta el 20%. En este sentido, los autores recomiendan la utilización de la metodología de la Industria 4.0, ya que esta herramienta puede contribuir a la reindustrialización. En este contexto, se plantean si tiene sentido volver a la industria en Polonia y si la Industria 4.0 es una buena idea para alcanzar este objetivo. Estas preguntas finales del trabajo —pese al esfuerzo de los investigadores de la Universidad de Tecnología de Varsovia— parecerían mostrar cierto grado de escepticismo sobre la posible transformación de la industria y la economía polaca, así como la divergencia respecto a la industria avanzada de los países más prósperos de la UE.

Fuera del ámbito de la Unión Europea atrae la atención un artículo sobre la reindustrialización en Rusia (Kheyfets y Chernova, 2019). Tras describir la experiencia de algunos países desarrollados y otros en desarrollo que utilizan programas específicos sobre gestión estratégica y modernización tecnológica tales como Nouvelle France Industrielle, Industrie 4.0 (en Alemania), Made in China 2025 y Make in India, el autor concluye que una reindustrialización inteligente en estos países justifica la necesidad de desarrollar una versión rusa de modernización estructural y tecnológica. Propone el programa Make in Russia 2030 como principal herramienta estratégica con el fin de transformar la estructura conservadora de la economía rusa, en la búsqueda de una mayor competitividad. Para lograrlo, sugiere mejorar la flexibilidad de la producción, otorgar mayor rapidez a los procesos de producción, mejorar la calidad de los productos e impulsar a las empresas nacionales y sectores industriales hacia las cadenas globales de valor.

1.4. POLÍTICAS INDUSTRIALES ORIENTADAS A LA REINDUSTRIALIZACIÓN

Una parte de la literatura económica —tras la Gran Recesión— sobre la industrialización está orientándose hacia el concepto de la nueva transformación estructural de los países: cambios en la estructura de la economía hacia actividades con posibilidades de un alto crecimiento sostenido de la productividad, una fuerte dimensión de sectoriales (cambios, heterogeneidad y vínculos dentro de los sectores) y reconocimiento específico de la industrialización en el crecimiento económico sostenido y la convergencia. Esto significa avances en la digitalización, la modernización tecnológica y la naturaleza cambiante de los vínculos de las cadenas de valor y en la diversidad de actividades en los sectores y subsectores (Andreoni *et al.*, 2021a).

1.4.1. LA TRASFORMACIÓN ESTRUCTURAL COMO EJE DE LA POLÍTICA INDUSTRIAL

Esta transformación estructural (indican Andreoni *et al.*) está siendo reconocida internacionalmente y resulta crítica para el desarrollo económico. Se destaca en la Agenda para el Desarrollo Sostenible (como los ODS) y en los debates sobre políticas nacionales, especialmente entre países de ingresos bajos y medianos, pero su práctica es igualmente útil en las economías avanzadas. Hay un debate muy activo sobre la industrialización y la política industrial, con contribuciones que han comenzado a vincular la transformación estructural con los principales impulsores globales del cambio, incluido el cambio climático, la digitalización y los nuevos términos de comercio y producción en las cadenas de valor mundiales (CGV). Estas CGV favorecen la transformación estructural: Andreoni *et al.* (2021b) documentan empíricamente cómo la exitosa convergencia se ha asociado con un proceso de industrialización "dentro-fuera-dentro" de integración en las CGV.

Estos autores extraen cinco lecciones para lograr una nueva política industrial que lleve a la transformación estructural. En primer lugar, es necesario detener y revertir la desindustrialización prematura. En segundo lugar, los cambios tecnológicos y la digitalización de las actividades económicas exigen vínculos efectivos con las instituciones públicas. En tercer lugar, la industrialización inclusiva depende de lograr un cambio estructural y desmantelar las barreras de entrada hacia un nuevo sistema de acumulación. En cuarto lugar, la transformación estructural depende del acuerdo político de un país, con influencia en las coaliciones que apoyan la organización de industrias y la inversión a largo plazo. Por último, en quinto lugar, las políticas industriales decididas y coordinadas son clave para alcanzar estos objetivos y mejorar la productividad y la competitividad del país.

Sobre el cambio (o transformación) estructural, fundamentos y crecimiento de las economías, existe un sugerente ensayo de McMillan *et al.* (2017) que estudia el crecimiento de siete países emergentes (Botsuana, Ghana, Nigeria, Zambia, India, Vietnam y Brasil) entre 1990 y 2010, etapa en la que bastantes países en desarrollo lograron avances importantes. Las siete economías experimentaron un rápido crecimiento, pero por diferentes razones. Los patrones de crecimiento fueron analizados en cada caso bajo un marco unificador que distingue entre el desafío de la "transformación estructural" y los "fundamentos (económicos)" del crecimiento. De estos siete países, el camino tradicional hacia el rápido crecimiento de la industrialización orientada a la exportación solo jugó un papel significativo en Vietnam.

Aunque ambos trabajos sobre la transformación estructural están planteados desde distintas orientaciones, los resultados del segundo —que contempla los fundamentos del crecimiento— parecen advertir de las dificultades de la industrialización y rápido crecimiento de los países emergentes.

1.4.2. VALORACIÓN DE LA POLÍTICA INDUSTRIAL Y CONDICIONALIDADES

> La política industrial vuelve a estar en la agenda y requiere un replanteamiento audaz. No basta con orientar las inversiones en la dirección deseada; también es necesario garantizar que los beneficios se compartan lo más ampliamente posible. Las condicionalidades son una herramienta poderosa que los Gobiernos pueden utilizar para moldear la inversión y crear mercados con el sector privado. De hecho, con condiciones, la política industrial puede conducir a la transformación. Sin condiciones, podría conducir simplemente a subsidios, garantías y donaciones para que las empresas permanezcan en su lugar. [...] Para tener éxito, las políticas industriales modernas deben ser deliberadamente sostenibles, estar orientadas al bienestar e impulsadas por la innovación; coordinado todo ello como un paquete holístico e implantado de manera cooperativa entre agencias gubernamentales y con el sector privado y el tercer sector. Las condicionalidades escritas en los contratos son un lugar clave para lograr estos objetivos (Mazzucato y Rodrik, 2023).

Al lado de esta "nueva" transformación estructural y contemplando las premisas sobre el fenómeno generalizado (y las causas) de la desindustrialización y aspiraciones de reindustrialización de las economías, se justifica plenamente que algunos economistas debatan sobre el interés de reforzar de nuevo políticas industriales idóneas que desplieguen su potencial económico transformador. Nuevas publicaciones en economía están brindando evaluaciones de las políticas industriales en toda su diversidad, estimando las consecuencias de ejemplos históricos y contemporáneos e ilustrando cómo dichas políticas funcionan o fracasan dependiendo de los instrumentos y objetivos adoptados sobre las estructuras económicas prevalecientes (Rodrik, Juhász y Lane, 2023). O, dicho de otro modo, la "nueva perspectiva" de la política industrial aleja el debate de la visión de esta misma como conjunto de herramientas para asignar recursos hacia su comprensión como proceso (Bruegel, 2020: 31).

Ya no sirve argumentar, desde una visión liberal dogmática, que la mejor política industrial es la que no existe. La política industrial ha vuelto, abiertamente adoptada por los Gobiernos y por organizaciones prestigiosas. La crítica habitual contra la política industrial —que los Gobiernos no pueden elegir a los ganadores— es en gran medida irrelevante: lo que determina su éxito es la capacidad mucho menos exigente de dejar ir a los perdedores (Rodrik, 2010). Si se abordan los riesgos de fracaso gubernamental, de comportamientos rentistas o de uso de las políticas industriales con fines proteccionistas, los enfoques tradicionales de la política industrial parecen destinados al fracaso (Warwick, 2012). Las medidas "horizontales" siguen siendo prevalentes, pero puede haber algunos aspectos de la política en los que sea necesario tomar decisiones estratégicas. En estos casos, una política industrial basada en un papel más facilitador y coordinador del Gobierno, con un enfoque sistémico que diseñe e implementa cuidadosamente, tiene muchas más posibilidades de éxito que las costosas y distorsionadoras intervenciones de política industrial selectiva y defensiva del pasado.

Rodrik *et al.* (2023) explican que en el pasado los economistas evaluaban los efectos que tenían las políticas industriales en las economías basándose, en general, en indicadores de aranceles de importación, que es una forma limitada de análisis, lo que conducía a equivocar los objetivos. De este modo, siempre existían argumentos poderosos contra la política industrial. Sin embargo, "una nueva generación de esfuerzos de investigación adopta un enfoque más productivo y llega a conclusiones muy diferentes. Estas investigaciones más recientes utilizan técnicas estadísticas modernas para evitar inferencias engañosas" y se han aplicado a una amplia variedad de casos recientes e históricos, sectoriales y de industrias nacientes, incluyendo también las políticas industriales de Asia oriental, que en el mejor de los casos se tachaban de ineficaces.

Esta ineficacia de la política industrial ha sido reclamada recientemente por Strain (2023). Refiriéndose a la ley de reducción de la inflación (IRA) del presidente Biden, que ofrece 370.000 millones de dólares en créditos fiscales y otros incentivos para proyectos de energía limpia en Estados Unidos, argumenta que colocan a los aliados norteamericanos en una desventaja artificial en industrias como la producción de baterías y la fabricación de vehículos eléctricos, por lo que no sorprende que Corea del Sur y la Unión Europea hayan respondido con sus propios subsidios. "Las políticas industriales de ojo por ojo distorsionan los precios relativos y reducen la eficiencia económica", concluye.

¿Existe una lógica económica para este tipo de intervención industrial?, se pregunta Liu (2019), que analiza la política industrial cuando los sectores económicos forman una red de producción a través de vínculos *input-output*. Sus resultados presentan evidencia de que las imperfecciones del mercado generan efectos distorsivos que se agravan a través de vínculos de demanda hacia atrás. De este modo, los sectores *up-stream* se conviertan en sumidero de imperfecciones con grandes distorsiones. Tal distorsión dentro del tamaño sectorial es una estadística suficiente para determinar el valor social de promocionar ese sector: es decir, existe un incentivo para que un Gobierno responsable subsidie a los sectores *up-stream*. Asimismo, los efectos agregados de las intervenciones sectoriales pueden resumirse por la covarianza intersectorial entre la estadística suficiente y el gasto en subsidios. Esta estadística predice políticas sectoriales en Corea del Sur en la década de 1970 y en la China actual, lo que sugiere que las intervenciones sectoriales podrían haber generado efectos agregados positivos en estas economías.

La política industrial activa a la que aspira una parte importante de los Gobiernos presenta objetivos variados tales como reforzar algunos sectores productivos por sus efectos de arrastre, espolear cadenas de valor o las ventajas competitivas, aprovechar el uso de las tecnologías verdes para la reindustrialización —particularmente en el periodo de transición ecológica— o crear nuevos empleos y captar el talento necesario que exige la nueva gestión de la tecnología compleja. En general, las políticas industriales contemporáneas persiguen la promoción de las exportaciones. Y se observa que la prevalencia de estas políticas tiende a aumentar con la renta: las economías avanzadas las utilizan con más frecuencia e intensidad que los países en desarrollo (Rodrik *et al.*, 2023).

Afrontar el reto que plantea el cambio climático mediante la transición ecológico-energética y el nuevo escenario de salud global que ha señalizado la pandemia están dando paso a un nuevo enfoque de la estrategia industrial. En esta línea de pensamiento, Mazzucato y Rodrik (2023) reclaman (de nuevo) que hay que avanzar desde una perspectiva que reconozca que las decisiones sobre cómo fomentar el crecimiento no pueden separarse de las prioridades sociales, ambientales y de salud. La clave de este nuevo enfoque de la política industrial es asegurarse de que la dirección del crecimiento (menos desigualdad, más sostenibilidad) esté integrada en los instrumentos que se encuentran en la interrelación de las asociaciones público-privadas, es decir en los subsidios, préstamos, subvenciones, consumos públicos o derechos de propiedad intelectual. Ello exige condiciones que maximicen los beneficios públicos. "La idea de 'condicionalidad' (o reciprocidad) de la política industrial surge especialmente en el contexto de considerar al Estado no solo como un regulador del mercado, sino también como un 'Estado emprendedor' que da forma y cocrea mercados" (Mazzucato, 2011) y es copartícipe de los beneficios: resulta pertinente considerar esquemas en los que el Estado no solo cubra las desventajas —apoyando o financiando proyectos de riesgo—, sino que también participe en las ventajas; los efectos *spillovers* (desbordamiento) pueden considerarse como un retorno a la sociedad, siempre que estén claros los derechos de propiedad intelectual. Mazzucato ya se había referido a este concepto en obras anteriores.

Sin embargo, el significado de la condicionalidad puede no ser claro. Por ello, los autores, basándose en los resultados obtenidos de múltiples casos estudiados sobre empresas, sectores y territorios, investigan cómo es el marco analítico de la condicionalidad y presentan una taxonomía que facilite la comprensión de las distintas formas de condicionalidad que los Gobiernos pueden considerar cuando hacen convocatorias públicas para proyectos empresariales, acuerdos de financiación o de incentivos fiscales, o bien contratos de asociación. Por ejemplo, a partir de la exitosa experiencia de Asia oriental (Corea de Sur, Taiwán), los conceptos de reciprocidad, largo plazo y rendición de cuentas, es decir, condicionalidad, pronto adquirieron un atractivo lógico. Por el contrario, en la estrategia de sustitución de importaciones en América Latina las condicionalidades, si es que existían, eran tan solo implícitas, por lo que carecían de valor.

Estos aspectos, retos y condicionantes de la nueva política industrial pueden verse materializados en ejemplos concretos. En efecto, la producción de la vacuna Oxford/AstraZeneca en Reino Unido en menos de un año fue un caso de éxito, un caso estrella, en el que se trabó esta tipología de engranaje de política industrial. Balawejder, Sampson y Stratton (2021) han extraído seis lecciones de política industrial sobre el entorno y fabricación de esta vacuna que pueden ser valiosas para Administraciones públicas y otros agentes económicos y sociales:

a) Seleccionar tan solo un pequeño número de misiones (acciones) de alta prioridad, claras y mensurables, y convertirlas en una prioridad en el Gobierno (no todas las áreas de la política industrial justifican este enfoque).
b) Trazar un camino integral hacia el éxito. El Gobierno desempeña un papel en cada etapa de la cadena de suministro (en este caso de la vacuna Oxford/AstraZeneca).
c) Aprovechar los sectores público, privado y voluntario para crear y ejecutar políticas industriales conjuntamente. Esfuerzos combinados de científicos, empresarios que asumen riesgo (capital riesgo u otras figuras), expertos en fabricación, reguladores, funcionarios y voluntarios. Este enfoque aprovecha las ventajas comparativas de los tres sectores.
d) Adquirir compras estratégicas y seguros financieros que permitan asumir riesgos e impulsar el progreso hacia los objetivos (de gran importancia social o económica) de la política industrial en los que el mercado por sí solo no ofrecerá soluciones con la suficiente rapidez o incluso no las ofrecerá.

e) Proporcionar inversión a largo plazo a escala como parte de estrategias sectoriales para maximizar las fortalezas industriales, comerciales y tecnológicas nacionales (en este caso de Reino Unido).
f) Desplegar la resiliencia como parte de la política industrial. Las deficiencias en la capacidad de fabricación pueden amenazar en ocasiones la capacidad de lograr el objetivo perseguido (ocurrió en el desarrollo de la vacuna Ox/AZ).

Otro ejemplo, aunque con distinto objetivo y enfoque, es la ley de chips y ciencia de 2022, promulgada por el presidente Biden en Estados Unidos en agosto de dicho año. Se trata de una importante inversión en política industrial que ofrece, entre otras cosas, financiación (39.000 millones de dólares a desembolsar en los próximos cinco años) para el desarrollo de instalaciones para investigar, fabricar y producir semiconductores y materiales, y equipos relacionados con semiconductores. "Sin embargo, como siempre, no hay almuerzo gratis y este dinero viene con algunas condiciones", señalan Chari *et al.* (2022). Entre otras condiciones importantes, además de presentar un plan ejecutable para identificar y mitigar los riesgos para la seguridad de la cadena de suministro de semiconductores, se exige ofrecer una amplia oferta de incentivos relacionados con la fuerza laboral. En concreto, inversión con los trabajadores y la comunidad en la que se localiza la planta, capacitación y educación pagados por el postor y programas para ampliar las oportunidades de empleo para personas económicamente desfavorecidas, y compromisos de entidades e instituciones de educación superior para brindar capacitación laboral. Esto último, en particular, podría ser de gran valor en los PERTE y proyectos asociados a los Fondos de Recuperación de la UE.

1.5. DE LA POLÍTICA INDUSTRIAL A LA POLÍTICA INDUSTRIAL VERDE Y LA REINDUSTRIALIZACIÓN

Entre algunas destacadas aportaciones se ha puesto de manifiesto que la política industrial trata de anticipar las tendencias relevantes a largo plazo del desarrollo tecnológico y del mercado, proporcionando incentivos para adaptar la estructura de una economía nacional y poder de este modo aprovechar las ventajas del cambio (Altenburg y Rodrik, 2017). A medida que la obligada mitigación del cambio climático y otros desafíos ecológicos influyen cada vez más en la dirección futura del desarrollo económico, las consideraciones ambientales deben convertirse en una parte clave de la formulación de políticas industriales. De ahí que una "política industrial verde" ha de orientar el camino del crecimiento sostenible a largo plazo y la implantación de nuevas tecnologías.

En este contexto de búsqueda de un soporte teórico que justifique la política industrial verde, es relevante traer a Rodrik (2014), que recuerda que la política industrial en esencia apunta a complementar el mecanismo de mercado: "Ante la omnipresencia de las imperfecciones del mercado y la legitimidad de los criterios de inversión que van más allá de la eficiencia microeconómica, la pregunta no es si aplicar o no la política industrial, sino cómo hacerlo". Por el contrario, los críticos se refieren a que los grupos de interés o *lobbies* abusan con frecuencia: reclaman subsidios específicos y ofrecen resistencia cuando se retiran. En este escenario, discuten, es fácil que se den asimetrías de información entre estos grupos y el sector público, de modo que a menudo es posible encontrar un argumento que justifique los subsidios.

Esta política industrial verde ha ido conceptualizándose y desarrollándose en la literatura en los pasados años, principalmente a partir de la Gran Recesión. Años atrás, sin embargo, las Naciones Unidas, el Banco Mundial, el Fondo Monetario Internacional y otras organizaciones ya se refieren tácitamente a ella, a través de llamamientos a la comunidad internacional sobre la necesidad urgente de modificar el modelo productivo tradicional. Con el sugerente título *Inclusive Green Growth. The Pathway to Sustainable Development*, el Banco Mundial (2012), aún conmocionadas las finanzas mundiales y la crisis de la deuda, apuntaba ya el camino hacia una actuación pública y privada imprescindible para paliar en lo posible el del calentamiento global y sus consecuencias.

Lütkenhorst *et al.* (2014) resaltan igualmente esta diferente visión de la política industrial verde respecto a la tradicional política industrial, en un trabajo sobre el concepto normativo de política industrial verde, que abarca cualquier medida política destinada a alinear la estructura de la economía de un país con las necesidades del desarrollo sostenible del Planeta. Hallegatte, Fay y Vogt-Schilb (2013) ofrecen tres propuestas para conseguir una política industrial verde, que complementan el *background* de la teoría sobre la política industrial. La primera, que los procesos de crecimiento verde no pueden realizarse sin políticas industriales, es una condición previa. La segunda, que se necesitan políticas industriales verdes (*sunrise*), porque apoyan el desarrollo de nuevas tecnologías y sectores críticos, bajan los costes y permiten reducir las emisiones a corto plazo, incluso en ausencia de fijación de precios del carbono. Y en la tercera advierten que es posible que se necesiten políticas industriales y comerciales ecológicas (*sunset*) junto con redes de seguridad para que la fijación de los precios del carbono sea política o socialmente aceptable.

La política industrial verde, por otra parte, ocupa un estadio distinto al tradicional de las políticas industriales, incluidas las políticas ambientales. Esta política, señalan Altenburg y Rodrik (2017), "comprende cualquier medida gubernamental destinada a acelerar la transformación estructural hacia una economía baja en carbono y eficiente en el uso de los recursos, de manera que también permita mejoras en la productividad de la economía". Comprende al menos seis particularidades:

1. El enfoque sobre las externalidades ambientales como un fallo de mercado adicional, particularmente perjudicial.
2. Una distinción clara y predecible entre tecnologías "buenas" y "malas" (o "limpias" y "sucias"), en función de sus impactos ambientales: el comportamiento de la inversión ha de orientarse sistemáticamente en la dirección socialmente acordada.
3. La urgencia de lograr un cambio estructural en un corto periodo de tiempo para evitar el riesgo de puntos de inflexión ambientales catastróficos.

4. Mayor incertidumbre que otras políticas debido a que algunas de las transformaciones previstas exigen periodos de tiempo prolongados (choques parciales con el cambio estructural) y dependencia de cambios de políticas.
5. Son necesarios dispositivos e interfaces de políticas adicionales y, por lo tanto, se precisa de una coordinación particularmente amplia.
6. Es una motivación para gestionar los bienes comunes globales, como la atmósfera y los océanos, para su sostenibilidad a largo plazo, que no siempre pueden estar alineados con los intereses nacionales inmediatos.

En suma, los pasos clave por los que avanza la literatura, conceptualización y desarrollo de la política industrial verde —inscrita en el marco de una nueva política industrial y de reindustrialización— marchan con bastante aproximación por la siguiente senda:

1. La mitigación del cambio climático y otros desafíos ecológicos influyen cada vez más en la dirección futura del desarrollo económico y social, lo cual implica un cambio estructural y la formulación, entre otros ámbitos, de una política industrial verde que oriente: a) nuevas investigaciones y desarrollos de nuevas tecnologías (alcanzar la frontera) y su implantación en el territorio, contemplando su menor o mayor prosperidad (regiones, municipios, *hubs* en áreas urbanas), por parte de empresas pertenecientes a sectores de la energía, manufacturas emergentes y servicios avanzados, b) las inversiones público-privadas en energías renovables responsables y en inversiones productivas de alto alcance y beneficiosas para regenerar el territorio económico dañado y despoblado: interior, urbano o costero, c) la consecución de nuevo empleo especializado y talento transformador con la implicación material pactada y financiada de las instituciones de formación profesional y universitaria, y d) el crecimiento económico, de la productividad y el empleo, y la mejora del Estado del bienestar a largo plazo.

2. La política industrial verde abarca cualquier medida política destinada a alinear la estructura de la economía de un país con las necesidades del desarrollo sostenible del planeta.
3. (Frente a posiciones anteriores) las políticas industriales sectoriales, adecuadamente diseñadas, estimularán la complementariedad entre la competencia y el desarrollo de la innovación y crecimiento de la productividad y empleo. Para llevar a cabo una política industrial verde, se necesitarán combinaciones *ad hoc* (pactadas con el sector privado) de políticas horizontales y sectoriales.
4. Una política industrial verde se sostiene y justifica: a) por las externalidades ambientales, que conllevan un fallo adicional de mercado (e incluyen también los fallos de coordinación y de gestión de bienes públicos), b) por la tecnología específica para la transición, que exige la interrupción de las vías tecnológicas insostenibles y el fomento y desarrollo de tecnologías alternativas, y c) por la mayor incertidumbre generada ante periodos prolongados de transición ecológica y resultados de algunas políticas que hacen aumentar el riesgo.
5. Al igual que la nueva política industrial (no "cuándo" si no "cómo"), la gobernanza de la nueva política industrial verde debe basarse en los tres principios: a) la "integración/incrustación" de los funcionarios o expertos responsables que formulan las políticas dentro del sector privado o grandes empresas que han acudido a convocatorias públicas (PERTE u otros modos de acceder a subvención o préstamo) con el fin de (1) obtener el conocimiento necesario de sus estrategias y de los proyectos presentados, (2) analizar los fallos posibles de mercado y (3) lograr diseñar los pactos público-privados (de cada proyecto o sector) para el establecimiento de las normas y ayudas específicas de promoción en el ámbito de la política verde; b) "disciplina" e independencia de los responsables del diseño y ejecución de las políticas, que evite o minimice

procesos de captura o *lobbing* por parte de intereses particulares; y c) "responsabilidad" de estos responsables en la rendición de cuentas ante los órganos públicos previstos (Parlamento, comisiones parlamentarias, etc.).

FIGURA 1

DIAGRAMA DE POLÍTICA INDUSTRIAL VERDE: PRINCIPIOS, OBJETIVOS Y RESTRICCIONES

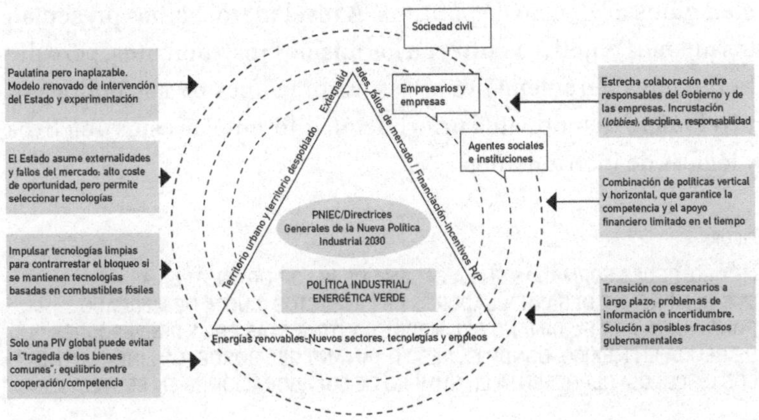

Fuente: Cátedra IBERDROLA-UAH.

1.6. ESTUDIOS RECIENTES SOBRE REINDUSTRIALIZACIÓN, RENOVABLES Y POLÍTICA INDUSTRIAL VERDE

La literatura sobre resultados de la política industrial verde y, especialmente, sobre la oportunidad de la reindustrialización de las economías basándose en la transición verde, apenas es incipiente. Recogemos a continuación algunos trabajos de interés referidos a distintos ámbitos de análisis, objetivos y países o grupos de países. Aunque los resultados aún solo sean bosquejos, permiten visualizar o intuir por dónde avanza este campo de oportunidades económicas e industriales que ha despertado la transición verde. Es esperable que en un futuro próximo podrá contarse con mayor y cada vez más afinada investigación y literatura.

1.6.1. MÉXICO Y SUDÁFRICA

Las políticas industriales verdes en torno a las energías renovables (ER) son cada vez más prevalentes en contextos de economías emergentes como medio para fomentar vías de industrialización bajas en carbono. En un anticipatorio y sugerente trabajo de Matsuo y Schmidt (2019) sobre subastas de energía renovable en dos países, México y Sudáfrica, se ilustra la importancia de los elementos de diseño de políticas. A nivel mezo, ambos presentan los mismos objetivos y ofrecen los mismos instrumentos, pero difieren considerablemente en las calibraciones de sus políticas a nivel micro debido a una priorización diferente de estos objetivos y lógicas de instrumentos.

FIGURA 2

MÉXICO, REDES FORMADAS EN LA CADENA DE VALOR DOWNSTREAM QUE COMPRENDE DESARROLLADORES DE PROYECTOS (CUOTA DE MERCADO PONDERADA POR EL TAMAÑO DEL NODO), CONTRATISTAS EPC Y PROVEEDORES DE DEUDA EN MÉXICO, DONDE EL PESO O TAMAÑO DEL BORDE (LA LÍNEA ENTRE LOS CÍRCULOS) REPRESENTA EL NÚMERO DE COLABORACIONES EN PROYECTOS

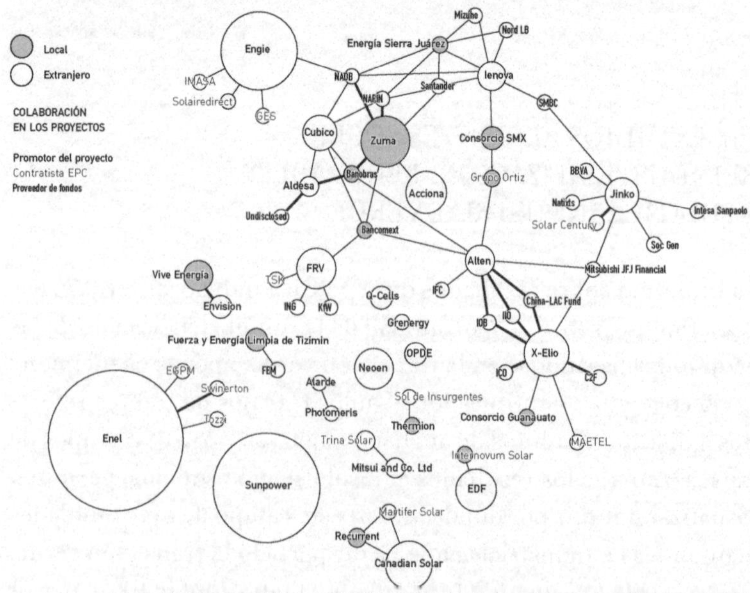

* Una parte del proyecto de la empresa ENEL Sudáfrica puede verse y descargarse en https://lc.cx/hmN9qR.
Fuente: Matsuo y Schmidt (2019)*.

Ambos países buscaron desplegar energías renovables de bajo coste mientras construían cadenas de valor locales de energías renovables. Sin embargo, "el enfoque de México enfatizó las reducciones de costos a través de una lógica de instrumento competitivo de libre mercado, mientras que Sudáfrica, aunque también utilizó subastas competitivas, implementó un diseño de política de subastas con una regulación orientada a cumplir objetivos socioeconómicos adicionales, incluida la localización de la industria de energías renovables". O sea, ambos establecieron formas de condicionalidades distintas respecto a las empresas que concurrían a la subasta. En el análisis, los autores encuentran que la priorización de generación de energías renovables de bajo coste (México) puede derivar en una mayor dependencia de las cadenas de valor y del capital extranjero existentes, sin desarrollar las capacidades potenciales locales que podrían generar mayores beneficios a largo plazo para el mercado.

A través de estos distintos enfoques, los dos casos de economías emergentes, México y Sudáfrica, ofrecen comparaciones e ideas para tener en cuenta acerca de la formulación de diseños de políticas industriales verdes consistentes con los objetivos de implantación de energías renovables de bajo coste y desarrollo de la industria local de energías renovables. En este caso, la reindustrialización queda ceñida al impulso político y establecimiento de plantas energéticas de origen renovable.

1.6.2. PAÍSES DE LA ASEAN

La incertidumbre que rodea el ámbito del medioambiente (cambio climático, emisiones, etc.) y de la economía ha llevado a que el crecimiento económico se haya convertido en una demanda global de los países y organizaciones. La relevancia que tiene esta dependencia reclama que los investigadores y responsables de la formulación de políticas le presten especial atención. Sriyakul *et al.* (2022) se plantean en un estudio de los países de la ASEAN[7] si la

7. ASEAN es una organización intergubernamental de Estados del sudeste asiático creada en 1967. En la actualidad está integrada por diez países de la región: Birmania, Brunéi, Camboya, Filipinas, Indonesia, Laos, Malasia, Singapur, Tailandia y Vietnam.

industrialización y la producción y empleo de energías renovables determina el crecimiento económico. Para el periodo 2005-2020 utilizan información secundaria acudiendo a los indicadores de desarrollo mundial del Banco Mundial. Utilizan una metodología basada en la técnica de los métodos de regresión cuantil de momentos (MMQR). Los autores ofrecen hallazgos de interés. Muestran que el crecimiento económico de los países de la ASEAN tiene una asociación positiva significativa con la industrialización, la producción y el consumo de energías renovables, la importación de energía y la inflación. Igualmente, muestran que la industrialización impulsa la producción y la mantiene —mediante el logro de una mayor sensibilización—, los avances tecnológicos, la capacidad inventiva, el uso eficiente de los recursos y el crecimiento de las tasas de empleo. Adicionalmente, la inflación encontrada promueve el desarrollo económico reforzando la salud financiera de las empresas y la asistencia de los Gobiernos.

En suma, la industrialización es esencial en el crecimiento económico de los países emergentes pertenecientes a la ASEAN, y aumentar la producción y el uso de energías renovables promueve el desarrollo económico salvaguardando el empleo y otros recursos humanos, aumentan las reservas de energía e impulsan el comercio global. Este conjunto virtuoso, aparentemente, favorece la sostenibilidad del crecimiento económico y aporta —en diez economías emergentes o en desarrollo— gran valor al análisis de las relaciones entre la reindustrialización, el uso de energías verdes, el aumento del empleo y el desarrollo económico.

1.6.3. CHINA

En una novedosa investigación sobre las potencialidades del desarrollo industrial inclusivo y sostenible (ISID) en China, se estudian y discuten acciones para promover la industrialización que minimice la huella ambiental y mejore la inclusión social. Participan varios autores (Yuan *et al.*, 2020) con filiación en centros de investigación ambientales, la Organización para el Desarrollo de la Industria de las Naciones Unidas, universidades de China y el

Ministerio de Comercio e Industria de Omán. Para ello, se propone un nuevo marco de evaluación sobre el ISID en 30 provincias de China entre 2011 y 2016. En este marco, la formulación está basada en dos regímenes distintos de análisis ISID teniendo en cuenta las compensaciones entre las externalidades que genera la industrialización: el primero se refiere a si afectan a la economía en general y el segundo, solo al sector industrial[8].

Los resultados indican que de las 30 provincias:

a) Pekín y Tianjín son las provincias de referencia para promover los regímenes, primero y segundo, respectivamente.
b) A lo largo del periodo 2011-2016, el desempeño general de China, teniendo en cuenta los dos regímenes, ha mejorado modestamente.
c) Sobre la base del análisis del efecto barril (líneas que se curvan hacia dentro), las emisiones de SO_2 (dióxido de azufre), son la principal limitación vinculante para lograr el estatus de frontera de ambos regímenes.
d) Según la evaluación de los dos regímenes, los potenciales de crecimiento anual promedio del valor agregado industrial en China son de 280.000,52 millones de yuanes (primer régimen de análisis) y 927.000,54 millones de yuanes (segundo régimen).

El estudio recomienda que los Gobiernos locales de China mejoren su desempeño en materia de ISID explotando las políticas dirigidas a la mitigación de emisiones relacionadas con los combustibles fósiles. Por tanto, este trabajo —no tanto referido al uso de las energías renovables en la reindustrialización como a exponer cómo puede instrumentarse la sostenibilidad industrial en China— aporta ideas significativas que hay que contemplar en el desarrollo y evaluación de planes de industrialización verde que persigan la sostenibilidad social y territorial.

8. La investigación denomina ISID e ISIDsdg9 al primer y segundo régimen de análisis, respectivamente. Se utilizan enfoques MEA y RAM para la medición del ISID.

1.6.4. INDICADORES, CRECIMIENTO ECONÓMICO, DESARROLLO HUMANO Y ENERGÍAS RENOVABLES

En una original investigación de Hao (2022), desde una perspectiva macroeconómica y para un conjunto de 105 países en el periodo 1990-2019, se exploran diversos indicadores para analizar el impacto que genera el consumo de energía renovable, el desarrollo humano (IDH) y el crecimiento económico en el cambio climático. Se utiliza un modelo de panel vectorial autorregresivo (PVAR) y el uso de un método generalizado de momentos (GMM), así como un análisis de respuesta al impulso de panel. Siguiendo la metodología del Banco Mundial sobre distribución de los ingresos, el análisis incluye cuatro paneles de países: de ingresos altos, medianos-altos, medianos-bajos y bajos.

Los resultados del estudio hallan que el crecimiento económico, la inversión directa en el exterior (IED), la apertura comercial, la industrialización, el consumo de energía renovable y el IDH tienen variados impactos sobre el cambio climático (emisiones de CO_2) en diferentes regiones durante el periodo de la muestra. En particular, en los cuatro paneles, el crecimiento económico, la industrialización, la IED y la apertura comercial desempeñan un papel diferente en el agravamiento de la contaminación ambiental (medida en emisiones de CO_2).

En efecto, en los países de ingresos altos y medianos-altos, la industrialización tiene un efecto positivo sobre las emisiones de CO_2, mientras que la IED tiene un impacto negativo, lo que respalda la hipótesis del halo libre de contaminación[9]. Sin embargo, ambos tienen un impacto positivo en las emisiones de CO_2 en los países de ingresos bajos y medianos-bajos. Asimismo, excepto en los países de ingresos medianos-altos, la apertura comercial y el consumo de energía renovable ayudan a reducir las emisiones de CO_2, mientras que el consumo de energía renovable tiene poco efecto en la supresión de dichas emisiones en los países de bajos

9. Sobre el halo libre de contaminación (relación negativa entre la IED y la contaminación), puede verse Akbulut y Burcin Yereli (2023) y Palomera y Espinosa (2004).

ingresos. Y, a su vez, el IDH ha promovido las emisiones de CO_2 en países de ingresos medianos-altos y medianos-bajos, pero ha frenado las emisiones en los países de ingresos altos.

Los resultados de este trabajo pueden ayudar a los responsables públicos a formular políticas apropiadas sobre el uso de energía renovable en el campo de la industrialización o en otras esferas de la actividad económica y social.

1.6.5. REINDUSTRIALIZACIÓN EN NORRLAND (SUECIA)

Desde una orientación de economía verde, en el ámbito regional y local se presentan distintas opciones de actuación pública o público-privada para fortalecer el progreso, la industrialización y el empleo. Oskarsson (2023) parte de que existe una comprensión poco clara de lo que significa el crecimiento verde en diversos contextos. De ahí que su trabajo de investigación tiene como objetivo explorar la reindustrialización en el norte de Suecia como un ejemplo de crecimiento verde, centrándose en comprender el significado y las implicaciones espaciales en la región de Norrland. Se seleccionaron y procesaron 68 artículos de medios suecos de 2010 a 2023 que cubrían diferentes escalas geográficas con un método de análisis de contenido cualitativo, utilizando la teoría geográfica del encuadre. Los resultados muestran que la reindustrialización en Norrland se enmarca de un modo múltiple, enfatizando las oportunidades de crecimiento y desarrollo, así como las preocupaciones por los derechos indígenas, el bienestar humano y la justicia. El marco dominante refuerza la subordinación de Norrland a los centros de crecimiento, mientras que los marcos alternativos destacan una comprensión más amplia de las dimensiones multifacéticas de la región, planteando interrogantes sobre la distribución equitativa y la dinámica espacial del poder del crecimiento verde, alejando la discusión de la dicotomía urbano-rural.

El estudio contribuye a comprender las implicaciones espaciales del crecimiento verde en Norrland, desafiando dicha dicotomía y destacando valores sociales y económicos controvertidos.

Por ello, puede servir de soporte para otras regiones y municipios que se enfrentan —al menos parcialmente— a su transformación económica y social. Se trata principalmente de municipios, comarcas o territorios periféricos, en despoblamiento o con propuestas públicas o privadas de instalaciones de parques solares o eólicos, o de plantas industriales que se localizan en espacios con una orientación hacia las energías renovables, su almacenamiento o las innovaciones industriales que suelen acompañarlas.

1.6.6. REINDUSTRIALIZACIÓN URBANA

En un trabajo sobre la posible reindustrialización urbana, Nawratek (2017) se pregunta "si podría imaginarse la reindustrialización urbana como un proyecto sociopolítico y económico progresista, destinado a crear una sociedad inclusiva y democrática basada en la cooperación y una simbiosis que vaya mucho más allá del modelo actual de ciudad neoliberal". En opinión del autor, la reindustrialización urbana podría verse como un método para aumentar la eficacia empresarial en el contexto de una "economía verde" estimulada políticamente; también podría verse como una mutación nostálgica de un concepto de clase creativa, centrado en la impresión 3D, la "fabricación *boutique*" y la artesanía. Estas dos nociones sitúan la reindustrialización urbana en el contexto del actual régimen económico neoliberal y del desarrollo urbano basado en la especulación inmobiliaria y territorial.

Los textos presentados —señala el autor/editor— intentan crear un marco para un mundo mejor, más justo y democrático, vinculando estrechamente el progreso social con el progreso tecnológico y la industria. La reindustrialización urbana podría y debería convertirse en una parte integral de la cadena de producción de conocimientos y de satisfacción de las necesidades humanas. Estos documentos sostienen que el progreso social debe ir de la mano del progreso tecnológico y que la reindustrialización urbana es un componente clave de ambos.

La obra de Nawratek puede ser de interés en procesos de revisión y renovación de las ciudades, desde una perspectiva innovadora y verde en cuanto a sus espacios —o creación de los estos— de actividad económica, manufacturera (por ejemplo *startups*), servicios emergentes (como los servicios del cuidado, de la cultura o de la integración de inmigrantes, y que utilizan tecnologías no contaminantes) y empleos y talento inspirados en sociedades que se mueven hacia la transformación urbana e industrial. En la obra participan 18 autores, arquitectos, urbanistas, geógrafos, economistas, universitarios y personas de otras profesiones.

CAPÍTULO 2

REINDUSTRIALIZACIÓN Y POLÍTICA INDUSTRIAL EN CHINA Y ESTADOS UNIDOS

2.1. LA POLÍTICA INDUSTRIAL EN CHINA: ANÁLISIS DE PLANES Y PROGRAMAS

En este apartado se examina la política industrial de China. En primer lugar, analizamos la evolución del modelo de crecimiento chino desde los años ochenta, la situación actual y las perspectivas futuras para entender el entorno en el que el Gobierno de China está diseñando su nueva política industrial, que es una pieza clave de su política económica. Así, nos centraremos en el XIII Plan Quinquenal (2016-2020), la estrategia de desarrollo impulsada por la innovación (IDD) —que integra el plan Made in China 2025 y el rediseño del programa de Industrias Emergentes Estratégicas (SEI)— y el XIV Plan Quinquenal (2021-2025) y su enfoque en el desarrollo tecnológico. También analizamos el compromiso de China con la adaptación al cambio climático y su papel en la Iniciativa de la Franja y la Ruta.

2.1.1. DEL GRAN SALTO A PERSPECTIVAS DE UN CRECIMIENTO MÁS MODERADO

En los años setenta, Deng Xiaoping sucede a Mao Zedong como líder del partido comunista chino y desmonta gradualmente el sistema de planificación de precios, transitando a un modelo de economía de mercado, aunque con mucha influencia del Estado en la economía. Desde 1980 China ha aumentado su población en 400 millones de personas y ha multiplicado su renta por habitante casi por 30, lo que ha sacado de la pobreza extrema a cientos de millones de personas. Sin duda, un caso de éxito en la historia económica mundial (WEO-IMF, 2023). Este modelo estaba basado en un intenso proceso de industrialización orientado a la exportación (Dorrucci *et al.*, 2013). Trabajadores de zonas rurales con niveles de productividad muy bajos eran traslados a los núcleos urbanos para trabajar en la industria con un nivel de productividad varias veces superior.

GRÁFICO 2

EXPORTACIONES CHINAS ENTRE 1992 Y 2022

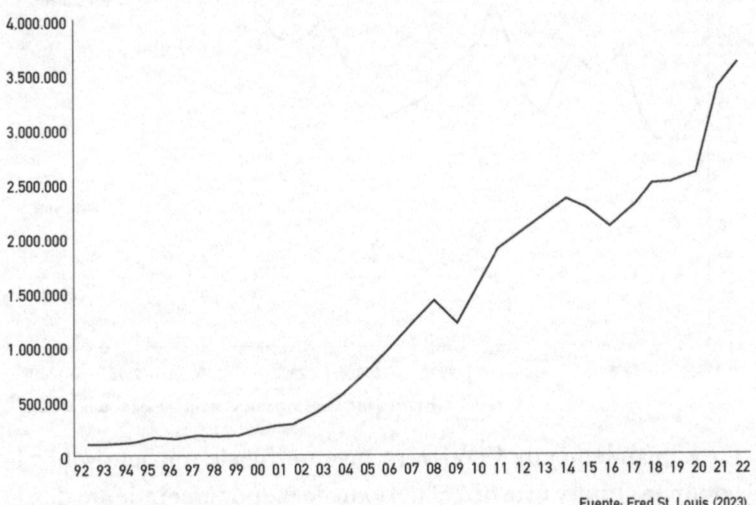

Fuente: Fred St. Louis (2023).

En el gráfico 2 puede comprobarse el éxito del modelo en la evolución de sus exportaciones. En 1980 el PIB chino, en paridad con el poder de compra, era similar al de España y diez veces inferior al de Estados Unidos. Hoy China es la mayor economía del mundo por delante de Estados Unidos y su PIB es 13 veces superior al español (WEO-IMF, 2023). No obstante, desde la crisis de

2008 —que se ha acelerado tras la pandemia— la economía china ha ido mutando su modelo económico y su PIB potencial se ha ido reduciendo. La población ha dejado de crecer, sus salarios han subido significativamente y se han producido deslocalizaciones industriales a otros países asiáticos principalmente. Por otra parte, durante la Administración Trump, Estados Unidos impuso una agresiva política proteccionista para frenar la importación de bienes, servicios e inversiones desde el gigante asiático (Fajgelbaum y Kandelwal, 2021).

GRÁFICO 3

INVERSIÓN BRUTA TOTAL

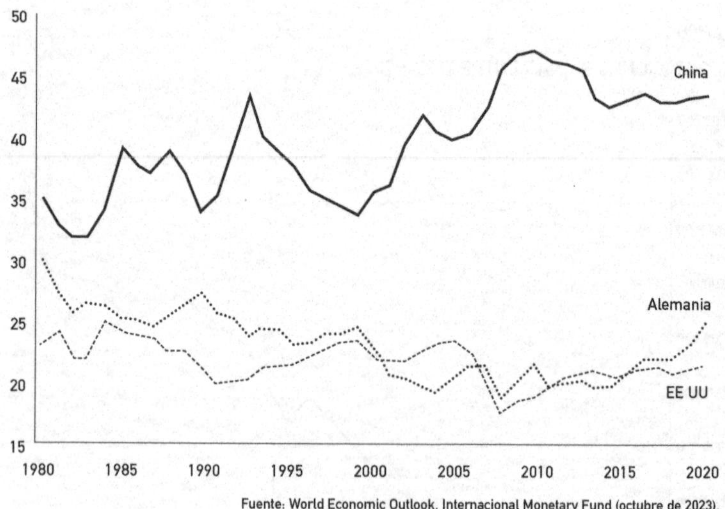

Fuente: World Economic Outlook, Internacional Monetary Fund (octubre de 2023).

La pandemia de COVID-19 tuvo un fuerte impacto sobre la economía china y provocó el periodo de menor crecimiento desde 1980. Hasta 2008 China era una economía con elevado superávit por cuenta corriente y bajo nivel de endeudamiento, público y privado. En 2023, China tuvo una deuda pública y privada sobre el PIB más alta que Estados Unidos y Alemania, y hay ciudades chinas, como Pekín, que tuvieron un 150% de deuda pública sobre su PIB, niveles similares a Italia o Grecia (Lam y Moreno, 2023). A esto hay que sumar la crisis inmobiliaria con fuerte caída de ventas y precios de la vivienda, que provocó el impago de buena parte de la deuda de las principales promotoras inmobiliarias y que frenó en seco la construcción de nuevas viviendas, con un fuerte efecto arrastre negativo sobre la producción industrial, el PIB y el empleo.

En el gráfico 3 se observa que China es una economía con una tasa de inversión muy por encima de la de Estados Unidos y los países europeos y, tras lo expuesto anteriormente, el escenario más probable es que el elevado endeudamiento público y privado y la crisis inmobiliaria, que seguramente acabará afectando a la solvencia del sistema bancario y restringirá el nuevo crédito, es el entorno en el que el Gobierno chino busca de nuevo potenciar sus exportaciones mediante actuaciones de política industrial y el apoyo a los sectores que tienen ventajas competitivas globales.

2.1.2. XIII PLAN QUINQUENAL (2016-2020)

El I Plan Quinquenal de China (1953-1957), gestado con la ayuda soviética, se orientó en la construcción del sistema industrial básico (Ríos, 2016). Desde entonces, se han promulgado un total de 14 planes que han ido dando forma a la política industrial china de las últimas décadas. En general, la expectación que generan estos planes a nivel internacional es muy alta, ya que impacta directamente en la economía global y, además, la ratio de cumplimiento suele ser alta.

El XIII Plan Quinquenal (2016-2020), aprobado en la quinta sesión plenaria del Comité Central del Partido Comunista de China (PCCh) celebrada en Pekín en octubre de 2015, constituye una referencia decisiva en un periodo clave del proceso de reforma y apertura. Tanto por su contexto como por su contenido y expectativas, es concebido como un documento clave en la política industrial china en su proceso de modernización (Ríos, 2016). Es el primer plan aprobado durante el mandato de Xi Jinping y plantea objetivos de desarrollo sostenible a través de la modernización industrial, el impulso del consumo, el aumento de la tasa de urbanización, la eliminación de la pobreza y la mejora de la protección ambiental con el objetivo general de "construir una China hermosa" y una "sociedad moderadamente próspera". De las 13 metas vinculantes, diez están relacionadas directamente con el medioambiente y los recursos naturales. Además, reserva un lugar central para la innovación, proyecta aumentar considerablemente las líneas de ferrocarril de alta velocidad en el país y en materia de energía —clave en la lucha contra el cambio climático y la contaminación del país— aprueba un límite al consumo de energía anual para el periodo 2016-2020 y sienta las bases para reducir el consumo de carbón.

El Plan Quinquenal 2016-2020 marcó un punto de inflexión en la política industrial de China al enfocarse en la innovación tecnológica y en la reducción de la dependencia tecnológica de otros países. Este plan estableció las bases para la iniciativa Made in China 2025, cuyo objetivo principal es alcanzar el liderazgo en la innovación tecnológica a nivel mundial para el año 2050. Para lograr esto, se han identificado diez industrias estratégicas clave y se ha promovido la integración de la robótica y las redes inteligentes de fabricación.

Un cambio significativo en la política industrial se ha centrado en la inversión y el apoyo a industrias en la vanguardia de la innovación, en lugar de simplemente reducir la brecha tecnológica con otros países. Se han implementado diversos instrumentos de apoyo, que incluyen subvenciones directas a empresas, incentivos fiscales para la I+D y financiación directa de actividades de I+D, entre otros. La creación de fondos de orientación industrial ha permitido financiar a las "empresas líderes en la transformación de un sector" y a otras empresas denominadas "pequeños gigantes" en sectores estratégicos (Hidalgo y Legarda, 2023).

2.1.3. ESTRATEGIA DE DESARROLLO IMPULSADA POR LA INNOVACIÓN

La estrategia de desarrollo impulsada por la innovación, iniciada en 2016, representa un enfoque a largo plazo en tres etapas. La primera busca convertir a China en una nación innovadora para 2020. La segunda etapa, hasta 2030, se centra en potenciar la innovación con el objeto de favorecer el crecimiento económico y posicionar a China como potencia líder mundial innovadora. La tercera apunta a convertirse en una superpotencia tecnológica para 2050. Se pretende potenciar la revolución tecnológica a través del plan Made in China y del rediseño del programa de Industrias Emergentes Estratégicas e incluye una serie de acciones para la creación de clústeres industriales.

Así, con el plan Made in China se tiene como objetivo principal alcanzar el liderazgo en la innovación tecnológica a nivel mundial en el año 2050 y reducir la dependencia tecnológica de otros países. A estos efectos, se refuerza el apoyo a diez industrias estratégicas, así como a la integración de la robótica y las redes inteligentes de fabricación. Con el rediseño del programa de Industrias Emergentes Estratégicas, buscan hacerlo más operativo y enfocado en ocho sectores, cinco con carácter preferente y actuaciones inmediatas (industria de TI, equipos industriales de alta calidad, biotecnología y productos farmacéuticos, vehículos basados en nuevas energías y energías limpias, e industrias creativas digitales), y cuatro para actuaciones a medio plazo (espacio y exploración oceánica, redes de información, ciencias de la vida y tecnología nuclear). El compromiso con esta nueva estrategia ha estado acompañado del lanzamiento de un nuevo instrumento de financiación: los fondos de orientación industrial, con los que se financia a los "campeones nacionales" (empresas líderes en la transformación de un sector) y a otras empresas denominadas "pequeños gigantes" en sectores estratégicos.

Este nuevo enfoque de la política industrial se fundamenta en dos factores clave (Naughton, 2021). En primer lugar, las actuaciones se dirigen a las industrias que se encuentran en la frontera de la innovación, mientras que los enfoques anteriores se habían centrado principalmente en reducir la distancia tecnológica con otros países. En segundo lugar, se incrementan los recursos destinados a estas políticas a través de un conjunto de instrumentos que se pueden agrupar en seis categorías: subvenciones directas a empresas, incentivos fiscales a I+D, financiación directa de actividades de I+D realizadas por empresas, incentivos y bonificaciones fiscales no relacionadas con I+D, préstamos del Gobierno y de bancos de desarrollo y agencias de crédito a la exportación a empresas en sectores estratégicos que incorporan un subsidio de crédito implícito, y fondos de inversión estatales para empresas nacionales, incluidos fondos de capital riesgo y capital social, que incorporan una prima de capital implícita. (Hidalgo y Legarda, 2023).

2.1.4. XIV PLAN QUINQUENAL (2021-2025)

El XIV Plan Quinquenal —abreviatura del XIV Plan Quinquenal (2021-2025) para el Desarrollo Económico y Social Nacional y los Objetivos a Largo Plazo hasta el Año 2035— fue redactado por el órgano administrativo central de China y aprobado en marzo de 2021 en la sesión anual de la principal legislatura del país. El documento de política enumera los 20 objetivos económicos y sociales más importantes de la nación de 2021 a 2025 y explica los objetivos de desarrollo a largo plazo del Gobierno hasta 2035. Cuatro de los 20 principales indicadores de desarrollo económico y social se refieren a los objetivos energéticos y climáticos, y están etiquetados como vinculantes. Estos son:

- Reducción del consumo de energía por unidad de PIB (%).
- Reducción de las emisiones de CO_2 por unidad de PIB (%).
- Tasas de cobertura de los espacios forestales (%).
- Capacidad total de producción de energía.

A diferencia de los planes anteriores, no se establece un objetivo de crecimiento del PIB explícito. Este plan, más bien, busca enfatizar el modelo de "doble circulación", que se centra en la "circulación a nivel interno", y busca reducir la dependencia de China de tecnologías estratégicas. También se centra en el desarrollo tecnológico, el impulso de la industria manufacturera y el mantenimiento de su participación a nivel global. Asimismo, pretende impulsar las reformas estructurales internas para incentivar el potencial de crecimiento, conservar las políticas de apertura que se están aplicando y mejorar la protección del medioambiente y la economía verde.

2.1.5. ADAPTACIÓN AL CAMBIO CLIMÁTICO Y AL DESARROLLO ECOLÓGICO

Desde comienzos del 2000, China ha priorizado las políticas de adaptación al cambio climático frente a la mitigación. De hecho, los objetivos de reducción de emisiones no son nada ambiciosos. Sin embargo, en septiembre de 2020, el presidente Xi anunció unilateralmente un objetivo de neutralidad climática para 2060, alcanzando un máximo de emisiones de gases de efecto invernadero para 2030 (Wang, 2021). Más tarde, durante la Conferencia de las Naciones Unidas sobre Cambio Climático (COP26), anunció un plan de acción para el pico de emisiones de dióxido de carbono antes de 2030.

Respecto a las políticas de adaptación, sus esfuerzos incluyen construir el sistema de transferencia de agua más grande de la historia de la humanidad, expandir y elevar casi 6.000 millas de muros a lo largo de sus costas, construir una reserva estratégica de granos más grande que el resto del mundo, tallar cuencas de inundaciones de humedales en los centros de sus ciudades más grandes, restaurar los humedales costeros para que actúen como amortiguadores contra las tormentas y reubicar cientos de miles de "migrantes ecológicos". Estos proyectos son un ejemplo de las iniciativas incluidas en los principales planes: el plan de 2014, para que el 80% de las ciudades de China desarrollen la capacidad de recolectar y reciclar el 70% de su agua de lluvia de las ciudades para 2030; un plan nacional para la construcción de muros marinos (2017); la Estrategia Nacional de Adaptación al Clima 2035 (2022); el anuncio de Xi Jinping en julio de 2023 de un importante programa para maximizar el uso de tierras cultivables en alimentos básicos y promover la tecnología con el fin de revolucionar la sostenibilidad agrícola en un clima cambiante; y la lista continúa (Brookings, 2023).

2.1.6. INICIATIVA CINTURÓN Y RUTA (BRI, POR SUS SIGLAS EN INGLÉS)

En 2023 se cumplió el décimo aniversario de la Iniciativa de la Franja y la Ruta (BRI). El 17 y 18 de octubre de 2023 se celebró en Pekín el tercer Foro de la Franja y la Ruta para la Cooperación

Internacional, al cual asistieron representantes de 151 países y 41 organizaciones internacionales. Esta iniciativa representa un ambicioso proyecto de infraestructura global impulsado por China. Además de su enfoque en la conectividad física y comercial, el presidente Xi Jinping anunció un plan de acción que incluye el desarrollo verde como uno de los ocho puntos clave. China ha invertido significativamente en la BRI, ofreciendo financiamiento y colaboración en diversas áreas, desde logística y comercio electrónico hasta desarrollo científico y tecnológico. Sus puntos clave son los siguientes:

1. Un corredor logístico a través de Europa y Asia.
2. Una "zona de comercio electrónico por la ruta de la seda", con más acuerdos de libre comercio y tratados de inversión.
3. Una promesa de financiación de 47.000,80 millones de dólares de los bancos de desarrollo chinos.
4. Un impulso para el desarrollo ecológico.
5. Compromisos sobre el desarrollo científico y la inteligencia artificial.
6. Más intercambios culturales y de personas a personas, incluida una alianza turística.
7. Más "cooperación limpia" para mejorar la transparencia.
8. Esfuerzos para crear instituciones del "cinturón y la ruta de la seda", incluida una secretaría. Hasta la fecha, se han firmado más de 200 acuerdos de cooperación con más de 150 países y más de 30 organizaciones internacionales.

Para Xi, el foro de dos días para celebrar la iniciativa emblemática de infraestructura global de mil millones de dólares, el mayor programa de desarrollo multilateral jamás emprendido por un solo país, fue una oportunidad para integrar aún más la influencia de China en todo el mundo.

2.1.7. MINERALES CRÍTICOS: LA BASE DE LA TRANSICIÓN ENERGÉTICA

La producción de muchos de los minerales clave para la transición energética está concentrada geográficamente en pocos lugares, y

China ostenta el poder hegemónico en elementos como el litio, el níquel, el cobalto o las tierras raras, esenciales para construir baterías. Y no es porque tenga las principales minas en su territorio, sino porque lleva dos décadas pactando concesiones en el mundo.

Mientras que el mayor suministrador de petróleo (ahora Estados Unidos) no alcanza el 20% de la cuota mundial, Chile es capaz de suministrar el 30% del cobre mundial; Indonesia, el 30% del níquel; República Democrática del Congo, el 70% del cobalto; China, el 60% de las tierras raras y Australia, aproximadamente, la mitad de la producción mundial de litio.

China y algunos países africanos son los suministradores dominantes de los elementos necesarios en las tecnologías digitales, algo en lo que Europa es claramente dependiente. La transición hacia las energías verdes requiere del procesamiento de estos indispensables minerales. China controla alrededor del 40% en la mayoría de los casos, y alcanza el 85% en las tierras raras. Además, suministra el 66% de las baterías de litio; en los paneles solares, su papel es casi monopolístico en cuanto a componentes y en robótica es el mayor suministrador de materias primas, con el 52% (De la Torre y Espí, 2022). El Servicio Geológico de Estados Unidos señaló que, en 2022, el gigante asiático había sido el proveedor de 30 de los 50 minerales que la agencia considera como críticos.

La Unión Europea y Estados Unidos anunciaron en 2023 un acuerdo que brinda un trato favorable a los materiales críticos europeos. El acuerdo profundizará la cooperación y disminuirá su dependencia de China, pero las posibles consecuencias siguen siendo inciertas. En el futuro, la UE debería adoptar una postura más ambiciosa para fortalecer su posición como una fuerza geopolítica global influyente y autosuficiente, mientras navegan por el delicado equilibrio entre Pekín y Washington. Su poder es casi total en el galio y el magnesio. El primero es vital para poder desarrollar semiconductores o microchips. El segundo es una alternativa más rentable que el litio para construir baterías (Cotín, 2023).

En resumen, la política industrial de China refleja su aspiración de ser una superpotencia tecnológica y económica, y su enfoque en la innovación y el desarrollo sostenible la posiciona como un actor clave en el escenario global. Tras su exitoso modelo de crecimiento basado en fuertes inversiones y aumentos de productividad trasvasando población de la agricultura a la industria, China ha dado el salto al desarrollo tecnológico y se ha posicionado en los sectores que se sitúan en la frontera del conocimiento, como son las energías renovables, la movilidad eléctrica, la digitalización y la inteligencia artificial, donde lideran su avance en varios ámbitos. Por esta razón es necesario que Europa mire a China como un competidor para nuestra industria, ahora también de alto valor añadido.

2.2. POLÍTICA INDUSTRIAL EN ESTADOS UNIDOS: UN GIRO HACIA LA INTERVENCIÓN GUBERNAMENTAL

Tras la victoria de Ronald Reagan en 1982, Estados Unidos llevó a cabo la denominada revolución de la economía de la oferta (Blanchard, 1987). La política industrial fue la que sufrió los mayores cambios, como refleja la célebre frase de Gary Becker, premio nobel de economía y catedrático de la Universidad de Chicago, en 1985: "La mejor política industrial es la que no existe". La nueva Administración Reagan cortó radicalmente todos los programas de apoyo público, privatizó buena parte de los centros tecnológicos industriales y recortó drásticamente los subsidios que recibía la industria estadounidense.

En el gráfico 4 se puede observar la evolución del empleo industrial en Estados Unidos. Desde el final de la Segunda Guerra Mundial el empleo no habría parado de crecer y esa tendencia acaba tras la crisis del petróleo de 1979. En el año 2000 el número de trabajadores industriales en Estados Unidos era similar al de 1982. Desde entonces, como se observa en el gráfico, se materializó una profunda crisis industrial con una destrucción de más del 30% del empleo en la actualidad. No obstante, desde la crisis de 2008 el empleo industrial ha mostrado de nuevo una tendencia de crecimiento, tan solo ininterrumpida por el confinamiento de 2020 durante la pandemia. Aun así, el empleo industrial en Estados Unidos en 2023 ha sido similar al que había en 1945 tras la Segunda Guerra Mundial.

GRÁFICO 4

EMPLEO INDUSTRIAL EN ESTADOS UNIDOS

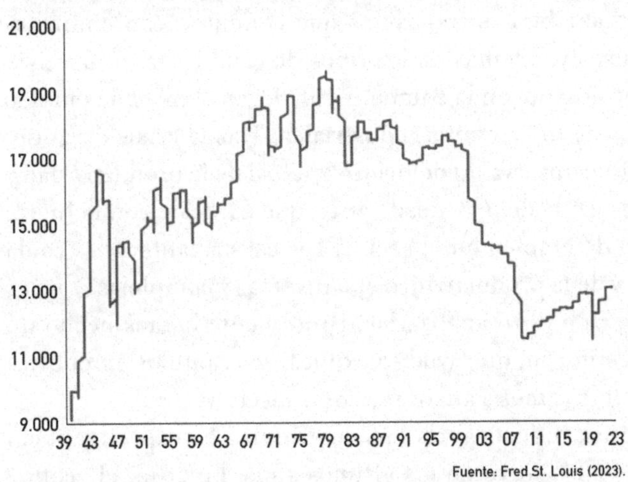

Fuente: Fred St. Louis (2023).

GRÁFICO 5

PRODUCTIVIDAD POR HORA TRABAJADA SECTOR INDUSTRIAL EN ESTADOS UNIDOS

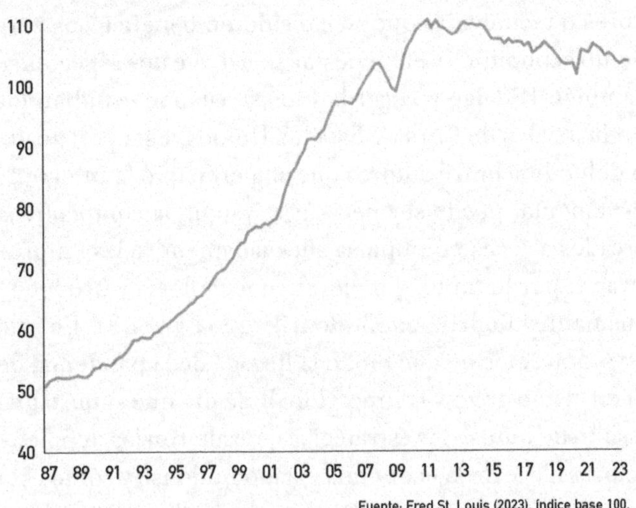

Fuente: Fred St. Louis (2023), índice base 100.

En el gráfico 5 se puede observar otro cambio estructural que ha condicionado el giro que el Gobierno de Estados Unidos ha desarrollado en su política industrial de la última década. Desde 1987 hasta 2007 la productividad por hora trabajada en la industria de Estados Unidos se (más que) duplicó. Las empresas industriales suelen producir bienes transables que compiten con empresas de otros países y, además de los tipos de cambio, la productividad es determinante en la competitividad y en el nivel de empleo y de salarios de los sectores industriales. Tras la crisis de 2008, en el gráfico se observa un deterioro gradual de la productividad y acumula una caída del 6% desde 2011, que coincide con la fuerte destrucción de empleo en el sector. Las causas tanto de la caída del empleo y de la productividad son diversas y complejas, y no es el objeto de este libro analizarlas. Únicamente hemos hecho un análisis del entorno, que ayuda a explicar los cambios en política industrial y que vamos a analizar a continuación.

La política industrial en Estados Unidos ha experimentado un cambio significativo en los últimos años. En 2013, el economista inglés Ken Warwick definió la política industrial como cualquier intervención gubernamental destinada a mejorar el entorno empresarial o a cambiar la estructura de la actividad económica hacia sectores o tecnologías que se consideren beneficiosos para el crecimiento económico y el bienestar social. A estos aspectos se refieren también Hidalgo y Legarda (2023), cuando estudian los modelos industriales de China y Estados Unidos. Esta perspectiva ha sido defendida entre autores que sugieren que la intervención gubernamental puede ser necesaria, ya que la competencia en los mercados a veces no impulsa adecuadamente a las empresas a innovar y, por lo tanto, a mejorar su tecnología y productividad (Hausmann y Rodrik, 2003; Rodrik, 2004 y 2008). En este capítulo, exploraremos de qué modo la llegada de la pandemia de COVID-19 en el año 2020 y la hiperglobalización, que supuso una deslocalización de industrias estratégicas, resaltaron las deficiencias en sectores clave de la economía estadounidense y cómo esto llevó a la implementación de políticas industriales orientadas a abordar esas limitaciones.

Desde una perspectiva histórica, Estados Unidos ha enfocado su política industrial en sectores relacionados con la defensa, considerándolos fundamentales para la seguridad nacional.

Dentro del contexto de la política industrial estadounidense, destacan dos agencias:

- DARPA (Defense Advanced Research Projects Agency): esta agencia ha sido pionera en el desarrollo de tecnologías originalmente destinadas al sector de la defensa, que posteriormente han tenido aplicaciones sorprendentes en el sector civil, con un impacto no solo en la sociedad estadounidense, sino en todo el mundo. Ejemplos notables incluyen el GPS y la red de internet.
- ARPA-E (Advanced Research Projects Agency-Energy): promueve tecnologías energéticas altamente innovadoras con un alto potencial de impacto, que a menudo son demasiado arriesgadas para ser financiadas por el sector privado.

Estos ejemplos subrayan la importancia de las políticas industriales en el desarrollo de tecnologías innovadoras y la promoción de sectores estratégicos para la defensa nacional. Asimismo, el Proyecto Manhattan y la Ley de Ayuda Federal a Carreteras representan dos ejemplos notables de políticas industriales:

1. Proyecto Manhattan (1942-1946): representa un ejemplo emblemático de política industrial centrada en la investigación y desarrollo, llevada a cabo durante la Segunda Guerra Mundial. Fue un esfuerzo conjunto de Estados Unidos, con el apoyo de Reino Unido y Canadá, destinado al desarrollo de armas nucleares, en particular, la bomba atómica. Este proyecto contó con un presupuesto masivo de 1.000 millones de dólares, donde destacó el fuerte compromiso de Estados Unidos con la investigación y el desarrollo en un momento crítico de la historia. El éxito del Proyecto Manhattan condujo al desarrollo de las primeras investigaciones sobre la fisión y las armas nucleares, lo que tuvo un impacto significativo en la geopolítica de la posguerra.

2. Ley de Ayuda Federal a Carreteras (1956): también conocida como Ley de Carreteras Interestatales y de Defensa Nacional, de 1956, representó una política industrial orientada a la infraestructura de transporte. Esta legislación autorizó la construcción de la red interestatal de carreteras en Estados Unidos, un sistema de autopistas que conectaba de costa a costa. El objetivo era proporcionar una red de carreteras de alta calidad que facilitara el transporte y la movilidad en todo el país, y dio como resultado viajes por tierra más rápidos y seguros. A pesar de su costo considerable, superando los 100.000 millones de dólares, esta iniciativa pública contribuyó significativamente al crecimiento económico y la conectividad en Estados Unidos.

Ambos ejemplos representan la importancia de estas políticas industriales emblemáticas para el avance y la defensa nacional. Mientras que el Proyecto Manhattan se enfocó en la investigación científica y tecnológica para fines militares, la Ley de Ayuda Federal a Carreteras se centró en la infraestructura y el transporte en beneficio de la economía y la sociedad. Ilustran el modo en que el Gobierno puede desempeñar un papel crucial en la inversión y desarrollo de sectores clave de la economía y la sociedad. Más tarde, el Consenso de Washington (1989) potenciaría, entre otras cuestiones, la globalización y deslocalización de industrias estadounidenses. El decálogo del Consenso de Washington favoreció el crecimiento económico global, pero también tuvo efectos negativos sobre la economía de Estados Unidos (Williamson, 2003).

Los efectos negativos de las políticas neoliberales sobre la economía estadounidense potencian un giro en la política industrial a partir de la presidencia de Obama (2009-2016), cuando el Gobierno federal lanza o refuerza el apoyo a la industria manufacturera. Ejemplos de ello son los programas SBIR (Small Business Innovation Research), STTR (Small Business Technology Transfer) y MPEP (Manufacturing Extension Partnership), orientados a fomentar la introducción de las más modernas tecnologías y procesos industriales en las pequeñas y medianas empresas norteamericanas. A partir de 2012, el Gobierno federal comienza a prestar atención a la innovación en las actividades manufactureras siguiendo el modelo de los institutos Fraunhofer alemanes (NIST, 2022). Se crean 16 institutos de innovación en procesos de fabricación distribuidos a lo largo de Estados Unidos y repartidos por especialidades, como fabricación avanzada y aditiva, producción digital, robótica, electrónica de potencia, biofabricación y fotónica, entre otros. Los institutos son consorcios de grandes y pequeñas empresas manufactureras, universidades, los Gobiernos estatales y el Gobierno federal (Hidalgo y Legarda, 2023).

En marzo de 2020, la pandemia de COVID-19 dejó en evidencia las limitaciones y vulnerabilidades de Estados Unidos, derivadas de la deslocalización de industrias, lo que tuvo graves repercusiones en la seguridad nacional. Numerosas empresas trasladaron al extranjero tecnología de importancia estratégica, incluyendo componentes electrónicos, tecnología de energía verde, así como equipamiento militar y sanitario. Esta deslocalización tuvo un impacto negativo en la industria, donde el sector servicios representaba ahora más del 77,6% del PIB de Estados Unidos y empleaba a casi el 80% de la fuerza laboral del país, según datos del Banco Mundial.

Para contrarrestar estas limitaciones evidenciadas durante la pandemia, se aceleró el proceso de implementación de políticas industriales diseñadas para abordar la crisis sanitaria con eficacia y garantizar la independencia tecnológica y de suministro de Estados Unidos. Es particularmente destacable la operación Warp Speed (OWS), en la que varias agencias gubernamentales colaboraron con el objetivo de desarrollar, producir y distribuir de manera rápida y eficaz una vacuna contra la COVID-19 para la ciudadanía estadounidense.

Esta nueva política industrial tuvo como objetivo reindustrializar el país con fondos por un valor de 2,4 billones de dólares. Sus principales iniciativas fueron las siguientes:

1. Ley de Empleos e Inversión en Infraestructura de 2021 (IIJA), dispone de 550.000 millones de dólares. Este

acuerdo de infraestructuras bipartidista pretende reconstruir las carreteras, puentes y vías férreas de Estados Unidos, ampliará el acceso al agua potable limpia, garantizará que todos los estadounidenses tengan acceso a internet de alta velocidad, abordará la crisis climática, promoverá la justicia ambiental e invertirá en comunidades que con demasiada frecuencia se han quedado atrás. Con todo ello, pretende aliviar las presiones inflacionarias y fortalecer las cadenas de suministro al hacer mejoras en infraestructuras estratégicas como son los puertos, aeropuertos, ferrocarriles y carreteras de la nación (The White House, 2021). Según un análisis de Moody's (2021), esta iniciativa podría favorecer la creación de 1,5 millones de puestos de trabajo al año durante los próximos 10 años[10].

2. Ley de creación de incentivos útiles para la producción de semiconductores y Ciencia (chips), con un fondo de 167.000 millones de dólares. Esta ley es la reacción del Gobierno federal a la falta de chips en los mercados internacionales debido a los cortes en las cadenas de suministro y fabricación producidos por los efectos de la pandemia. Pero también lo es al hecho negativo que en la actualidad Estados Unidos tiene una cuota aproximada del 12% de la fabricación de semiconductores, cuando en los años noventa del siglo pasado esta cuota era del 37% (Hidalgo y Legarda, 2023). Con la ley de chips y ciencia, la Administración Biden pretende impulsar la investigación, el desarrollo y la producción de semiconductores estadounidenses, asegurando el liderazgo del país en la tecnología que forma la base de todo, desde automóviles hasta electrodomésticos y sistemas de defensa.
3. Ley de reducción de la inflación (IRA), con un fondo de 1,66 billones de dólares. Es la acción más significativa que el Congreso ha tomado sobre la energía limpia y el cambio

10. Sobre el avance y ejecución de las iniciativas de inversión, véase https://lc.cx/6AS-cWq.

climático en la historia de la nación. Quizás su nombre no refleja el contenido. Busca descarbonizar la economía y fortalecer la industria estadounidense, al mismo tiempo que favorecer la resiliencia, la competitividad económica, la innovación, la producción industrial y la creación de empleo de calidad. Cuenta con cerca de 1,66 billones de fondos públicos y privados, con los que desarrollarán proyectos de energías renovables, captura de carbono, restauración y conservación de ecosistemas y expansión de nuevos productos y tecnologías avanzadas.

4. Aproximadamente, las dos terceras partes de estos fondos serán inyectados mediante créditos fiscales a empresas y consumidores, y la aplicación de los incentivos en varios de los ámbitos, como las baterías y el vehículo eléctrico, requerirá como condición un contenido mínimo de fabricación y suministro de componentes de carácter nacional (Hidalgo y Legarda, 2023).

Según la iniciativa Clean Investment Monitor, potenciada por el Rhodium Group y el MIT, en 2022 se ejecutaron 213.000 millones de dólares en nuevas inversiones limpias en toda la economía, un 37% más que el año anterior y un 165% más si lo comparamos con cinco años atrás. La inversión en energía limpia en todo el país es mayor que el PIB anual de 18 de los 50 estados de Estados Unidos. El crecimiento más rápido de la inversión se ha producido en la fabricación de tecnologías limpias —con una inversión anual que ha crecido un 125% interanual hasta los 39.000 millones de dólares— y, en particular, en la fabricación de vehículos eléctricos y energía solar. La inversión en producción de energía limpia y descarbonización industrial creció un 15% interanual hasta los 61.000 millones de dólares. Y la inversión minorista de hogares y empresas en la compra e instalación de tecnologías limpias, como bombas de calor y vehículos de emisiones cero (ZEV), aumentó un 32% interanual hasta 113.000 millones de dólares.

La ley de reducción de la inflación puede ser una de las piezas clave en la transformación económica de Estados Unidos. Las grandes olas de inversión que llegan a las costas del país en el último año lo confirman. Un análisis reciente de la iniciativa Climate Power refleja que, entre agosto de 2022 y enero de 2023, se crearon más de 100.000 puestos de trabajo de energía limpia en Estados Unidos como resultado de casi 90.000 millones de dólares invertidos en docenas de proyectos de energía limpia por todo el país.

Otras iniciativas interesantes, que acompañan a las anteriores políticas industriales son el Plan de Rescate Estadounidense, la Iniciativa Justice40 y el Cuerpo Climático Americano. El primero está brindando ayuda directa a la ciudadanía, rescatando la economía estadounidense tras las consecuencias de la pandemia a través de ayudas directas. Con la Iniciativa Justice40 (Orden Ejecutiva 14008) el Gobierno federal se ha fijado como meta que el 40% de los beneficios generales de ciertas inversiones federales vayan hacia comunidades desfavorecidas que están marginadas, desatendidas y sobrecargadas por la contaminación, y, finalmente, con el Cuerpo Climático Americano —anunciado en octubre de 2023— la Administración Biden-Harris pretende capacitar a los jóvenes en áreas de energía limpia, conservación y resiliencia climática y crear empleos bien remunerados para hacer frente a la crisis climática y de biodiversidad (White House, 2023).

Desde el punto de vista de las relaciones transatlánticas, destaca el primer acuerdo sectorial del mundo basado en el carbono sobre el comercio de acero y aluminio para 2024. Es un objetivo ambicioso, iniciado en octubre de 2021. La producción de acero y aluminio representa alrededor de una séptima parte de las emisiones mundiales de carbono. En la cumbre de la Casa Blanca Unión Europea-Estados Unidos el 20 de octubre de 2023, los negociadores no resolvieron las disputas acerca de los aranceles sobre el acero y el aluminio. La guerra en Israel y Ucrania eclipsó las esperanzas de forjar una gran alianza transatlántica de descarbonización. Por lo tanto, Estados Unidos y la Unión Europea, juntos, deberán trabajar según el acuerdo inicial para restringir el acceso a sus mercados de acero sucio y limitar el acceso a los países que vierten el acero en nuestros mercados, contribuyendo al exceso de oferta mundial (White House, 2021).

En conclusión, la política industrial en Estados Unidos ha experimentado un cambio notable en respuesta a las carencias reveladas por la pandemia y los desafíos de las cadenas de suministro. El Gobierno federal ha asumido un papel más activo en la promoción de la fabricación nacional, la inversión en I+D y la diversificación de las cadenas de suministro. Este enfoque refleja un cambio hacia una mayor intervención gubernamental y un énfasis en la seguridad económica y la independencia tecnológica. A medida que Estados Unidos se embarca en este nuevo enfoque, se espera que aumente la resiliencia económica y la seguridad nacional, así como la creación de empleos, el desarrollo tecnológico y la descarbonización de la economía.

CAPÍTULO 3

PERTE: PROYECTOS ESTRATÉGICOS PARA LA RECUPERACIÓN Y TRANSFORMACIÓN ECONÓMICA

3.1. PLAN DE RECUPERACIÓN DE LA UNIÓN EUROPEA Y EL MECANISMO NEXTGENERATIONEU

El Plan de Recuperación de la Unión Europea se basa en el presupuesto a largo plazo más grande en la historia de la UE. En conjunto, el presupuesto a largo plazo de la UE y del mecanismo NextGenerationEU alcanza la cifra de 2,018 billones de euros a precios corrientes.

El 21 de julio de 2020, el Consejo Europeo acordó la creación del programa NextGenerationEU, un instrumento excepcional destinado a abordar las consecuencias económicas y sociales provocadas por la pandemia de COVID-19. Al mismo tiempo, pretendía impulsar la modernización de la economía europea, priorizando la sostenibilidad ambiental y la transformación digital. Este programa cuenta con una asignación de 806.900 millones de euros para financiar inversiones de los Estados miembros durante el periodo 2021-2026. Su implementación se organiza mediante el despliegue de planes de recuperación nacionales, que reflejan la agenda de inversiones y reformas de cada país, cumpliendo con prioridades y requisitos comunes para maximizar su impacto económico y social. A nivel europeo, se establecen seis objetivos principales comunes y porcentajes mínimos de inversión en el área verde (37%) y en la digital (20%). Los seis pilares del Mecanismo de Recuperación y Resiliencia son:

- Transición verde.
- Transformación digital.
- Crecimiento inteligente, sostenible e inclusivo.
- Cohesión social y territorial.
- Salud y resiliencia económica, social e institucional.
- Políticas para la próxima generación.

Con el respaldo europeo, España está implementando un programa sin precedentes de inversiones y reformas con el triple objetivo de abordar las consecuencias económicas y sociales de la pandemia, impulsar la modernización estructural en los aspectos verde y digital, y lograr una economía más resiliente y sostenible.

Según el *IV Informe de Ejecución del Plan de Recuperación*[11], publicado a finales de diciembre de 2023, España es uno de los países con la mayor asignación de fondos europeos NextGenerationEU, superando los 160.000 millones de euros. Específicamente, cuenta con alrededor de 77.000 millones de euros en transferencias y hasta 84.000 millones en préstamos, complementados por 2.600 millones para inversiones en autonomía energética del programa REPowerEU. Estos recursos se están canalizando en la economía española a través de licitaciones y subvenciones.

El Plan de Recuperación de España fue aprobado formalmente por las instituciones europeas el 13 de julio de 2021 y cubrió la primera fase de inversiones y reformas financiadas con cargo a los 70.000 millones de transferencias del presupuesto comunitario. Estas inversiones y reformas están concentradas fundamentalmente en el trienio 2021-2023 para lograr el máximo impacto contra lo cíclico y estructural.

---

11. Véase https://lc.cx/FRgUlR.

FIGURA 3

EJES Y PALANCAS DEL PLAN DE RECUPERACIÓN ESPAÑOL

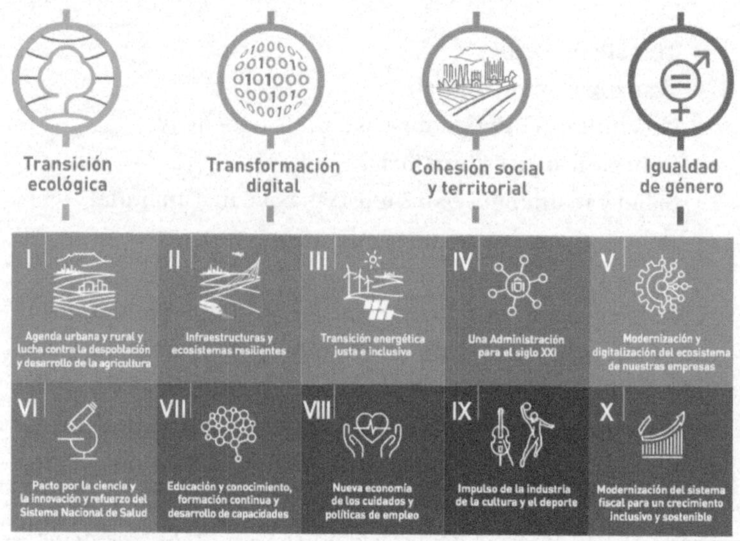

Fuente: IV Informe de ejecución del Plan de Recuperación.

3.2. ANÁLISIS DESCRIPTIVO DE LOS PROYECTOS ESTRATÉGICOS PARA LA RECUPERACIÓN Y TRANSFORMACIÓN ECONÓMICA (PERTE)

Uno de los mecanismos más destacados para impulsar la transición ecológica, la modernización y el fortalecimiento de la competitividad de la economía española es la iniciativa de los Proyectos Estratégicos para la Recuperación y Transformación Económica (PERTE). Estos proyectos se financian a través de los fondos del Plan de Recuperación de la Unión Europea y se alinean con el Real Decreto-ley 36/2020, el cual aprobó medidas urgentes para la modernización de la Administración pública y la ejecución del Plan de Recuperación, Transformación y Resiliencia (PRTR). Inspirados en los proyectos importantes de interés europeo (IPCEI), los PERTE tienen como misión contribuir a la consecución del Plan de Recuperación mediante proyectos tractores que impacten en toda la cadena de valor, impulsando la competitividad, modernización y generación de empleo de calidad en la economía española.

Los PERTE buscan potenciar proyectos de carácter estratégico con una gran capacidad de arrastre para el crecimiento económico, el empleo y la competitividad de la economía española. Cuentan con un marcado componente de colaboración público-privada y abordan diversos sectores económicos, siendo transversales a distintas Administraciones. Entre los 12 proyectos estratégicos aprobados hasta la fecha en España se encuentran: el desarrollo del vehículo eléctrico y conectado, la salud de vanguardia, las energías renovables, el hidrógeno renovable y almacenamiento, agroalimentario, la nueva economía de la lengua, la economía circular, la industria naval, la aeroespacial, la digitalización del ciclo del agua, la microelectrónica y los semiconductores, la economía social y de los cuidados, y la descarbonización industrial. A continuación, se detallan por orden de inversión recibida:

3.2.1. PERTE DE MICROELECTRÓNICA Y SEMICONDUCTORES (PERTE CHIP)

Aprobado por el Consejo de Ministros del 24 de mayo de 2022 (gráfico 6) y dotado según los datos aportados en la *Adenda al Plan de Recuperación*[12], aprobada por la Comisión Europea el 2 de octubre de 2023, con 12.250 millones de euros. El PERTE chip se desarrolla en torno a cuatro ejes estratégicos, en línea con la Ley Europea de Chips, que abarcan toda la cadena de valor de la industria en distintas fases: concepción, diseño, producción de chips y dinamización de la fabricación de productos electrónicos TIC, para que actúe como generadora de demanda de los microchips producidos y como impulso al ecosistema emprendedor de semiconductores.

3.2.2. PERTE DE ENERGÍAS RENOVABLES, HIDRÓGENO RENOVABLE Y ALMACENAMIENTO (PERTE ERHA)

Aprobado por el Consejo de Ministros del 14 de diciembre de 2021 y dotado con 12.094 millones de euros. Con este PERTE se

12. Véase https://lc.cx/1tihgH.

pretende potenciar las áreas asociadas a la transición energética de España, como las energías renovables, la electrónica de potencia, el almacenamiento o el hidrógeno renovable, y reforzar aquellas otras con menor presencia. Se articula a través de convocatorias de subvenciones en las que pueden participar las empresas en régimen de concurrencia competitiva. Las convocatorias tienen unos criterios de selección comunes que tienen en cuenta el impacto sobre la cohesión territorial, la creación de empleo y la innovación y otros criterios particulares a cada convocatoria.

3.2.3. PERTE PARA EL DESARROLLO DEL VEHÍCULO ELÉCTRICO Y CONECTADO (PERTE VEC)

Aprobado por el Consejo de Ministros del 13 de julio de 2021 el primero de los Proyectos Estratégicos para la Recuperación y Transformación Económica, el dedicado al coche eléctrico y conectado. Se trata de un proyecto basado en la colaboración público-privada y centrado en el fortalecimiento de las cadenas de valor de la industria de automoción español. Dotado con una inversión de 4.120 millones de euros, el fondo se articula a través de convocatorias de subvenciones en las que pueden participar las empresas en régimen de concurrencia competitiva.

3.2.4. PERTE DE DIGITALIZACIÓN DEL CICLO DEL AGUA

Aprobado por el Consejo de Ministros del 22 de marzo de 2022. El PERTE de digitalización del ciclo del agua se configuró como un proyecto estratégico con la previsión de movilizar en los próximos años 3.485 millones de euros destinados a financiar programas de ayudas para el impulso a la digitalización de los distintos usuarios del agua, para Administraciones y entidades competentes en el ciclo del agua, la industria y para comunidades de regantes y de usuarios de aguas subterráneas, y ayudas a la digitalización en el regadío. Además, este PERTE plantea una inversión de 225 millones de euros para modernizar e impulsar la digitalización en los organismos de cuenca y los sistemas automáticos de información hidrológica. Más allá de facilitar la digitalización de los trámites administrativos, el proyecto pretende servir para reforzar los programas de seguimiento y control de los vertidos mediante sistemas de monitorización en tiempo real.

3.2.5. PERTE DE DESCARBONIZACIÓN DE LA INDUSTRIA

Aprobado por el Consejo de Ministros del 27 de diciembre de 2022. El PERTE de descarbonización industrial, dotado con 3.170 millones de euros, pretende apoyar a la industria en su transición hacia modelos y procesos más respetuosos con el medioambiente y contribuir al objetivo de neutralidad climática en 2050.

3.2.6. PERTE DE ECONOMÍA SOCIAL Y DE LOS CUIDADOS

Aprobado por el Consejo de Ministros del 31 de mayo de 2022. Este PERTE, dotado con 1.766 millones de euros, busca estimular una economía inclusiva, centrada en las personas. Pretende potenciar y consolidar las alianzas entre los centros de investigación, organizaciones, cooperativas y entidades que trabajan en la economía social y de los cuidados y convertir a España en un referente en esta materia.

Entre sus metas figuran fortalecer las políticas de igualdad y facilitar la conversión de compañías en crisis o con falta de relevo generacional en empresas de economía social, principalmente cooperativas de trabajo, además de mejorar la competitividad de las pymes del sector.

Además, en una sociedad cada vez más longeva, otro de los propósitos es potenciar los sectores vinculados al cuidado de las personas y contribuir a la adaptación e innovación necesarias para que presten un servicio más eficaz y cercano.

3.2.7. PERTE DE SALUD DE VANGUARDIA

Aprobado por el Consejo de Ministros del 30 de noviembre de 2021. Dotado con 1.640 millones de euros, el PERTE para la salud de vanguardia tiene cuatro objetivos específicos:

1. Posicionar España como país líder en la innovación y desarrollo de terapias avanzadas orientadas a la curación de enfermedades como la diabetes, las enfermedades neurodegenerativas o la ELA, entre otras.
2. Impulsar la puesta en marcha de medicina personalizada de precisión de forma equitativa, favoreciendo el desarrollo y la creación de empresas competitivas basadas en la generación de conocimiento para impulsar este campo de la medicina.
3. Desarrollar un sistema nacional de salud digital, con una base de datos integrada que permita la recogida, el tratamiento, el análisis y la explotación de los datos procedentes de las distintas fuentes para mejorar la prevención, el diagnóstico, el tratamiento, la rehabilitación y la investigación.
4. Potenciar la atención sanitaria primaria a través de la transformación digital, con la aplicación de tecnología avanzada para todas las actividades que impliquen relación con la ciudadanía y la gestión de los recursos en cualquier punto del país y en todos los ámbitos asistenciales, en condiciones de ciberseguridad.

3.2.8. PERTE DE LA INDUSTRIA AGROALIMENTARIA

Aprobado por el Consejo de Ministros del 8 de febrero de 2022 y dotado con 1.357 millones de euros. El proyecto estratégico agroalimentario se centra en tres ejes de actuación prioritarios:

1. Paquete de apoyo específico para la industria agroalimentaria, con el objetivo de mejorar sus procesos de producción, vinculados con su competitividad, sostenibilidad y trazabilidad de la producción de alimentos.
2. Medidas concretas para apoyar el proceso de adaptación digital y que se extienda a todos los agentes que forman parte de su cadena de valor (agricultores y ganaderos y sus cooperativas, pequeñas y medianas empresas de producción, transformación y comercialización).

3. Medidas específicas de apoyo a la innovación y la investigación para lograr un sector agroalimentario competitivo en todos los eslabones.

3.2.9. PERTE AEROESPACIAL

Aprobado por el Consejo de Ministros del 22 de marzo de 2022 y dotado con 931 millones de euros. Este proyecto estratégico busca que la industria aeroespacial española se convierta en un actor clave ante los nuevos retos y oportunidades asociados a las grandes transformaciones previstas en el sector. Sus objetivos específicos se articulan en torno a tres pilares:

1. Aeronáutico: que pretende capacitar a la industria en tecnologías y sistemas de cero emisiones para aeronáutica, desarrollar demostradores en el ámbito de las aeronaves multipropósito y vehículos aéreos no tripulados (UAV), así como avanzar en el desarrollo de infraestructuras aeronáuticas para cumplir los requisitos del reglamento del cielo único europeo.
2. Espacial: que se centrará en mejorar las capacidades del sector del espacio en el diseño de cargas útiles relacionadas con el control medioambiental, las comunicaciones cuánticas y la seguridad en cooperación internacional, así como posicionar al sector espacial en el mapa europeo del uso comercial del espacio.
3. Transversal: que afecta a los dos subsectores y marca como objetivos específicos impulsar actuaciones de innovación, sostenibilidad y digitalización en centros fabriles, fomentar la capacitación y formación orientada al sector aeroespacial, cohesionar y conectar el ecosistema de innovación en el ámbito aeroespacial y habilitar fondos públicos y privados para reforzar a las empresas del sector.

El PERTE acompañará al sector en la descarbonización del transporte aéreo y digitalización de los entornos fabriles, la I+D+i aeroespacial, nuevos servicios y nuevas tecnologías, y propiciará y acompañará a los nuevos actores en el ámbito espacial. Tiene además un carácter internacional, ya que se plantea la colaboración estrecha con Portugal, poniendo fondos de los planes de recuperación de ambos países a disposición de un objetivo común (lanzamiento de ocho satélites españoles y ocho satélites portugueses para observación de la Tierra), generando así sinergias y aumentando el impacto. El carácter internacional se amplía al ámbito de la Agencia Espacial Europea, con quien se colaborará en algunas de las actuaciones del PERTE.

3.2.10. PERTE DE ECONOMÍA CIRCULAR

Aprobado por el Consejo de Ministros del 8 de marzo de 2022 y dotado con 792 millones de euros. El PERTE de economía circular busca acelerar la transición hacia un sistema productivo más eficiente y sostenible en el uso de materias primas. La economía circular supone un nuevo paradigma de producción y consumo en el que se optimizan los recursos y se minimizan los residuos generados. Se trata de impulsar una transición del actual modelo económico lineal basado en producir-consumir-tirar a otro en el que se reduzca la huella ecológica fomentando acciones como el reciclaje y la reutilización de los productos. Este proyecto estratégico se centra en 18 instrumentos distribuidos en dos líneas de acción:

1. Actuaciones sobre sectores clave: textil, plástico y bienes de equipo para la industria de las energías renovables.
2. Actuaciones transversales para impulsar la economía circular en la empresa. Incluye ayudas dirigidas a proyectos de impulso a la economía circular en cualquier sector que requiera de apoyo para complementar sus esfuerzos. Las ayudas se distribuirán en cuatro categorías dirigidas a la reducción del consumo de materias primas, el desarrollo del ecodiseño, la gestión de residuos y la digitalización.

3.2.11. PERTE DE LA NUEVA ECONOMÍA DE LA LENGUA

Aprobado por el Consejo de Ministros del 1 de marzo de 2022 y dotado con 725 millones de euros. Este PERTE se plantea como una oportunidad para aprovechar el potencial del español y de las lenguas cooficiales como factor de crecimiento económico y competitividad internacional en áreas como la inteligencia artificial, la traducción, el aprendizaje, la divulgación cultural, la producción audiovisual, la investigación y la ciencia. Sobre estos se impulsarán 14 proyectos tractores mediante la acción coordinada de las Administraciones públicas, las universidades, los centros de investigación y las empresas e industrias. Están basados en cinco ejes estratégicos:

1. Conocimiento en español y lenguas cooficiales. Se desarrollarán corpus lingüísticos formados por textos de distinta índole (novelas, obras de teatro, guiones de cine, noticias de prensa, etc.), pero también que tengan en cuenta el canto, el lenguaje oral o de signos. También el apoyo al Proyecto Lengua Española e Inteligencia Artificial (LEIA) para crear un banco de datos de la lengua, enriquecido con las aportaciones de las comunidades autónomas; y la creación del Observatorio Global del español, que se dedicará a estudiar la situación del español en el mundo, incluyendo la perspectiva de la nueva economía digital y evaluará el seguimiento de los proyectos tractores incluidos en este PERTE.
2. Inteligencia artificial en español. Se potenciarán proyectos como la creación de la Red de Excelencia en Inteligencia Artificial y los programas de lenguas accesibles, con el objetivo de proporcionar herramientas digitales para personas con discapacidad y actuaciones del Plan Nacional de Tecnología del Lenguaje y su industria.
3. Ciencia en español. Se desarrollarán dos grandes proyectos dedicados, por un lado, a la divulgación nacional e internacional de la ciencia en español y, por otro, a la

generación de conocimiento y consolidación del patrimonio técnico-científico hispanohablante, potenciando el español como lengua de comunicación con producción científica identificada, indexada y disponible para su consulta y uso. Estos proyectos contarán con una inversión de casi 130 millones de euros.
4. Aprendizaje del español. La creación de una plataforma tecnológica única y segura para el aprendizaje y certificación del conocimiento del español como lengua extranjera y la digitalización del Instituto Cervantes es una de las acciones previstas en este apartado al que se dedicarán 475 millones de euros, según la página web del Gobierno de España.
5. Industrias culturales. Se impulsará el desarrollo y mejora funcional de la producción audiovisual y el sector del videojuego, enmarcado en el Plan España, Hub Audiovisual de Europa, y la digitalización de contenidos y fondos documentales de museos y patrimonio.

3.2.12. PERTE PARA LA INDUSTRIA NAVAL

Aprobado por el Consejo de Ministros del 15 de marzo de 2022 y dotado con 150 millones de euros. El reto fundamental de este PERTE es diversificar el sector naval hacia nuevos productos, su digitalización, la mejora de su sostenibilidad medioambiental y la capacitación de sus empleados. Busca llegar al conjunto de la cadena de valor del sector, dando apoyo a los participantes en cada una las fases desde el personal investigador y el mundo académico hasta los proveedores y prestadores de servicios en un ecosistema empresarial en el que tiene cabida desde empresas emergentes (*startups*), pymes y grandes compañías. Se trata de poner en marcha una serie de medidas para mantener la competitividad a medio y largo plazo en un mercado fuertemente globalizado y cambiante.

Estos 12 PERTE contemplan una inversión pública de más de 40.000 millones de euros (cuadro 1). La aprobación de la segunda fase del Plan de Recuperación ha permitido incrementar la dotación inicial de fondos de los PERTE. De esta forma se han ampliado inversiones ya previstas y se van a poner en marcha nuevos proyectos, gracias a más de 10.000 millones de euros de transferencias y 18.000 de préstamos.

GRÁFICO 6

FECHA DE APROBACIÓN EN EL CONSEJO DE MINISTROS

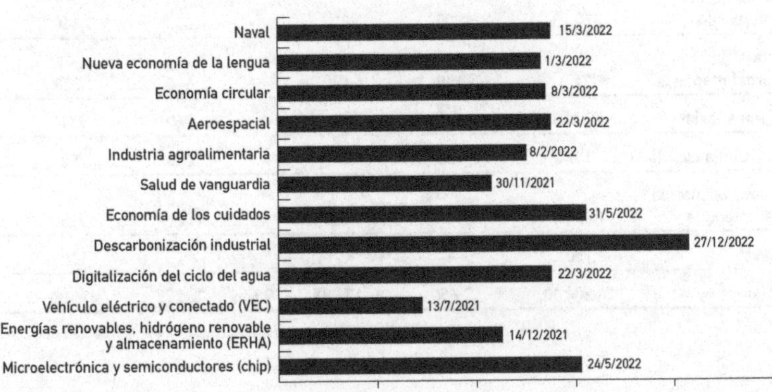

Fuente: Elaboración propia a partir de datos oficiales publicados por el Gobierno de España en la página web del Plan de Recuperación.

CUADRO 1

DOTACIÓN ECONÓMICA DE LOS PERTE

		ADENDA				
PERTE	Transferencias fase 1° plan	Transferencias adicionales	Préstamos	Repower	Total	TOTAL FASE 1 PLAN + ADENDA
Microelectrónica y semiconductores (chip)	275	1.225	10.750	-	11.975	12.250
Energías renovables, hidrógeno renovable y almacenamiento (ERH)	6.600	1.555	1.295	2.644	5.494	12.094
Vehículo eléctrico y conectado (VEC)	2.870	250	1.000	-	1.250	4.120
Digitalización del ciclo del agua	430	1.250	1.805	-	3.055	3.485

CUADRO 1

DOTACIÓN ECONÓMICA DE LOS PERTE (CONT.)

PERTE	Transferencias fase 1° plan	ADENDA					TOTAL FASE 1 PLAN + ADENDA
		Transferencias adicionales	Préstamos	Repower	Total		
Descarbonización industrial	450	1.020	1.700	-	2.720		3.170
Economía de los cuidados	766,30	1.000	-	-	1.000		1.766
Salud de vanguardia	810,10	500	330	-	830		1.640
Industria agroalimentaria	747	150	460	-	610		1.357
Aeroespacial	590,70	100	240	-	340		931
Economía circular	192	600	-	-	600		792
Nueva economía de la lengua	323,50	-	401	-	401		725
Naval	150	-	-	-	-		150
Total	14.204,60	7.650	17.981	2.644	28.275		42.480

Fuente: Elaboración propia a partir de la Adenda: segunda fase del Plan de Recuperación.

FIGURA 4

DOTACIÓN ECONÓMICA DE LOS PERTE. DISTRIBUCIÓN DE FONDOS PERTE (M EUROS)

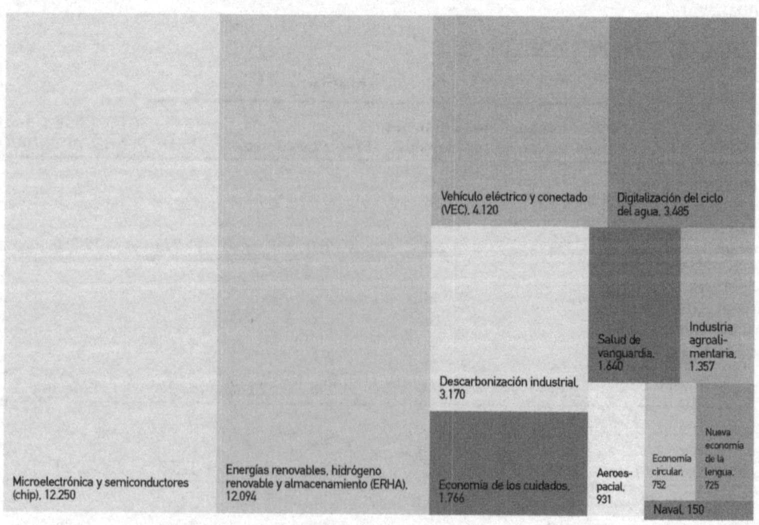

Fuente: Elaboración propia a partir de datos oficiales del Plan de Recuperación del Gobierno de España.

Desde su aprobación en 2021, se han ido desplegando las inversiones y reformas del Plan. El 17 de octubre de 2023, las instituciones europeas aprobaron definitivamente la *Adenda*, que representa la segunda fase del Plan de Recuperación de España, movilizando la totalidad de los fondos europeos NextGenerationEU asignados a España. Esta *Adenda* permitirá consolidar la reindustrialización estratégica del país mediante la movilización de más de 10.000 millones de euros de transferencias adicionales (7.700 millones del Mecanismo de Recuperación y Resiliencia y más de 2.600 millones de euros del programa REPowerEU) y hasta 84.000 millones de euros en préstamos, de forma complementaria a los fondos estructurales asignados a España en el marco financiero plurianual 2021-2027.

3.3. PROCEDIMIENTO DE EJECUCIÓN DE LOS FONDOS

La ejecución de los fondos europeos NextGenerationEU es un proceso complejo que involucra varias etapas y Administraciones. Inicialmente, los recursos del Mecanismo de Recuperación y Resiliencia asignados a España se detallan en los presupuestos generales del Estado. Sin embargo, la gestión de la mayoría de estos fondos también implica la participación de Administraciones territoriales, entes y empresas públicas.

La implementación de los programas y proyectos del Plan de Recuperación implica generalmente la transferencia de fondos desde un ministerio a otra Administración o entidad pública. Esta transferencia suele estar acompañada de una orden de bases que establece, al menos, las grandes líneas del programa. El proceso continúa con la publicación de una convocatoria de subvenciones o una licitación de contratos por parte de la entidad receptora de los fondos. Estas convocatorias detallan los requisitos para los solicitantes y proyectos, en el caso de subvenciones, y de las obras o bienes a contratar, en el caso de licitaciones.

Tras recibir y examinar las solicitudes u ofertas, se adjudican los contratos o ayudas a los mejor valorados o a los primeros en presentarse, dependiendo si el proceso es por concurrencia competitiva o por concurrencia no competitiva. En el caso de las convocatorias de ayudas, lo beneficiarios deberán presentar además garantías, según se establezcan en la orden de bases y convocatoria, tanto para las ayudas en forma de préstamos como en forma de subvención. Una vez adjudicados, se ejecutan y justifican, culminando con el desembolso de los pagos. Estas acciones se reflejan en los procesos de ejecución presupuestaria de las Administraciones públicas involucradas. A medida que avanza el proceso, los créditos presupuestarios disponibles se transforman en compromisos de gasto, obligaciones reconocidas y, finalmente, en pagos realizados (De la Fuente, 2023).

La información sobre la ejecución de los fondos es difusa, escasa y está dispersa entre distintas Administraciones y organismos implicados en la tramitación y gestión, por lo que el acceso público a los datos es complejo. No existe una plataforma única que permita el seguimiento de la ejecución de los fondos. Solo hay disponible cierta información, de manera concreta a través de la página web del Gobierno de España, de los datos periódicos de ejecución del plan, con información publicada desde el inicio del plan en cinco ocasiones: 31/12/2021, 2/06/2022, 14/12/2022, 26/12/2023 y 31/12/2023.

La última entrega de los datos periódicos de ejecución del Plan de Recuperación publicados por el Gobierno en la web del Plan de Recuperación incluye datos globales de ejecución de licitaciones y convocatorias de ayudas hasta el 31 de diciembre de 2023[13].

Los datos reflejados en este estudio se refieren a las convocatorias resueltas hasta el 15 de marzo de 2024. A principios del

13. Tanto en el *IV Informe de Ejecución del Plan de Recuperación 2021-023* (apartado 5.2: ejecución presupuestaria, p. 105) recién citado arriba y con acceso a través de la nota a pie de página 15, como a través del acceso al apartado Datos Periódicos de Ejecución del Plan puede verse la evolución de estos fondos, acompañados de un gráfico de evolución de la ejecución. Evolución de la ejecución del PRTR (en millones de euros). Datos de ejecución PRTR a partir del Ministerio de Hacienda y Función Pública, Secretaría de Estado Presupuestos y Gastos, apartado 5.2: "Ejecución presupuestaria", p. 105 https://lc.cx/UBMttx.

mes de abril de 2024 el Gobierno de España pone en marcha la herramienta ELISA, con información sobre la ejecución de las inversiones del Plan de Recuperación con el objeto de mejorar la transparencia en la ejecución. Se nutre de datos de la Plataforma de Contratación del Sector Público (PLACSP) y de la Base de Datos Nacional de Subvenciones (BDNS). No obstante, no ha sido posible seguir de manera diferenciada la ejecución de los PERTE hasta finales del mes de junio del 2024.

CUADRO 2

DATOS DE EJECUCIÓN DEL PLAN DE RECUPERACIÓN 2021. HASTA EL 31/12/2023 (M EUROS)

FECHA	CRÉDITO INICIAL	CRÉDITO TOTAL	AUTORIZACIONES	COMPROMISOS	OBLIGACIONES RECONOCIDAS
			2021		
31 de diciembre	79.791	88.614	75.755	66.182	60.266
			2023		
31 de diciembre	28.692	35.944	28.484	23.557	20.587

Fuente: Datos de ejecución PRTR a partir de Ministerio de Hacienda y Función Pública. Secretaría de Estado Presupuestos y Gastos.

Mientras se edita este libro, se observa que la herramienta de visualización de datos ELISA permite hacer un seguimiento de las convocatorias de licitaciones y subvenciones de una forma más adecuada, así como de su resolución, tanto de los fondos gestionados directamente por la Administración General del Estado como los transferidos a las comunidades autónomas a través de las conferencias sectoriales y los ejecutados por las corporaciones locales. Pese que al principio parecía poco operativa, desde finales del mes de junio de 2024 la plataforma ELISA permite dar seguimiento a la ejecución de los fondos europeos mediante el análisis de los datos públicos de la BDNS y la PLACSP, que se explotan a través de técnicas de recopilación de datos de páginas web de forma automatizada (*web scraping*) y aprendizaje automático (*machine learning*). Y, según se indica en la página web del Plan de Recuperación, la herramienta irá actualizando periódicamente los datos, que, a día 30 de junio de 2024, señala que el importe comprometido de los

PERTE es de 13.667.190.039,03 €. Además, nutre a la página actualizada a finales de junio: "Avance de los PERTE del Plan de Recuperación"[14].

La Administración General del Estado concentra el mayor volumen ejecutado, según el informe publicado en la misma web con fecha del 30 de noviembre de 2023.

CUADRO 3

RESOLUCIONES DE EJECUCIÓN DE LAS CONVOCATORIAS DE LOS MINISTERIOS, EMPRESAS Y ORGANISMOS DEPENDIENTES DE LA ADMINISTRACIÓN GENERAL DEL ESTADO

CONVOCANTE	Nº CONVOCATORIAS	IMPORTE (M EUROS)
AGE	1.603	24.389.872.386

Fuente: Ministerio de Hacienda y Función Pública.

CUADRO 4

DISTRIBUCIÓN DE FONDOS A COMUNIDADES AUTÓNOMAS, HASTA EL 30/11/2023 (EUROS)

	PLAN DE RECUPERACIÓN	%	REACT-EU	%	TOTAL	%
Andalucía	4.077.067.310	15,56	1.880.684.503	18,81	5.957.751.813	16,46
Aragón	902.635.314	3,45	266.655.273	2,67	1.169.290.587	3,23
Asturias	637.747.320	2,43	195.536.437	1,96	833.283.757	2,30
Baleares	1.035.337.079	3,95	299.563.641	3	1.334.900.720	3,69
Canarias	1.621.555.506	6,19	629.866.972	6,30	2.251.422.478	6,22
Cantabria	436.128.847	1,66	96.228.202	0,96	532.357.049	1,47
Castilla-La Mancha	1.308.007.993	4,99	405.828.894	4,06	1.713.836.887	4,73
Castilla y León	1.621.098.857	6,19	415.521.222	4,16	2.036.620.079	5,63
Cataluña	3.962.534.376	15,12	1.705.871.064	17,06	5.668.405.440	15,66
Ceuta	49.735.889	0,19	23.955.044	0,24	73.690.933	0,20
Extremadura	818.057.081	3,12	187.129.322	1,87	1.005.186.403	2,78
Galicia	1.529.196.534	5,84	440.863.817	4,41	1.970.060.351	5,44
La Rioja	322.547.740	1,23	64.619.194	0,65	387.166.934	1,07
Madrid	2.875.096.829	10,97	1.284.301.721	12,84	4.159.398.550	11,49

14. Véase https://lc.cx/aKaskz. Asimismo, se puede consultar otra herramienta interesante creada recientemente de visualización de los datos de ejecución y actuaciones realizadas es el mapa de ejecución del Plan de Recuperación del MITECO: https://lc.cx/gqNU3l.

CUADRO 4

DISTRIBUCIÓN DE FONDOS A COMUNIDADES AUTÓNOMAS. HASTA EL 30/11/2023 (EUROS) (CONT.)

	PLAN DE RECUPERACIÓN	%	REACT-EU	%	TOTAL	%
Melilla	46.746.395	0,18	17.030.459	0,17	63.776.854	0,18
Murcia	790.921.969	3,02	258.439.471	2,58	1.049.361.440	2,90
Navarra	541.780.807	2,07	147.892.035	1,48	689.672.842	1,91
País Vasco	1.152.094.208	4,40	425.531.292	4,26	1.577.625.500	4,36
Comunidad Valenciana	2.470.797.761	9,43	1.254.481.437	12,54	3.725.279.198	10,29
Total	26.199.087.816	100	10.000.000.000	100	36.199.087.816	100

Fuente: Ministerio de Hacienda y Función Pública. Secretaría de Estado Presupuestos y Gastos.

Respecto a los datos de ejecución de los PERTE, la última actualización publicada en la página web del Plan de Recuperación del Gobierno de España es del 18 de diciembre de 2022[15]. La carencia de transparencia en los datos y la dificultad para acceder a ellos dificulta el seguimiento, análisis y propuestas de mejoras en la ejecución.

3.4. GRADO DE EJECUCIÓN DE LOS PERTE

Ante la falta de transparencia en la ejecución de los PERTE y las delimitaciones en el acceso a los datos actualizados para realizar su seguimiento y análisis, ha sido necesario visitar un gran número de páginas, correspondientes a las distintas Administraciones y órganos gestores donde se publican las convocatorias y resoluciones de estas para obtener la información necesaria. En paralelo, se han verificado los resultados revisando los datos disponibles a través de la Plataforma de Contratación del Sector Público (PLACSP) y el Sistema Nacional de Publicidad de Subvenciones Públicas (SNPSAP) (cuadro 5).

15. Véase https://lc.cx/NjZjU3.

Centrándonos en las convocatorias de subvenciones de ayudas por concurrencia publicadas y resueltas hasta marzo de 2024, vemos un repunte en la publicación de convocatorias durante el año 2022 (gráfico 7.A).

GRÁFICO 7 (A, B Y C)

CONVOCATORIAS PERTE PUBLICADAS

(A) Publicación de las resoluciones finales de las convocatorias PERTE

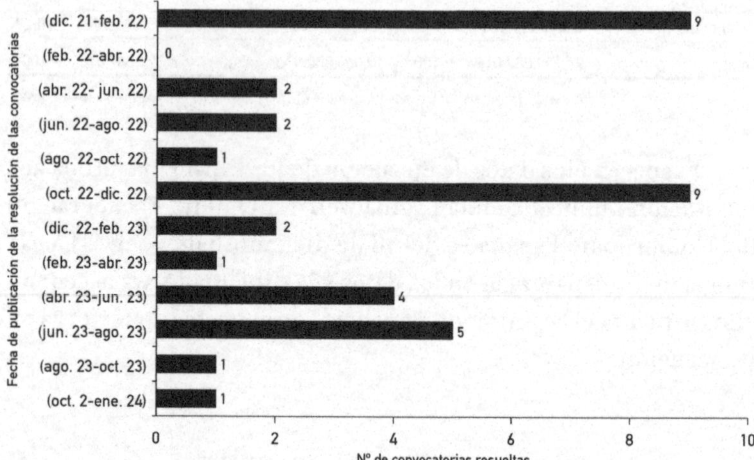

(B) Convocatorias PERTE resueltas (hasta el 15/03/2024)

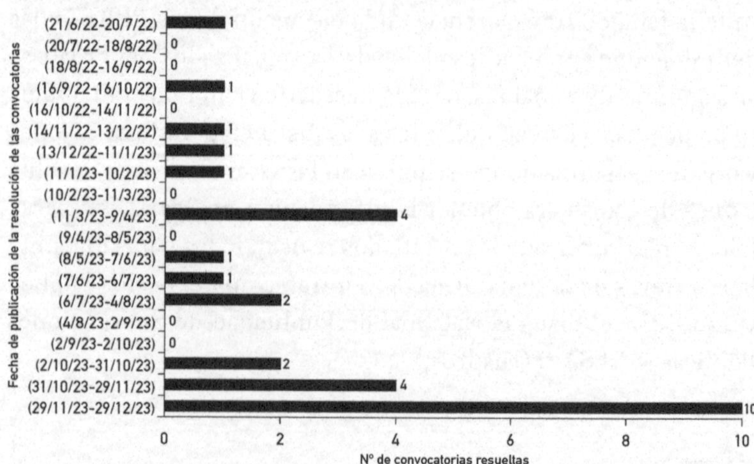

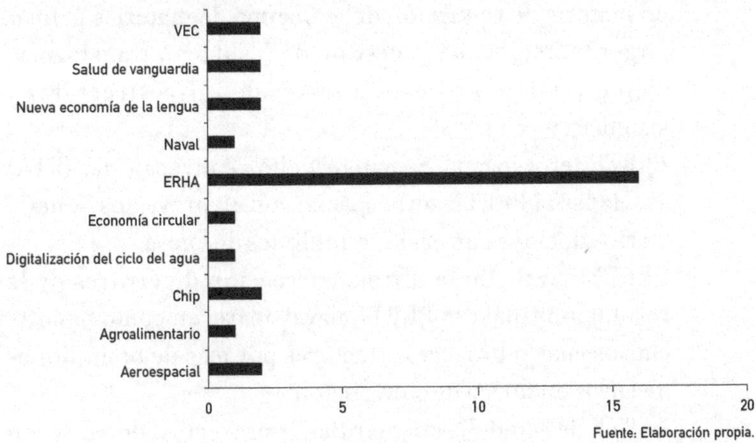

Estas subvenciones se distribuyen de la siguiente forma:

- PERTE VEC: 793 millones de euros asignados a 10 proyectos tractores, que incluyen 269 entidades beneficiarias de 15 comunidades autónomas en la primera convocatoria, y 29 proyectos de producción de baterías del vehículo eléctrico con una dotación de más de 600 millones de euros.
- PERTE ERHA: Se han resuelto 15 convocatorias por una cuantía total de más de 900 millones de euros (entre préstamos y subvenciones a fondo perdido), financiando a un total de 470 proyectos.
- PERTE de digitalización del ciclo del agua: La primera convocatoria del PERTE de digitalización del ciclo del agua dirigida a la digitalización del ciclo urbano del agua ha concedido 30 ayudas por un importe total de 200 millones de euros para la mejora de la digitalización del ciclo del agua urbana.
- PERTE agroalimentario: La resolución final del PERTE agroalimentario incluye 13 proyectos tractores dotados con más de 180 millones de euros.
- PERTE de economía circular: 22 proyectos, dotados con 173 millones de euros, han resultado beneficiarios de

ayudas al impulso de la economía circular, concretamente en materia de reducción del consumo de materias primas vírgenes, mejora de la gestión de residuos y transformación digital de procesos a través de infraestructuras y sistemas.

- PERTE aeroespacial: Se han resuelto 2 convocatorias (PTA) asociadas al PERTE aeroespacial con 47 proyectos beneficiarios dotados con casi 150 millones de euros.
- PERTE naval: En la última corrección de errores de la resolución final del PERTE naval aparecen como beneficiarios cuatro proyectos tractores por más de 80 millones de euros en forma de subvención.
- PERTE de salud de vanguardia: 31 proyectos, dotados con casi 28 millones de euros, han resultado beneficiarios en las dos convocatorias resueltas del PERTE de salud de vanguardia.
- PERTE de la nueva economía de la lengua: Se ha aprobado la concesión de subvenciones por importe de 7,5 millones de euros a cuatro proyectos para impulsar en el ámbito autonómico las tecnologías del lenguaje en las lenguas cooficiales: GAITU, NÒS, AINA y VIVES. Además, una subvención a la Universidad de Salamanca, a través del Centro Internacional del Español, para impulsar la enseñanza y aprendizaje del español dotada con 2,5 millones de euros.
- PERTE de descarbonización de la industria: La primera convocatoria del PERTE de descarbonización, se espera que se resuelva a finales de 2024, está dotada con casi mil millones de euros (499.800.000 € en forma de subvención y de 500.000.000 € en forma de préstamo).
- Finalmente, el PERTE chip, supone una gran apuesta por la modernización estratégica. Con la segunda fase del Plan de Recuperación, este PERTE cuenta con una dotación superior a 12.000 millones de euros, cuyo potencial en la atracción de grandes inversiones en materia de conductores y semiconductores es enorme, pero hasta el momento su ejecución ha sido poco significante.

CUADRO 5

EJECUCIÓN DE LOS PERTE HASTA MARZO DE 2024

PERTE	TIPO DE CONVOCATORIA	FECHA DE APROBACIÓN	FECHA DE PUBLICACIÓN	RESOLUCIÓN FINAL	Nº PROYECTOS	PRESUPUESTO FINANCIABLE	CUANTÍA SUBVENCIÓN	CUANTÍA PRÉSTAMOS	CUANTÍA TOTAL SUBVENCIÓN
Naval	PERTE del ecosistema naval español	15/3/22	23/12/22	22/12/23	4	158.316.832,38	81.023.372,40		81.023.372,40
Agroalimentario	PERTE del sector agroalimentario	8/2/22	29/12/22	18/12/23	13	346.359.280 €	161.612.914,39	19.963.001,41	181.575.915,80
Descarbonización	PERTE de descarbonización industrial	27/12/22	3/1/24						
Economía social y de los cuidados	PERTE de la economía social y de los cuidados	31/5/22	14/12/22						
Chip	Proyectos de "Prueba de Concepto" 2023 (PERTE chip)	24/5/22	22/9/23						
Chip	Misiones PERTE chip	24/5/22	27/5/23	29/12/23	14	65.981.007	47.117.301,91		47.117.301,91
Chip	Cátedras chip	24/5/22	21/7/23						
Nueva economía de la lengua	Subvenciones a varios centros de carácter científico para impulsar las tecnologías del lenguaje, en el marco del PERTE Nueva economía de la lengua, del Plan de Recuperación, Transformación y Resiliencia	1/3/22	9/12/22	15/3/23	4		7.500.000		7.500.000

CUADRO 5

EJECUCIÓN DE LOS PERTE HASTA MARZO DE 2024 (CONT.)

PERTE	TIPO DE CONVOCATORIA	FECHA DE APROBACIÓN	FECHA DE PUBLICACIÓN	RESOLUCIÓN FINAL	Nº PROYECTOS	PRESUPUESTO FINANCIABLE	CUANTÍA SUBVENCIÓN	CUANTÍA PRÉSTAMOS	CUANTÍA TOTAL SUBVENCIÓN
Nueva economía de la lengua	Subvención a la Universidad de Salamanca, a través del Centro Internacional del Español, para impulsar la enseñanza y aprendizaje del español, en el marco del PERTE y del PRTR	30/5/23	13/5/23	21/7/23	1		2.500.000 €		2.500.000 €
Economía circular	Convocatoria de ayudas, en régimen de concurrencia competitiva, para proyectos que contribuyan a fomentar la sostenibilidad y circularidad de los procesos industriales y empresariales, para mejorar la competitividad e innovación del tejido industrial en el marco de una economía circular, que supere el anterior modelo de producción lineal, en el marco del Plan de Recuperación, Transformación y Resiliencia (PRTR)	8/3/22	7/12/22	23/10/23	22				173.047.430,73
Digitalización del ciclo del agua	Primera convocatoria de subvenciones para proyectos de mejora de la eficiencia del ciclo urbano del agua	22/3/22	30/9/22	15/11/23	30	314.681.309,37 €	200.000.000 €		200.000.000 €

CUADRO 5

EJECUCIÓN DE LOS PERTE HASTA MARZO DE 2024 (CONT.)

PERTE	TIPO DE CONVOCATORIA	FECHA DE APROBACIÓN	FECHA DE PUBLICACIÓN	RESOLUCIÓN FINAL	Nº PROYECTOS	PRESUPUESTO FINANCIABLE	CUANTÍA SUBVENCIÓN	CUANTÍA PRÉSTAMOS	CUANTÍA TOTAL SUBVENCIÓN
Digitalización del ciclo del agua	Primera convocatoria de subvenciones (2023) en concurrencia competitiva de proyectos para la digitalización de comunidades de usuarios de agua para regadío	22/3/22	2/8/23						
Digitalización del ciclo del agua	Segunda convocatoria de subvenciones para proyectos de mejora de la eficiencia del ciclo urbano del agua	22/3/22	2/8/23						
Salud de vanguardia	Ayudas a proyectos estratégicos para la transición industrial del sector farmacéutico y del sector productos sanitarios (PERTE Salud de vanguardia) I	30/11/21	6/5/22	23/11/22	17		3.390.608	7.727.917 €	11.118.525
Salud de vanguardia	Ayudas a proyectos estratégicos para la transición industrial del sector farmacéutico y del sector productos sanitarios (PERTE Salud de vanguardia) II	30/11/21	24/5/23	5/12/23	14		5.268.212,30 €	11.453.233 €	16.721.445,30 €
Aeroespacial	PTA 2022	22/3/22	2/6/22	21/12/22	19	126.831.875	78.330.978 €		78.330.978 €
Aeroespacial	PTA 2023	22/3/22	21/3/23	22/12/23	28	109.059.943	71.420.077,99 €		71.420.077,99 €
VEC	PERTE del vehículo eléctrico y conectado I	13/7/21	28/12/21	20/1/23	10	1.903.251.360,25	525.978.681	267.742.919	793.721.600

CUADRO 5

EJECUCIÓN DE LOS PERTE HASTA MARZO DE 2024 (CONT.)

PERTE	TIPO DE CONVOCATORIA	FECHA DE APROBACIÓN	FECHA DE PUBLICACIÓN	RESOLUCIÓN FINAL	Nº PROYECTOS	PRESUPUESTO FINANCIABLE	CUANTÍA SUBVENCIÓN	CUANTÍA PRÉSTAMOS	CUANTÍA TOTAL SUBVENCIÓN
VEC	PERTE del vehículo eléctrico y conectado II	13/7/21	7/7/23						
VEC	Ayudas para producción de baterías del vehículo eléctrico dentro del PERTE VEC	13/7/21	7/7/23	19/12/23	29	3.066.499.654,80	508.848.605,40	100.000.000	608.848.605,40 €
ERHA	Primera convocatoria del programa de incentivos a proyectos singulares de instalaciones de biogás, en el marco del Plan de Recuperación, Transformación y Resiliencia. Financiado por la Unión Europea-NextGenerationEU (Programa de incentivos 1 y 2)	14/12/21	1/8/22	5/7/23	81	475.528.432,72 €	76.512.514,52 €		76.512.514,52 €
ERHA	Primera convocatoria del programa de incentivos a proyectos pioneros y singulares de hidrógeno removable (Programa H2 PIONEROS)	14/12/21	16/2/22	3/4/23	19	442.626.092,90 €	150.000.000 €		150.000.000 €
ERHA	Primera convocatoria del programa de incentivos a proyectos piloto singulares de comunidades energéticas (Programa CE IMPLEMENTA), en el marco del Plan de Recuperación, Transformación y Resiliencia. Financiado por la Unión Europea-NextGenerationEU	14/12/21	13/1/22	21/6/22	36	12.977.890,57 €	6.812.980,39 €		6.812.980,39 €

CUADRO 5

EJECUCIÓN DE LOS PERTE HASTA MARZO DE 2024 (CONT.)

PERTE	TIPO DE CONVOCATORIA	FECHA DE APROBACIÓN	FECHA DE PUBLICACIÓN	RESOLUCIÓN FINAL	Nº PROYECTOS	PRESUPUESTO FINANCIABLE	CUANTÍA SUBVENCIÓN	CUANTÍA PRÉSTAMOS	CUANTÍA TOTAL SUBVENCIÓN
ERHA	Segunda convocatoria del programa de incentivos a proyectos piloto singulares de comunidades energéticas (Programa CE IMPLEMENTA), en el marco del Plan de Recuperación, Transformación y Resiliencia. Financiado por la Unión Europea-NextGenerationEU	14/12/21	13/1/22	6/10/22	18	47.205.192,10 €	20.463.301 €		20.463.301 €
ERHA	Tercera convocatoria del programa de incentivos a proyectos piloto singulares de comunidades energéticas (Programa CE IMPLEMENTA), en el marco del Plan de Recuperación, Transformación y Resiliencia. Financiado por la Unión Europea-NextGenerationEU	14/12/21	4/11/22	21/12/23	52	18.135.443 €	10.000.000 €		10.000.000 €
ERHA	Cuarta convocatoria del programa de incentivos a proyectos piloto singulares de comunidades energéticas (Programa CE IMPLEMENTA), en el marco del Plan de Recuperación, Transformación y Resiliencia. Financiado por la Unión Europea-NextGenerationEU	14/12/21	4/11/22	21/12/23	25	58.398.755,57 €	30.000.000 €		30.000.000 €

CUADRO 5

EJECUCIÓN DE LOS PERTE HASTA MARZO DE 2024 (CONT.)

PERTE	TIPO DE CONVOCATORIA	FECHA DE APROBACIÓN	FECHA DE PUBLICACIÓN	RESOLUCIÓN FINAL	Nº PROYECTOS	PRESUPUESTO FINANCIABLE	CUANTÍA SUBVENCIÓN	CUANTÍA PRÉSTAMOS	CUANTÍA TOTAL SUBVENCIÓN
ERHA	Programa de incentivos 1: capacidades, avances tecnológicos e implantación de líneas de ensayo o fabricación incluido en los programas de incentivos a la cadena de valor innovadora y de conocimiento del hidrógeno renovable PRTR-NextGenerationEU	14/12/21	18/2/22	5/4/23	6	47.530.652,12 €	11.906.282,10 €		11.906.282,10 €
ERHA	Programa de incentivos 2: diseño, demostración y validación de movilidad propulsada por hidrógeno incluido en los programas de incentivos a la cadena de valor innovadora y de conocimiento del hidrógeno renovable PRTR-NextGenerationEU	14/12/21	18/2/22	3/4/23	12	85.791.621,42 €	37.517.110,32 €		37.517.110,32 €
ERHA	Programa de incentivos 3: grandes demostradores de electrólisis y proyectos innovadores de producción de hidrógeno renovable en el marco de los programas de la cadena de valor innovadora y de conocimiento del hidrógeno renovable. PRTR-NextGenerationEU	14/12/21	18/2/22	5/6/23	7	326.711.751,62 €	100.000.000 €		100.000.000 €

CUADRO 5

EJECUCIÓN DE LOS PERTE HASTA MARZO DE 2024 (CONT.)

PERTE	TIPO DE CONVOCATORIA	FECHA DE APROBACIÓN	FECHA DE PUBLICACIÓN	RESOLUCIÓN FINAL	Nº PROYECTOS	PRESUPUESTO FINANCIABLE	CUANTÍA SUBVENCIÓN	CUANTÍA PRÉSTAMOS	CUANTÍA TOTAL SUBVENCIÓN
ERHA	Programa de incentivos 4: retos de investigación básica-fundamental, pilotos innovadores y formación en tecnologías habilitadoras clave dentro de los programas a la cadena de valor innovadora y conocimiento del hidrógeno renovable. PRTR-NextGenerationEU	14/12/21	18/2/22	20/7/23	20		40.000.000 €		40.000.000 €
ERHA	Segunda convocatoria del programa de incentivos 4: retos de investigación básica-fundamental, pilotos innovadores y la formación en tecnologías habilitadoras clave	14/12/21	20/7/22						
ERHA	Primera convocatoria de ayudas para proyectos innovadores de I+D de almacenamiento energético en el marco del Plan de Recuperación, Transformación y Resiliencia. Financiado por la Unión Europea- NextGenerationEU	14/12/21	18/2/22	27/12/23					

CUADRO 5

EJECUCIÓN DE LOS PERTE HASTA MARZO DE 2024 (CONT.)

PERTE	TIPO DE CONVOCATORIA	FECHA DE APROBACIÓN	FECHA DE PUBLICACIÓN	RESOLUCIÓN FINAL	Nº PROYECTOS	PRESUPUESTO FINANCIABLE	CUANTÍA SUBVENCIÓN	CUANTÍA PRÉSTAMOS	CUANTÍA TOTAL SUBVENCIÓN
ERHA	Primera convocatoria del "Programa 3: Instalaciones innovadoras de reciclaje palas de aerogeneradores", en programas de "Repotenciación circular", ayudas en instalaciones innovadoras de reciclaje, en PRTR. Financiado por la Unión Europea-NextGenerationEU	14/12/22	30/11/22	24/11/23	6	45.130.812 €	13.664.754 €		13.664.754 €
ERHA	Primera convocatoria del "Programa 2: actuaciones en renovación tecnológica y medioambiental de minicentrales hidroeléctricas de hasta 10 MW", Programas de "Repotenciación circular" para concesión ayudas PRTR. Financiado por la Unión Europea- NextGenerationEU	14/12/22	30/11/22	24/11/23	126	68.672.553 €	23.097.667 €		23.097.667 €
ERHA	Primera convocatoria del "Programa 1: Repotenciación de instalaciones eólicas", incluido en programas de "Repotenciación circular" para concesión de ayudas a inversión en repotenciación de instalaciones eólicas, PRTR. Financiado por la Unión Europea-NextGenerationEU	14/12/22	30/11/22	24/11/23	29	832.984.558	127.389.326 €		127.389.326 €

CUADRO 5

EJECUCIÓN DE LOS PERTE HASTA MARZO DE 2024 (CONT.)

PERTE	TIPO DE CONVOCATORIA	FECHA DE APROBACIÓN	FECHA DE PUBLICACIÓN	RESOLUCIÓN FINAL	Nº PROYECTOS	PRESUPUESTO FINANCIABLE	CUANTÍA SUBVENCIÓN	CUANTÍA PRÉSTAMOS	CUANTÍA TOTAL SUBVENCIÓN
ERHA	Primera convocatoria del "Subprograma 1, 2, 3 y 4: Plataforma de ensayo por organismo de investigación". Convocatoria de ayudas en proyectos piloto y plataformas de ensayos e infraestructuras portuarias renovables PRTR. Financiado Unión Europea-NextGenerationEU	14/12/22	23/12/22	23/10/23	21	353.921.107	146.983.147 €		146.983.147 €
ERHA	Segunda convocatoria del programa de incentivos a proyectos pioneros y singulares de hidrógeno renovable (Programa H2 PIONEROS) en el marco del Plan de Recuperación, Transformación y Resiliencia. Financiado por la Unión Europea- NextGenerationEU	14/12/22	26/5/23	22/12/23	12	502.986.938,07	150.000.000		150.000.000

Fuente: Elaboración propia.

CUADRO 6

FONDOS PERTE EJECUTADOS A TRAVÉS DE CONVOCATORIAS DE AYUDAS POR CONCURRENCIA

Nº PROYECTOS FINANCIADOS	PRESUPUESTO FINANCIABLE	CUANTÍA SUBVENCIÓN	CUANTÍA PRÉSTAMOS	CUANTÍA TOTAL
675	9.409.583.062,04 €	2.634.837.833.86 €	406.887.070,41 €	3.214.772.335 €

3.5. PERSPECTIVAS

El Plan de Recuperación de la Unión Europea, respaldado por los fondos NextGenerationEU, pretende lograr la modernización, digitalización y transición ecológica, y la descarbonización de la economía. España ha adoptado el desafío con una asignación sustancial de fondos, superando los 160.000 millones de euros, más de 40.000 millones para los PERTE.

El objetivo del Plan de Recuperación, Transformación y Resiliencia de España es acelerar la recuperación económica y social tras la crisis de COVID-19 y lograr incrementar la capacidad de crecimiento a medio y largo plazo. Se trata de crear las condiciones adecuadas, con reformas e inversiones, para que los fondos europeos se empleen de la forma más eficiente y tengan el mayor impacto posible. El Plan fue elaborado sobre cuatro ejes —la transición ecológica, la transformación digital, la cohesión territorial y social, y la igualdad de género— que se pretende que sean tenidos en cuenta en el conjunto de iniciativas y políticas. Se estructura en torno a diez políticas palanca que definen el grueso de las inversiones en ámbitos que van desde la agenda urbana, la lucha contra la despoblación y el desarrollo de la agricultura, hasta la modernización y el refuerzo del sistema fiscal y de pensiones, pasando por la mejora de infraestructuras y ecosistemas, la educación, la ciencia y la modernización empresarial, entre otros. Esas diez políticas integran, a su vez, 30 componentes o líneas de acción, tanto de tipo regulatorio como de impulso a la inversión, que permiten articular los programas de inversión y las reformas de una forma coherente.

En definitiva, pretende ser una hoja de ruta para afrontar los retos pendientes del país y facilitar la transición ecológica, digital y energética de la economía. Los Proyectos Estratégicos para la Recuperación y Transformación Económica son un mecanismo clave para impulsar la transición y mejorar la competitividad. Ofrecen una diversidad de sectores estratégicos, desde el energético hasta el vehículo, el aeronáutico y naval, la salud y la economía social, los PERTE tienen el potencial de ser catalizadores significativos para el crecimiento económico. No obstante, se enfrenta a diversos retos:

- Falta de estrategia previa y de seguimiento de los fondos.
- Carencia de diálogo social y específicamente con los grupos de interés que podían optar a fondos a través de convocatorias, lo que ha dificultado la gestión y ejecución de estas.
- Falta de transparencia. La información sobre la ejecución de fondos está fragmentada y poco accesible. Mejorar la accesibilidad a los datos podría facilitar su transparencia, evaluación y progreso.
- Plazos ajustados. El límite temporal para completar los proyectos plantea desafíos, especialmente dado el volumen de fondos y la complejidad de ciertos proyectos.
- Complejidad de las convocatorias. Esta y el corto periodo para solicitar ayudas pueden representar barreras para la participación efectiva de los interesados.
- Cadena de valor. Las carencias en la cadena de valor, así como las condiciones económicas y de mercado, presentan retos adicionales que requieren atención.
- Marco regulatorio. La efectividad de la ejecución está vinculada al marco regulatorio, y posibles ajustes podrían ser necesarios para garantizar una implementación eficiente.
- Los diversos errores publicados en las convocatorias y resoluciones reflejan falta de preparación previa y de estrategia. Preparar, organizar y formar a un equipo con antelación habría facilitado las tareas de gestión.
- La ejecución en PERTE prioritarios (como el del chip) es insignificante para la dotación presupuestaria aprobada.

Hasta el 15 de marzo de 2024, de los 42.480 millones de euros de los PERTE solo se han ejecutado (a través de convocatorias de subvenciones de ayudas por concurrencia asociadas a los PERTE) 3.214 millones de euros (presupuesto comprometido). La perspectiva es que será complicado lograr los objetivos propuestos y ejecutar la totalidad de los fondos asignados si no se toman medidas de mejoras[16].

16. Datos periódicos de ejecución del Plan de Recuperación https://lc.cx/DzVEGs.

CAPÍTULO 4

PERTE, 19 ENTREVISTAS A OTROS TANTOS BENEFICIARIOS

4.1. METODOLOGÍA DE LAS ENTREVISTAS

La entrevista es un modelo de investigación apropiado en casos como el que nos ocupa, en el que se intenta conocer con cierto grado de detalle qué ocurre con una nueva política o actuación pública en el campo de la economía o la industria. Fontana y Frey (1987) o O'Cathain *et al.* (2014), entre otros autores, se han referido a la entrevista como método de amplia variedad de formas y multiplicidad de usos, y para obtener valor añadido del uso de investigaciones cualitativas.

Los datos descriptivos y su evolución, sus bases o los modelos cuantitativos son también de interés, porque aportan información y permiten establecer estimaciones a futuro. Una parte de ellos también se han empleado en el estudio. Pero en la entrevista el foco está puesto en las conductas y detalles que los beneficiarios emplean para mejorar o transformar un proyecto empresarial en marcha y examinar lo que falta, lo que sobra y cómo creen ellos que habría que hacerlo. Estos aspectos son difíciles de conseguir mediante otro tipo de análisis.

En esta obra sobre el impacto de los Proyectos Estratégicos para la Recuperación y Transformación Económica (PERTE)[17], en una eventual reindustrialización de la economía española, es necesario profundizar en conocimiento, valoraciones, opiniones y otros aspectos cualitativos que solo pueden aportar los responsables de los proyectos en cada empresa beneficiaria; la encuesta común no basta. Es decir, con la entrevista particular se persigue la máxima claridad y objetividad posible, explorando en qué medida ha influido un proyecto PERTE en escalar mejoras tecnológicas, organizativas o de gestión y transformar estándares conocidos en las empresas industriales o conectadas a ellas (como algunos servicios emergentes), receptoras de estas ayudas específicas orientadas a sectores industriales, a menudo, en fase emergente o incluso en disrupción.

Cada entrevista conlleva una alta dosis de comprensión y complejidad, puesto que van dirigidas a 12 categorías económico-industriales muy diversas, pese a que todas tengan, o al menos ha de presumirse, la misma meta transformadora: esto es, adentrarse desde tradicionales modelos empresariales e industriales (Willis Towers, 2019) en una senda que lleva a la transición verde (o al crecimiento inclusivo verde) (Banco Mundial, 2012), en la que paulatinamente se van sustituyendo las energías de origen fósil por otras de naturaleza renovable. Ello permite la descarbonización de la producción y de las instalaciones en las que se alojan los procesos productivos, sean fijas (fábricas, almacenes, laboratorios...) o basadas en la movilidad (transporte por tierra, océanos o espacio) y genera un círculo de sostenibilidad a largo plazo que proporciona la mitigación del cambio climático que viene paulatinamente asolando la Tierra desde hace bastantes décadas (IPCC, 2014).

Este tipo de entrevista aporta una imagen dinámica de la empresa beneficiaria y el proyecto PERTE. Se observa como, en bastantes ocasiones, algo está cambiando en este contexto de

17. Recuérdese que los fondos PERTE proceden de los Fondos de Recuperación NextGenerationEU (FRNG), organizados con ese formato por parte del Gobierno de España.

actividad productiva y apoyo público. A veces, un proyecto PERTE puede servir de estímulo económico o de refuerzo tecnológico u organizacional en el interior de las compañías y conducir a lo que podría intuirse como éxito, o cierto éxito, empresarial; otras veces, en cambio (¿más escasas?), pueden vislumbrarse o explicitarse reticencias, desajustes presupuestarios o desinterés sobre la (baja) intensidad de ayudas, cierta confusión por la insuficiente calidad de la coordinación administrativa o por la persecutoria cavilación burocrática.

Para realizar las entrevistas, los autores han contado con la opinión de 19 responsables de empresas, entre noviembre de 2023 y marzo de 2024, con otros tantos responsables de proyectos PERTE, correspondientes a diez de las 12 tipologías (cuadro 7, figura 5). No han podido hacerse entrevistas a los PERTE de microelectrónica y semiconductores (reciente convocatoria) y economía social y de los cuidados.

Cada entrevista se ha preparado con el esfuerzo y rigor que requiere un estudio de caso. En primer lugar, es necesario conocer cada empresa y su proyecto PERTE, la convocatoria a la que accedieron, la tipología individual o en consorcio del proyecto y la ayuda pública conseguida, en forma de subvención, préstamo o ambas. Asimismo, resulta complejo, en el ámbito de una organización empresarial, encontrar al responsable del proyecto, pues, en ocasiones, su búsqueda nos ha llevado por diversas áreas o departamentos hasta llegar al objetivo; a veces, el director general o el director de I+D; otras veces, al de ayudas públicas o al responsable ejecutivo de la gestión comercial. En ocasiones, participaban dos o tres personas.

En términos generales, resultó bastante difícil contar con la colaboración de los posibles participantes, incluso después de haberles informado sobre nuestras intenciones y la importancia de su contribución. Hubo menos reticencias, pero también algunas, para que aceptaran responder a un cuestionario electrónico breve, pero complementario, a la entrevista. Aproximadamente, la mitad de los responsables a entrevistar o, en su nombre, la empresa —secretaría, relaciones institucionales— tras algunos días o semanas declinaron, exponiendo razones fútiles o poco convincentes, entre las más corrientes: que no estaban interesados en este estudio o que tenían en marcha la ejecución de planes de la empresa. De ellas, casi todas eran grandes empresas, líderes en su sector y beneficiarias de sus proyectos PERTE.

Una vez listo el contacto y fijada la cita de encuentro (una veces presencial y otras por videoconferencia) la entrevista era de resolución más cómoda, siempre relevante en cuanto las aportaciones del entrevistado y, apenas sin excepción, cercana, sugerente, conforme avanzaban los 60-70 minutos de diálogo. En varias ocasiones fue necesario alargarla más de lo previsto con la aquiescencia y confianza explicitada del entrevistado. Aproximadamente, en una de cada tres entrevistas nos ofrecieron y enviaron material del proyecto o de la empresa, o bien nos facilitaron otras pistas y nuevas recomendaciones sobre el modelo PERTE.

CUADRO 7

EMPRESAS ENTREVISTADAS A TRAVÉS DE SUS RESPONSABLES DE PROYECTOS PERTE. TIPOLOGÍA PERTE. VALORES SEGÚN LAS RESOLUCIONES

	TIPOLOGÍA PERTE (PROYECTO INDIVIDUAL: I. O AGRUPACIÓN: A)		PRESUPUESTO FINANCIABLE	SUBVENCIÓN (EUROS)	PRÉSTAMO (EUROS)
PYMAR, gestor 16 astilleros	Naval	A. Navantia	121.403.480	58.190.244,20	-
NAVANTIA, S. P. E.	Naval	A. líder			
AGROSINGULARITY, S. L.	Economía circular/ agroalimentario	I. Desestimado	-	-	-
ACESUR, S. A.	Agroalimentario/ descarbonización	A. Vicky Foods	37.506.922,76	18.426.199,46	1.171.504
AINIA, Centro tecnológico agroalimentario	Agroalimentario	A. Vicky Foods			
EDP, Energías de Portugal, S. A.[1]	Hidrógeno-ERHA	I	34.303.738,11	14.877.521,31	-
CEPSA, S. A. U.	Hidrógeno-ERHA	I	58.841.941,36	15.000.000	-
REPSOL, S. A.	Hidrógeno-ERHA	A. líder	42.170.749	10.000.000	-
Volkswagen Navarra[2]	VEC	A. SEAT	60.780.441,60	14.452.036,00	6.078.044,00
MAHLE Electronics, S. L. U.[3]	VEC	I	8.937.479,00	2.010.088,00	893.748,00

CUADRO 7

EMPRESAS ENTREVISTADAS A TRAVÉS DE SUS RESPONSABLES DE PROYECTOS PERTE. TIPOLOGÍA PERTE, VALORES SEGÚN LAS RESOLUCIONES (CONT.)

	TIPOLOGÍA PERTE (PROYECTO INDIVIDUAL: I, O AGRUPACIÓN: A)		PRESUPUESTO FINANCIABLE	SUBVENCIÓN (EUROS)	PRÉSTAMO (EUROS)
Veolia, Aguas de Barcelona, S. A.	Ciclo del agua	A, líder	11.825.674,13	7.502.821,42	-
CATEC, Centro Avanzado de Tecnologías Aeroespaciales[4]	Aeroespacial, experto				
ITP AERO, S. A.	Aeroespacial (aero.)	A, líder	10.009.192,00	6197301,8	-
PLD SPACE	Aeroespacial (espacio)	I.	45.000.000,00	1.500.000 (F1) 42.000.000 (F2)	
AERNNOVA[5]	Aeroespacial, experto (aero.)				
LEANBIO, S. L.	Salud de vanguardia	I.	4.368.721,00	2.184.360,00	-
Laboratorios INDAS	Salud de vanguardia	I.	7.784.632,00	622.770,00	5.604.935,00
Universidad de Santiago	Nueva economía de la lengua		2.000.000	2.000.000	
Universidad de Barcelona	Nueva economía de la lengua		15.000.000	3.000.000	
Total proyectos			442.932.971,00	191.463.342,00	13.748.231,00

[1] EDP, Energías de Portugal, S.A. ha resultado beneficiario de varios proyectos dentro de convocatorias del PERTE ERHA. Los datos aportados corresponden al proyecto Asturia H2 Valley de la convocatoria PERTE ERHA 2022.
[2] VOLKSWAGEN Navarra ha resultado beneficiaria de varios proyectos. Los datos aportados corresponden al proyecto individual VEC-020100-2022-49 de la convocatoria PERTE VEC (2022).
[3] MAHLE Electronics, S.L.U. ha resultado beneficiario de varios proyectos. Los datos aportados correspondes al proyecto individual VEC-020100-2022-82 de la convocatoria PERTE VEC (2022).
[4] CATEC, Centro Avanzado de Tecnologías Aeroespaciales ha sido entrevistado como experto del sector, no participa en los PERTE.
[5] AERNNOVA, esta empresa del sector aeronáutico ha sido entrevistado como experto del sector, no participa en los PERTE.
Fuente: Elaboración propia.

Las resoluciones de estos proyectos figuran a continuación de acuerdo con la tipología PERTE. Fueron emitidas y hechas públicas en diversas fechas de 2022 y 2023, de acuerdo con las evaluaciones de las comisiones designadas por los ministerios específicos responsables de los PERTE, a veces comisiones internas y otros organismos especializados dependientes de ellos.

1. PERTE del ecosistema naval español (2023). "Modificaciones de la Propuesta de Resolución Definitiva notificada

el 22 de diciembre de 2023 —Por acuerdo de la Comisión de Evaluación en fecha 16 de enero de 2024—, donde se acuerda la modificación de la Propuesta de Resolución Definitiva"[18].

2. PERTE agroalimentario (2023). Notificación de la propuesta de resolución definitiva formulada tras la reevaluación prevista en el artículo 32.4 de la Orden ICT/738/2022, de 28 de julio, por la que se establecen las bases reguladoras para la concesión de ayudas a actuaciones de fortalecimiento industrial del sector agroalimentario dentro del Proyecto Estratégico para la Recuperación y Transformación Económica Agroalimentario, en el marco del Plan de Recuperación, Transformación y Resiliencia, modificada por la Orden ICT/1307/2022, de 22 de diciembre. Publicado el 6 de febrero de 2024[19].
3. ERTE ERHA (2022). Con fecha 5 de abril de 2023 se publica en la sede electrónica del IDAE la "Resolución Definitiva del Director General de Política Energética y Minas y Vicepresidente del Consejo de Administración del E.P.E. Instituto para la Diversificación y Ahorro de la Energía (IDAE), M. P., por la que se conceden ayudas en el marco de la primera convocatoria del 'programa de incentivos a proyectos pioneros y singulares de hidrógeno renovable en el Marco del Plan de Recuperación, Transformación y Resiliencia'".
4. PERTE ERHA (2022). "Resolución de la secretaria de Estado de Energía y presidenta de E. P. E Instituto para la Diversificación y Ahorro de la Energía (IDAE), M. P., por la que se aprueba la concesión de ayudas correspondientes a la primera convocatoria del 'programa de incentivos 3: Grandes demostradores de electrólisis, proyectos innovadores de producción de hidrógeno renovable', publicada mediante la Resolución del 18 de febrero de 2022, del

18. https://lc.cx/BsfrZ4.
19. https://lc.cx/m4gmBy.

Consejo de Administración del IDAE, cuyas bases reguladoras fueron establecidas mediante la Orden TED/1444/2021, de 22 de diciembre del Ministerio para la Transición Ecológica y el Reto Demográfico (*BOE* nº 308, de 24 de diciembre de 2021)"[20].

5. PERTE VEC (2022). Resolución de concesión de ayudas a actuaciones integrales de la cadena industrial del vehículo eléctrico y conectado dentro del Proyecto Estratégico para la Recuperación y Transformación Económica en el sector del vehículo eléctrico y conectado (PERTE VEC), en el marco del Plan de Recuperación, Transformación y Resiliencia en el año 2022. Publicado el 20 de enero de 2023[21].
6. PERTE del ciclo del agua (2022). En concurrencia competitiva para la elaboración de proyectos de mejora de la eficiencia del ciclo urbano del agua (PERTE de digitalización del ciclo del agua), en el marco del Plan de Recuperación, Transformación y Resiliencia —financiado por la Unión Europea— NextGenerationEU, de 15 de noviembre de 2023[22].
7. PERTE aeroespacial (2023). Resolución definitiva de la Presidencia del CDTI en relación con la convocatoria del Programa Tecnológico Aeronáutico de 2023[23].
8. PERTE de salud de vanguardia (2023). Resolución de concesión de ayudas convocatoria proyectos estratégicos para la transición industrial del sector farmacéutico y del sector de productos sanitarios, bajo el PERTE de salud de vanguardia (IDI FARMA) -2023[24].
9. PERTE de la nueva economía de la lengua. Real Decreto de Lenguas Oficiales[25].
10. PERTE de la economía circular (2022). Propuesta de resolución definitiva parcial para las solicitudes con petición

---

20. https://lc.cx/qE2OnH.
21. https://lc.cx/jmvtCQ.
22. https://lc.cx/Nr8wpk. Corrección de errores: https://lc.cx/9plmYN.
23. https://lc.cx/Wynmzr.
24. https://lc.cx/UcT--9.
25. https://lc.cx/ASyby8.

de ayuda mayor a 400.000 euros de la convocatoria para la concesión de ayudas al impulso de la economía circular realizada por orden TED/1211/2022 de 1 de diciembre, en el marco del Plan de Recuperación, Transformación y Resiliencia correspondiente (financiado por la Unión Europea), NextGenerationEU, para el año 2022[26].

FIGURA 5

MAPA DE LAS SEDES PRODUCTIVAS DE LOS RESPONSABLES ENTREVISTADOS

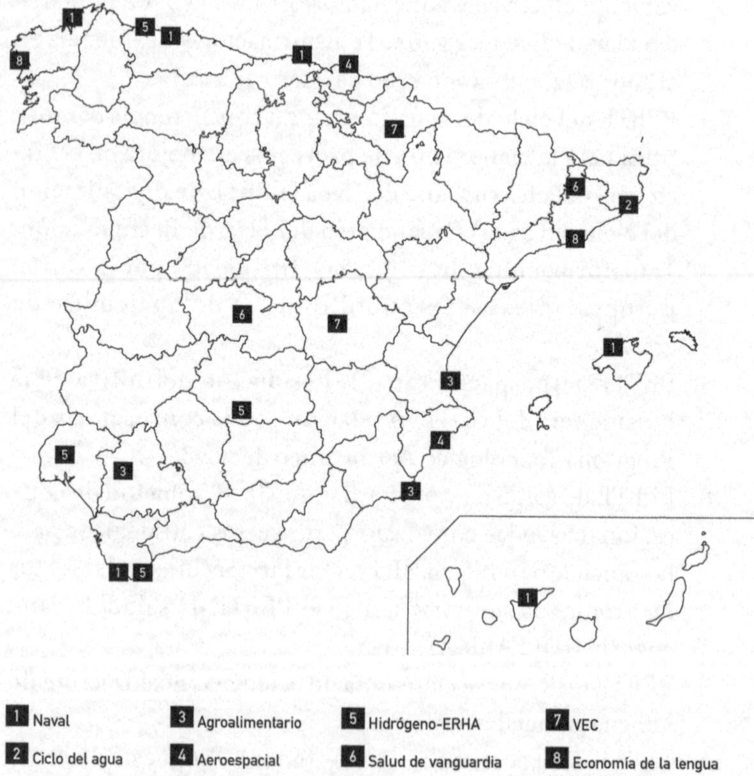

* Sin ningún afán previo por parte de este equipo investigador de priorizar la localización de las plantas productivas de los entrevistados, se observa en el mapa que el duende PERTE "nos" ha llevado las entrevistas más hacia zonas costeras que al interior. Casualidad y territorio productivo (no efecto sede).

Fuente: Elaboración propia.

26. https://lc.cx/lFLY7W.

4.2. ENTREVISTAS

ENTREVISTA 1

Entrevista en PYMAR, 20 de noviembre de 2023.
Proyecto INNCODIS: desarrollo de un ecosistema industrial innovador para el sector naval (presupuesto total del proyecto: 101.375.595,3 €). Colaboración público-privada, Navantia-PYMAR.
Asistentes:

- Almudena López del Pozo (consejera delegada).
- José Francisco Fernández Aparicio (secretario general y del Consejo).
- Mario Quero Gil (director de Operaciones). Sede: Paseo de la Castellana, 28, Madrid.
- Por parte de la Cátedra: José Carlos Díez Gangas, María Gálvez del Castillo Luna y Antonio García Tabuenca.

PYMAR, acrónimo de Pequeños y Medianos Astilleros en Reconversión, es una sociedad anónima constituida en 1985 por astilleros privados españoles para defender hoy los intereses del sector y la cadena de valor de la construcción naval en España y otros países de Europa. Está compuesta por 16 astilleros privados y trabaja en coordinación con el Estado y seis comunidades autónomas involucradas en la industria naval. Promueve y coordina operaciones de construcción, transformación y reparación naval de los astilleros privados españoles. "Somos una S. A. de consultores navales españoles, con la colaboración del Gobierno y las comunidades autónomas", señalan, y "aportamos garantías a las empresas asociadas para sus necesidades de fondos externos mediante convenios con el sector financiero, lo que nos caracteriza [figura similar a la de CERSA, Compañía Española de Reafianzamiento, con las pequeñas empresas] [...] y de este modo, las empresas logran también mejorar su reputación ante la banca".

CUADRO 8

ASTILLEROS SOCIOS DE PYMAR

Asturias	Armon Shipyards Armon Shipyards Gijon Gondan Shipbuilders
Cantabria	Astander
Galicia	Armon Shipyards Vigo Cardama Shipyard Freire Shipyard Metalships & Docks Nodosa Shipyard Ria de Vigo Shipyards
Islas Baleares	Astilleros de Mallorca
Canarias	Astican
País Vasco	Astilleros de Murueta Balenciaga Shipyard Zamakona Yards Bilbao Zamakona Yards Pasajes

Fuente: PYMAR.

De acuerdo con el *Informe de actividad 2022, PYMAR*, del sector naval nacional, entre 2019 y 2022 la industria naval española ha incrementado en un 45% el número de contrataciones con respecto a la prepandemia. Con respecto al año pandémico, 2020, el número de contrataciones se ha multiplicado por dos. En 2022, el sector registró un aumento del 56% en contrataciones y un 24% más de CGT (tonelaje bruto compensado). Como resultado, el número de buques en construcción creció un 24% en tasa interanual. Los astilleros privados españoles sumaban 56 buques en construcción y 305.513 CGT. Se incrementó igualmente la actividad de reparación, mantenimiento y transformación naval, cuya cifra de facturación aumentó en un 35%.

Ante estos datos, PYMAR señala que el sector naval nacional revalida su posición como segunda potencia en contratación a nivel europeo y novena a nivel mundial, "destacando la capacidad de los astilleros privados de construir, transformar y reparar buques de alto valor añadido, tecnológicamente complejos y con un elevado componente innovador". Sobresale el posicionamiento en dos segmentos "de mayor complejidad constructiva y valor añadido": el de los grandes buques pesqueros y oceanográficos, en los que España en 2022 fue líder mundial y segunda potencia por volumen contratado, respectivamente. Respecto a la cartera de buques híbridos, España se halla diez puntos por encima de la media europea.

Fue clave también, en este mismo ejercicio, la adopción de la estrategia diversificadora del sector naval nacional hacia las energías renovables marinas, con el fin de aprovechar las oportunidades del desarrollo de la energía eólica flotante en España. Este segmento de construcción de buques de apoyo a campos eólicos marinos supuso el 21-22% de la cartera de pedidos nacional, por lo que España ascendió a segunda en la clasificación mundial, solo por detrás de China.

Finalmente, el *Informe de actividad 2022, PYMAR* resalta la dinámica del sector hacia la sostenibilidad ambiental, que se ha convertido en tracción prioritaria para el desarrollo de esta industria. El 34% de las unidades de la cartera nacional disponen de capacidades para avanzar en el proceso de utilización de combustibles alternativos y tecnologías de menor huella ambiental. Además, mientras que la opción principal elegida por la mayor parte de la industria en el resto del mundo continúa siendo el gas licuado, en España se ha continuado implantando soluciones alternativas, particularmente el hidrógeno verde o los compuestos hidrogenados, con el fin de alcanzar el objetivo de cero emisiones.

De este modo, argumentan:

> la estrategia de esta sociedad se orienta principalmente a cuatro componentes clave: a) la diversificación industrial del sector hacia las energías renovables marinas, b) la digitalización de los procesos industriales y de la organización interna, c) la descarbonización de la producción y sostenibilidad ambiental, y d) la formación del personal y búsqueda de talento que dinamice el sector y sus empresas. [...] Diseñar la industria naval del futuro implica adentrarse en la cadena de valor de las energías renovables marinas.

En el proceso público-privado de colaboración, PYMAR actúa como entidad de gestión del sector ante el Ministerio de Industria,

Comercio y Turismo. En el Consejo de Administración de la sociedad, además de representantes de los principales astilleros privados españoles, participan también la Administración General del Estado y las comunidades autónomas.

Se constituyó inicialmente como un fondo patrimonial de garantías. De ese modo, los astilleros y algunas Administraciones podían facilitar avales por un valor siete veces superior a los fondos reales que tenían depositados en las cuentas. Este fondo fue disuelto en 2011 por pérdidas acumuladas, pero la sociedad continuó manteniendo la senda originaria. En 2016, ganó ante el Tribunal de Justicia de la Unión Europea (TJUE) los recursos que contra el *tax lease* había planteado la asociación holandesa de astilleros. Respecto a esta operación triangular del *tax lease*, que se creó para financiar la construcción de embarcaciones, "PYMAR ejerce acción de *lobby* en Bruselas y DG de Competencia". En conjunto, hasta 2023, PYMAR ha emitido 585 garantías por valor de algo más de 3.700 millones de euros para afianzar la construcción de 296 buques valorados en 6.400 millones de euros. En 2023 ha renovado el convenio de garantías con el Instituto de Crédito Oficial (ICO) y establecido un convenio que otorga cobertura de garantías con el Banco Sabadell (FONDPERTE) a favor de las empresas beneficiarias del PERTE naval. PYMAR cuenta con la valoración BBB+ de Fitch Ratings.

Los Proyectos Estratégicos para la Recuperación y Transformación Económica han sido establecidos por el Gobierno con las ayudas financieras de los Fondos de Recuperación y Resiliencia de la Unión Europea. Tienen por objeto estimular la actividad económica e industrial española a través de inversiones empresariales en proyectos emergentes, sostenibles y basados en el uso de energías limpias. Se tramitan mediante convocatorias públicas y evaluaciones de los funcionarios expertos de los ministerios correspondientes. Existen 12 PERTE, uno de ellos se denomina PERTE para la industria naval, gestionado por el Ministerio de Industria.

En este contexto, "Navantia [sociedad pública española dedicada a la construcción naval civil y militar] y PYMAR elaboraron conjuntamente un 'proyecto tractor PERTE' compuesto por 41 proyectos primarios en el que participan 95 empresas (de las que el 66% son pymes) involucradas directa o indirectamente en el sector". El desarrollo del proyecto, tal como fue ideado, supone un presupuesto total aproximado de 219 millones de euros y se solicitó una ayuda máxima de algo más de 100 millones de euros. En la historia del sector naval, este proyecto es el primero llevado a cabo entre las dos empresas. "Este proyecto PERTE ha sido el incentivo que ha llevado a que la industria avance en procesos de digitalización, innovación y diversificación, [...] se ha trabajado de abajo arriba y PYMAR ha liderado con Navantia los problemas de cooperación del sector".

De la evaluación de este proyecto por parte del personal técnico del Ministerio de Industria se ha dado una calificación de 58,92 puntos (Navantia) y 53,75 (PYMAR), relativamente bajas ambas respecto a la mayoría de otros proyectos PERTE debido a que algunas acciones y conceptos previstos expuestos en la memoria de solicitud no se han justificado idóneamente. Por ello, el presupuesto subvencionable y la intensidad de la ayuda (47,85% en Navantia y 59,07% en PYMAR) se reducen respecto a la solicitud. La concesión de subvención final ha sido de 56,2 millones de euros: PYMAR recibiría 7,75 millones de euros y Navantia 48,5 millones de euros. No se presentó en el proyecto la alternativa de acceder también a la modalidad de préstamo, modelo de ayuda (junto a la subvención) prevista en el contenido de los PERTE, de acuerdo con los Fondos de Recuperación y Resiliencia (FRR).

PYMAR ha presentado "alegaciones" a la resolución en la que plantea no hallarse conforme con el valor del presupuesto subvencionable señalado por el ministerio y manifiesta que

> deberían tenerse en cuenta los aspectos cualitativos y cuantitativos expuestos en el proyecto: hemos conceptualizado y estructurado al sector respecto al crecimiento y necesidades de futuro [...]. Si sobrevive el sector privado es porque se ha orientado a los nichos más avanzados y de alto valor ecológico; el 70-75% de la cifra del negocio va dirigida a la exportación.
>
> Trabajamos también para las compañías eléctricas, como Iberdrola, en particular, para la que hemos fabricado barcos para

parques eólicos marinos. Igualmente, las pymes del sector presentan necesidades energéticas [...] Diseñar el futuro de la industria naval es un "proyecto-país", ya el 22% de los barcos y remolcadores construidos y las plataformas flotantes se destinan a la actividad eólica marina con diversificación de buques cero emisiones y renovables marinas, digitalización y calidad del empleo. [...] El proyecto PERTE desarrolla tecnologías de robotización e inteligencia artificial para los buques, [...] planteamos prototipos de procesos digitales: IA gemelo digital de realidad aumentada y fabricación aditiva que mejoran la eficiencia en la fabricación. [...] Asimismo, se prevé diseño de gemelo digital para el establecimiento de rutas óptimas y detección temprana de averías, que minimizan el consumo, todo ello de gran importancia para los armadores.

El reto es trasladar el concepto de flexibilidad del proceso al producto con el objeto de facilitar las tareas en serie y proponer soluciones tecnológicas a la industria naval.

Se propone, igualmente, avanzar hacia la descarbonización del sector, a partir de un *mixed* energético: a) batería que alimenta el motor eléctrico, b) generación de electricidad a través de hidrógeno: proceso técnico que emplea amoníaco u otros materiales asimilados de los que se extrae el hidrógeno, c) pila combustible de hidrógeno que propulsa el barco y refuerza la descarbonización.

En suma, PYMAR y su proyecto PERTE naval, desarrollado con la empresa pública líder del sector, Navantia, son una apuesta de gran interés en el recorrido hacia la reindustrialización inteligente basada en la oportunidad que brinda la transición verde y los Fondos de Recuperación (emitidos por la Comisión Europea y mutualizados por primera vez con los Estados miembros de la UE). El sector naval y de los astilleros sufrió una fuerte reconversión en las décadas pasadas: ahora, modernizado e innovadoramente competitivo en nichos de alto valor añadido, puede jugar un papel desencadenador de sinergias y formación de clústeres empresariales (en el territorio interior y en las costas) en torno a los nuevos ámbitos de la economía azul. Entre los más destacados se encuentra su actividad productiva (y de servicios empresariales) en el campo de la construcción de diversos tipos de buques necesarios para la implantación y seguimiento de tecnología eólica generada sobre plataformas *offshore* (fuera de la costa) por parte de las empresas eléctricas inversoras. Su modelo de participación y colaborativo, tanto en asesoramiento tecnológico como en la organización interna y en el apoyo financiero (mediante la concesión de garantías) a las empresas asociadas del sector privado, es una señal de fortaleza hacia el futuro.

GRÁFICO 8 (A Y B)

SECTOR NAVAL. 2002-2021. MILL. CGT

(A) Contratación mundial

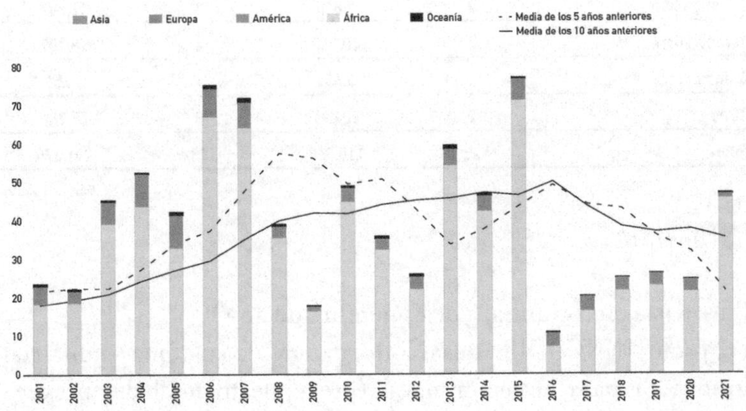

(B) Contratación Europa

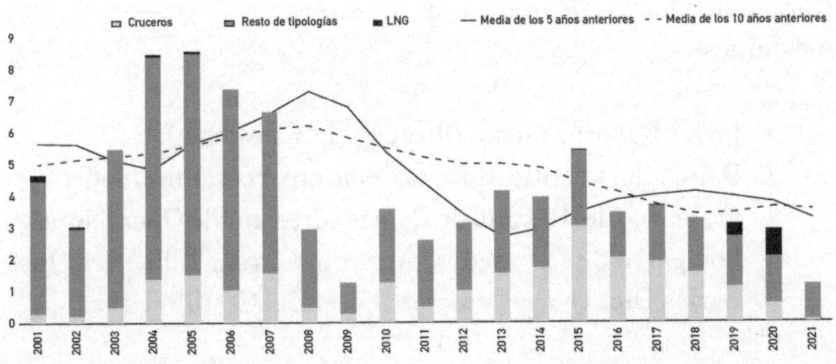

Fuente: Informe de actividad 2021, PYMAR.

CUADRO 9

SECTOR NAVAL CONTRATACIÓN Y CARTERA DE PEDIDOS. ESPAÑA 2021

	CONTRATACIÓN		CARTERA	
ESPAÑA	Unidades	CGT	Unidades	CGT
Buques tanque	0	0	1	5.948
Gaseros	0	0	1	8.885
Portacontenedores	0	0	2	2.580
Carga general	2	11.268	2	11.288
Offshore	2	22.314	6	66.538
Industria pesquera	9	35.338	12	64.494
Ferris	2	7.360	3	44.228
Investigación	2	7.815	3	12.807
Remolcadores	3	10.968	6	18.109
Dragas	1	3.656	1	3.656
Otros	2	20.021	8	55.741
Total	23	118.760	45	291.274

Fuente: PYMAR.

ENTREVISTA 2

Entrevista en Navantia, 5 de diciembre de 2023

Proyecto INNCODIS: desarrollo de un ecosistema industrial innovador para el sector naval (presupuesto total del proyecto: 101.375.595,3 €). Colaboración público-privada Navantia-PYMAR.

Duración: 2 horas. De 12:00 a 14:00.

Asistentes:

- Javier Romero Yacobi (director de Estrategia).
- Daniel del Castillo Mora (director de Sostenibilidad).
- Francisco del Castillo de Comas (director de Operaciones).
- Por parte de la Cátedra: Antonio García Tabuenca, José Carlos Díez Gangas y María Gálvez del Castillo Luna.

Navantia, empresa pública (integrada en consorcio público SEPI), líder en el ámbito naval, y PYMAR, empresa y órgano de gestión del sector naval que integra a los principales astilleros privados nacionales, se presentan junto a diversos actores de la cadena de valor y la industria auxiliar PERTE naval. Proponen un proyecto tractor que apuesta por la transformación de la industria naval hacia un modelo productivo resiliente y competitivo. Se trata de una colaboración público-privada con proyectos primarios innovadores, que abarcan áreas como la digitalización, la mejora de la sostenibilidad y la diversificación de los procesos y productos del sector naval.

Navantia es el actor empresarial principal en España, tanto en el campo del diseño de buques —navíos de defensa y de obra civil y comercial— como la construcción naval de alta tecnología. Tradicionalmente, ha destacado por su contribución al desarrollo industrial, si bien, acorde con la industria naval de Occidente, sufrió un fuerte proceso de reconversión, desde mitad de los años setenta hasta los noventa del siglo pasado, y otro, posteriormente, tras la emergencia de la crisis financiera y del sector real a partir de 2008, que afectó al conjunto de las economías avanzadas en dicho año. En estas reconversiones hubo un fuerte posicionamiento de las industrias navales asiáticas, principalmente China, Japón y Corea del Sur. Tras la reestructuración del sector en España, Navantia es en la actualidad una empresa puntera en la Unión Europea y, particularmente, con la orientación que está imprimiendo al negocio (además de al de defensa) de las energías renovables, las eólicas *offshore* y el nitrógeno verde.

Afrontando la crisis de 2008, reconvirtió empleos, rejuveneció la plantilla y trazó una nueva estrategia para operar con éxito en un entorno cambiante. El astillero de Ferrol, afectado especialmente, ha destacado por su especialización en energía eólica marina, contribuyendo a la creación de un sólido tejido industrial en la región.

Su enfoque en la transformación digital y la sostenibilidad se traduce en una posición estratégica en la cadena de valor, generando empleo, impulsando la innovación y aportando al PIB nacional, con especial énfasis en el mercado de defensa.

Contribución a la industria y la economía

La empresa es referencia mundial en el diseño y construcción de buques para la Armada española y otras marinas, exportando servicios y tecnología a 20 países y generando el 68% de sus ingresos mediante la exportación. Asimismo, mantiene una posición clave en la defensa de España con proyectos propios de alta tecnología como la fragata F-110 y el submarino S-80.

El 80% de los productos de la cadena de valor se produce en España, con un fuerte impacto económico en el territorio, que se extiende desde los mares al interior peninsular. A nivel nacional, Navantia tiene un impacto significativo en la creación de empleo y valor añadido: genera 9.900 empleos directos e influye en 27.050 empleos directos e indirectos en total. Su contribución directa al PIB en 2021 fue de 464 millones de euros, que representa el 0,95% del PIB industrial nacional. Territorialmente, la generación de empleos se distribuye en A Coruña (8.992), Murcia (6.447) y Cádiz (11.611). El 90% de la plantilla directa de Navantia es fija, con una política centrada en generar empleos de calidad.

Transformación digital y sostenibilidad

Navantia, en el periodo de transición verde de las economías, está inmersa en una profunda transformación digital, abrazando la innovación tecnológica, la digitalización y la sostenibilidad como pilares fundamentales. Su centro tecnológico lidera la investigación, desarrollo e innovación (I+D+i), y destaca en áreas como el gemelo digital, las tecnologías de hidrógeno y las energías eólicas marinas.

La empresa ha establecido una estrategia de sostenibilidad ESG alineada con los Objetivos de Desarrollo Sostenible de la Agenda 2030 y el Pacto Verde Europeo, abarcando todos los niveles de la organización y contribuyendo a su competitividad.

El plan estratégico de la empresa 2018-2022, Horizonte 5.0, incluyó la actualización de la plantilla y la captación de talento, generando un círculo virtuoso que incorpora innovación, sostenibilidad y un aumento de las exportaciones con retorno económico para el país. Un dato destacado es la reducción de la edad promedio de la plantilla de 55 a 45 años.

Exportaciones y estrategia internacional

En el ámbito de las exportaciones, la empresa pública destaca en el mercado internacional de defensa, con relevantes clientes extranjeros como los Estados de Arabia Saudita, Australia, Reino Unido, Noruega y Marruecos. Sus productos estrella son las fragatas y corbetas, junto al mantenimiento que se oferta a lo largo del ciclo de vida del producto, que es del entorno de 30 años, si bien los armadores suelen contratar un mantenimiento de unos cinco años. De este modo, los tres componentes clave de la empresa son el diseño de buques, la construcción y el mantenimiento. Rota se ocupa principalmente de este último.

Como parte de su estrategia internacional, cuenta con sedes y oficinas en Reino Unido, Arabia Saudita, Australia y Noruega, con planes de abrir otra en Canadá. Conscientes de la crisis en el sector naval civil, derivada de la competencia china y coreana, la empresa se enfoca en calidad, innovación, sostenibilidad y mercados del mar del Norte.

Con estas coordenadas, Navantia ha cruzado de un modelo nacional a otro de naturaleza global. Este reto estaría logrando que la construcción civil se asiente —al menos por el momento— en China o Corea, mientras que el alto valor estratégico se concentre en el mar del Norte, donde la empresa también goza de un nuevo posicionamiento.

Proyecto PERTE naval: creación de valor y sostenibilidad como palanca competitiva

La participación en el PERTE naval posiciona a Navantia como una empresa tractora que arrastra 6.500 empleados directos y 7.000 subcontratados. El proyecto, que potencia la colaboración público-privada, busca modernizar la cadena de valor del sector naval, generando empleo especializado y enfocándose en la I+D y la sostenibilidad. Se espera la creación de 3.100 puestos de trabajo dentro de Navantia. Esta iniciativa PERTE ha sido una oportunidad para unir al sector naval español y modernizarse según las necesidades del mercado y la estrategia a futuro que tenía planteadas la empresa.

> Los pequeños y medianos astilleros han visto que el PERTE les ofrece a ellos (dentro de PYMAR, específicamente) y sus clientes sostenibilidad productiva y ambiental, por ejemplo, si nuestro cliente Iberdrola pide sostenibilidad, Navantia lo exige a sus proveedores y lo implanta entre sus clientes; todo ello redunda en avanzar hacia la descarbonización de los astilleros, empresas auxiliares, buques, y a contemplar este aspecto determinante en la transición verde en el diseño idóneo y en la configuración de elementos de propulsión, [...] El proyecto del PERTE naval ofrece una imagen reputacional de la compañía, un modelo colaborativo: qué solución es la que mejor se adapta a tus necesidades, qué puedes aportar a esta plataforma naval [...]. Lo más importante es que una vez que entras en el negocio de la energía eólica (de la mano de Eléctricas, etc.) estás creando un nuevo tejido industrial nacional, que luego lo exportarás, al menos a la UE y Estados Unidos; y luego esto ya está empezando a complementarse con la generación de hidrógeno en alta mar, que además esta tecnología renovable emplea el agua del mar.

De acuerdo con una convocatoria de Navantia para participar en el PERTE, 150 empresas privadas expresaron interés en participar en la dinámica del PERTE naval; sin embargo, solo fueron seleccionadas aquellas alineadas con la orientación de Navantia y su Horizonte 5.0: estrategia de tecnología e innovación.

> La tecnología e innovación en Navantia es como un monodon —el unicornio marino: el narval—, hemos creado "monodon", una célula de innovación para acelerar la adopción de tecnologías disruptivas, con tecnología quantum y fotónica, y centros de

> excelencia, como el de inteligencia artificial y ciberseguridad, en San Fernando (Cádiz) formamos a la marina saudí, [...]. El PERTE ha favorecido con mayor agilización y modularidad en algunas fases de la producción, ayudando a su vez a focalizar la cadena de valor; todo ello sirve de apoyo a la estrategia de la empresa.

Entre los proyectos sobresale la creación de un *hub* de innovación especializado en inteligencia artificial y ciberseguridad en San Fernando (Cádiz), aunque no encaja dentro de este proyecto PERTE debido a restricciones en inversiones. Se espera resolver este aspecto en futuras convocatorias, ya que el proceso y los objetivos actuales de ayudas PERTE se adecúan y están alineados con las necesidades de la industria naval en España. En este proyecto se enfocarán especialmente en la digitalización, la descarbonización de la industria naval, la diversificación hacia nuevas áreas como la energía eólica marina y la formación y capacitación de talento especializado.

Perspectivas de futuro

Navantia busca diversificar su presencia internacional y centrarse en la calidad y la innovación para potenciar su competitividad, diferenciándose de los procesos en cadena utilizados en el mercado asiático. Su enfoque en la energía eólica marina, la sostenibilidad en los procesos y la economía circular reflejan un compromiso con la descarbonización y el desarrollo sostenible. La innovación es fundamental para aumentar la competitividad y expandirse a nuevos mercados internacionales.

Además de modernizar el sector naval español, Navantia pretende crear un tejido industrial fuerte y diversificar el sector hacia actividades económicas emergentes como la energía eólica marina. En colaboración con la cadena de valor que ofrece PYMAR, aspira a posicionarse internacionalmente, siguiendo la exitosa apuesta por el desarrollo industrial innovador que realizó con la fragata F100 en el pasado.

La participación en el PERTE ha enfocado a Navantia en el desarrollo, la modernización y la mejora de la sostenibilidad de su cadena de valor, adelantando y fortaleciendo su estrategia de I+D[27].

ENTREVISTA 3

Entrevista en Agrosingularity, 20 de noviembre de 2023 (videoconferencia).
Proyecto "Aceleración de la sostenibilidad y competitividad de la cadena de valor de 'nuevos alimentos'". PERTE agroalimentario/economía circular[28]. Proyecto FOOD4R3, tramitado a través de la Fundación Biodiversidad.
Asistentes:

- Daniel Andreu (CEO). Sede: Calle Pintor Aurelio Pérez, 12, 30006, Murcia.
- Por parte de la Cátedra: José Carlos Díez Gangas, María Gálvez del Castillo Luna y Antonio García Tabuenca.

Agrosingularity fue fundada en Murcia en 2019. Nació con formato de *startup*, que de alguna manera mantiene a finales de 2023, si bien "hemos nacido con vocación de ser una empresa, tal como ya nos movemos", señala el CEO de esta. Esta pyme, junto a los socios fundadores, cuenta con unos 15 inversores minoritarios y ha levantado varias rondas de financiación en estos años. La plantilla la componen cuatro profesionales-técnicos, cualificados y de amplia experiencia, y nueve empleados.

Su objeto principal es aportar soluciones de transformación para que los productos frescos que se pierden en la producción en la industria alimentaria puedan convertirse en materia prima para

27. Para más información, véase grupo Navantia, *Informe de Sostenibilidad / EINF 2022. Un horizonte infinito*, https://lc.cx/lqSvnk.
28. Este proyecto figuraba inicialmente (dentro de los listados de coordinación PERTE) como adscrito al PERTE agroalimentario; sin embargo, fue contemplado y evaluado como perteneciente al PERTE de economía circular. El proyecto no logró pasar este filtro por carecer de algunos requisitos administrativos y fue desestimado.

esta. De este modo, se contribuye al desarrollo de la economía circular y se genera riqueza en toda la cadena de valor. Ofrece ingredientes naturales y elabora recetas principalmente para las empresas dentro de las industrias de la heladería, panadería, *snacks*, pastas, mezclas y complementos alimentarios.

> Presentamos nuestro proyecto al Registro Sanitario para darlo de alta como empresa, tardaron seis meses en contestarnos y lo validaron, pero condicionado a operar únicamente en el campo vegetal, no en el animal [...] Perseguimos crear una cadena de valor trabajando con las mermas de los agricultores, o sea, con la pérdida que se da en el proceso de recolección agrícola. Por ejemplo, con el brócoli, por cada kilógramo recolectado, entre 300 y 400 gramos se convierten en destrío, en alimento para animales; estimamos que estas pérdidas suponen el 12% del brócoli mundial. Nuestra empresa nace como una solución a este problema.

Por tanto, Agrosingularity fabrica y comercializa ingredientes alimentarios sostenibles de alta calidad nutricional y con funcionalidad tecnológica validada. Las materias primas utilizadas en el proceso de fabricación son subproductos de la industria agroalimentaria que actualmente dan lugar a la generación de residuos o se utilizan en alimentación animal. Las tecnologías de procesados se basan en métodos físicos (corte, secado, molienda, filtración, centrifugación, etc.), sin ningún químico añadido diferente a enzimas *food grade* y agua. Los ingredientes obtenidos son alimentos *plant based* que se acercan al concepto de etiqueta limpia, con excelentes propiedades nutricionales y organolépticas y con alguna función tecnológica validada como texturizante, emulsionante, retenedora de agua, acidulante, antioxidante, antimicrobiano, etc.

Sin embargo, esta pyme carece de una planta productiva; la producción se realiza en las fábricas y con la maquinaria de sus propios clientes; entre los principales, se encuentran Campofrío, Nestlé, empresas conserveras de Murcia, AINIA, la Universidad de Murcia, la Universidad Complutense o la de Salamanca. "Cada cliente tiene su proceso productivo *ad hoc* en sus propias instalaciones o en la de los centros tecnológicos con los que colaboramos [...]. El proyecto persigue disponer de una planta propia".

La planta que se propone construir con la inversión prevista y la ayuda del PERTE agroalimentario será una instalación industrial única en su tipo que muestre una nueva forma de fabricar ingredientes alimentarios con función tecnológica en los alimentos objetivos. Las características de esta instalación serán las siguientes:

a) Demostrará la capacidad de utilizar subproductos de la industria agroalimentaria (brócoli, alcachofa, cítricos, calabaza y zanahoria) de la Región de Murcia y provincias cercanas como ingredientes alimentarios de valor añadido y como sistema local de producción.
b) Será extrapolable a otras regiones con un alto desarrollo de la industria agroalimentaria.
c) Será una instalación autosostenible y no perjudicial para el medioambiente.
d) Concebida en una integración vertical: desde los proveedores de materias primas hasta los usuarios finales de los ingredientes validados (productores de alimentos).
e) En términos de valor añadido, maximizará el valor de los subproductos procesados de la industria agroalimentaria con un óptimo aprovechamiento en cascada.
f) Los procesos productivos serán de "residuo cero".
g) Planteada como una instalación de procesamiento disruptiva, circular y multiproducto.
h) Diseñada como un proyecto transformador de la industria agroalimentaria para la región y el resto de Europa.

Asimismo, el proyecto deja claro que hay una importante diferenciación con otros posibles proyectos, en concreto:

1. El conocimiento de materias primas y la detección de la potencialidad de su desarrollo como ingredientes alimentarios:

de fuente vegetal adecuada de proteínas, fibra vegetal o compuestos activos susceptibles de ser concentrados y separados mediante el proceso posterior.

2. El conocimiento del par enzima hidrolítica/sustrato y condiciones del proceso para liberar el compuesto de interés durante el paso de separación.
3. El control y conocimiento de las diferentes técnicas de separación (prensado, filtrado, etc.) para concentrar el compuesto de interés durante el fraccionamiento.
4. El control de tecnologías de "secado por aire caliente" para la obtención de fibra vegetal inerte (blanca, sin olor, sin sabor y con alta absorción de agua).
5. La detección del par enzima proteolítica/sustrato y condiciones del proceso para liberar el hidrolizado de proteína después de la proteólisis.
6. El profundo conocimiento de la funcionalidad tecnológica y las aplicaciones alimentarias de los ingredientes finales producidos.
7. Estas tecnologías no son completamente nuevas, pero sí lo es la producción de ingredientes funcionales, alineados con las necesidades y tendencias de los consumidores y productores a través de una combinación única de estas tecnologías existentes con sustitución demostrada de aditivos E y alérgenos en aplicaciones en alimentos diana, con rentabilidad y basado en el profundo conocimiento de los materiales vegetales utilizados y las tecnologías disponibles para su procesamiento.

El proyecto es innovador, aunque las tecnologías sean conocidas. La clave es que se basa en una combinación única de tecnologías existentes para obtener nuevos productos, ingredientes alimentarios tecnológicos y sostenibles. La innovación no se encuentra tanto en la tecnología como en el producto final, estos ingredientes que son nuevos y encierran un amplio conocimiento del proceso y de la aplicación final en el alimento. En este sentido, señalan que conviene destacar que

> existen planes similares en España o Europa que se encuentran en funcionamiento, es decir, produciendo, pero no facturando [de ahí que] sin el instrumento PERTE y la intensidad de su ayuda financiera creemos que el proyecto habría sido posible, podría funcionar, pero tardaríamos mucho más tiempo y corriendo el riesgo de que se adelanten otras empresas, en nuestro país, en Europa o en otros países. En el desarrollo del PERTE casi todo es positivo, entre otras cosas porque te minimiza el riesgo financiero de la inversión y te concede tiempo para crear una cartera de clientes, si bien tiene un sentido negativo a resaltar, que es el tiempo de espera de los resultados de la evaluación y la incertidumbre que genera el tiempo dedicado al trabajo de solicitud/posibilidades de éxito/coste asociado para pequeñas empresas como Agrosingularity en caso de que la solicitud no tenga éxito.

Por otra parte, esta tecnología (de producto final) es escalable mediante tratamientos enzimáticos, sólidos y líquidos, fibras y antioxidantes, lo que le aporta un enorme potencial en el campo empresarial y en el de la economía circular. Esta tecnología escalable y versátil (disponemos de 20 productos) tendría la capacidad de licenciarse con empresas de otros países.

> De ahí que ya tengamos conversaciones con una empresa japonesa y otra alemana; esta última es la primera empresa de economía circular que emplea residuos orgánicos: celulosas, fibra de la piel de la manzana y fibra de la piel del limón. Las fibras, a partir de estos recursos naturales, reducen el 90% el uso del agua necesaria en su tratamiento productivo: la innovación se halla en encontrar la familia de enzimas para cada familia de ingredientes (panificación, vegetales, etc.) [...]. Lo difícil es ampliar la aguja de la escalabilidad e innovación: crecer y tener impacto, para ello, necesitamos buscar clientes que sean grandes empresas.

El proyecto tendrá impacto en el territorio. Al ser un proyecto industrial de creación de un nuevo tipo de planta de producción en Murcia, la generación de oportunidades a empresas locales, nacionales y extranjeras es positivo. Diferentes proveedores de diferentes sectores (construcción, fabricantes de maquinarias, proveedores de materias primas, clientes finales, etc.) se verán beneficiados de forma indirecta por la ayuda financiera PERTE. Y tendrá también impacto en el empleo: a cargo del proyecto está previsto que se incremente el equipo en dos personas en los departamentos de I+D y de producción para el año 2024. Esta tendencia seguirá al menos durante tres años, por lo que se espera que seis nuevos trabajadores formen parte del equipo de AGS. Así, el equipo de la empresa pasará de 11 a 17 personas en un periodo de tres años gracias a la ayuda PERTE. El incremento salarial previsto es de entre un 5 y un 10% durante la ejecución del proyecto dependiendo del incremento de las ventas de los nuevos ingredientes producidos.

En suma, este nuevo desarrollo empresarial —en parte, *start-up*; en parte, pyme de naturaleza innovadora—, aunque probablemente aún de insuficiente escala en cuanto a planta productiva (que es más piloto que gran fábrica), presenta un notable potencial en un futuro. Subyace detrás el aprovechamiento de los ingredientes obtenidos por las mermas en los procesos agrarios y manufactureros alimentarios, lo cual, llevado a una escala extensiva y escalable a otras pymes y sobre todo a grandes empresas, españolas y del resto de Europa, significaría una importante aportación a la reindustrialización española desde una perspectiva territorial y en términos de valor añadido, productividad y competitividad. En esta línea, la contribución de un PERTE puede ser clave para avanzar hacia un éxito empresarial novedoso, al menos en términos relativos.

ENTREVISTA 4

Entrevista en Acesur. Dos Hermanas (Sevilla), 29 de enero de 2024. PERTE agroalimentario y de descarbonización, proyecto tractor PAG-010000-2023-6, "Aceleración de la sostenibilidad y competitividad de la cadena de valor de 'nuevos alimentos'" (AccelerEAT).

Presupuesto financiable 37.506.922,76 €. Préstamos propuestos: 1.171.504 €. Subvención propuesta: 18.426.199,46 €. Con una puntuación de 94,40, la cuarta más alta de la convocatoria. Proyecto de Acesur: inversión total de 2.060.000 €. Subvención a fondo perdido: 250.000 € y en forma de préstamo 5.900 €.
Asistentes:

- Por Acesur: Óscar Lozano (CIO), Nicolás Tejada (director de la oficina técnica y de Medioambiente), Melchor Martínez (director de I+D).
- Monserrat Godoy (auditora de empresas del sector oleícola).
- Por la Cátedra: José Carlos Díez Gangas, María Gálvez del Castillo Luna y Antonio García Tabuenca.

El proyecto AccelerEAT, impulsado por el centro tecnológico AINIA y del que forman parte 18 empresas innovadoras de la industria alimentaria, presentó una propuesta de proyecto tractor con una inversión de 48 millones de euros, de los que solo han resultado financiables según la resolución 37,5 millones de euros.

AccelerEAT engloba un total de 22 proyectos primarios colaborativos que pretenden contribuir a mejorar la competitividad y la productividad de la industria agroalimentaria. Tiene entre sus objetivos acelerar la producción sostenible de nuevos alimentos e ingredientes basados en materias primas alternativas (nuevas variedades de plantas, insectos, algas, hongos, microorganismos, subproductos, etc.), con menor huella ecológica y obtenidos a través de procesos innovadores y sostenibles de transformación industrial.

Entre las 18 empresas, pertenecientes a nueve comunidades autónomas que forman parte de este consorcio, se encuentran grandes compañías agroalimentarias (Vicky Foods, Bunge, Dacsa, Grupo Acesur, Agriconsa, Biotech Foods o Aldelís), pymes (Grupo Carinsa, Trazable, Cocuus, MOA Footech, Proteinsecta, Biorizon Biotech, Darwin Bioprospecting Excellence, Hifas da Terra,

Innolact y Tebrio) y la Asociación Valenciana de Agricultores (AVA-ASAJA).

Desde Acesur presentaron una propuesta con una inversión de más de dos millones de euros, por la que solo han recibido financiación en forma de subvención a fondo perdido por 250.000 € y 5.900 € en forma de préstamo. Las principales líneas de la propuesta se dividen en tres bloques:

- Sostenibilidad: valorización y reutilización de aguas de la industria orujera.
- Digitalización: sensorización de la planta y tratamiento de datos.
- Innovación: nuevos procesos y productos innovadores del aceite de oliva y derivados (por esta acción han recibido un 65% de intensidad de ayuda sobre la inversión propuesta para I+D, de la cual se deriva la mayor parte de la subvención total obtenida por Acesur a fondo perdido).

Si bien la resolución de la convocatoria no se ha dilatado demasiado en el tiempo, el proceso les ha resultado muy arduo, en tiempo y trabajo, ya que comenzaron a presentar las manifestaciones de interés a finales del año 2020 y después pasaron más de seis meses preparando la propuesta para la convocatoria.

La complejidad de la convocatoria y los estrictos requisitos de los proyectos tractores y de los proyectos de las empresas agrupadas han derivado en que algunas de estas últimas hayan terminado decayendo, lo que afecta a otras empresas que formaban parte de los proyectos primarios. En concreto, en la línea de la digitalización "el PERTE más que un efecto incentivador ha tenido un efecto retrasador", comenta Óscar Lozano. Según expone, el plan estratégico de digitalización de la empresa se ha postergado por la convocatoria y no han recibido financiación, al igual que las propuestas destinadas a la sostenibilidad, que han resultado no subvencionables al no cumplir con los requisitos de la convocatoria.

En definitiva, para Acesur, concurrir al PERTE agroalimentario ha sido una oportunidad para entrar en contacto con otras empresas. Sin embargo, no ha sido satisfactorio desde el punto de vista del éxito de la intensidad de ayuda recibida ni tampoco por el exceso de burocracia.

ENTREVISTA 5

Entrevista en AINIA, centro tecnológico del sector agroalimentario, 27 de febrero de 2024 (videoconferencia).
Proyecto PERTE agroalimentario: "Aceleración de la sostenibilidad y competitividad de la cadena de valor de 'nuevos alimentos'". Presupuesto financiable: 37.506.922,76 €, del que ha sido beneficiario de una subvención de 18.426.199,46 €, y un préstamo de 1.171.504 €; en total, la ayuda ha sido de 19.597.703,46 €. Calificado en la resolución definitiva por el Ministerio de Industria: 94,40 puntos.

Asistentes:

- Por AINIA: Andrés Pascual (director de Innovación).
- Por la Cátedra: José Carlos Díez Gangas, María Gálvez del Castillo Luna y Antonio García Tabuenca.

AINIA es un centro tecnológico privado (con más de 35 años de experiencia en I+D+i) que opera en el sector alimentario y de bebidas (también el químico y el de la cosmética). Se trata de uno de los centros tecnológicos europeos con mayor base social empresarial. Su marco jurídico es de asociación sin ánimo de lucro. El IMPIVA (Instituto de la Mediana y Pequeña Industria Valenciana), hoy Instituto Valenciano de Competitividad Empresarial (IVACE), fue constituido en la década de los ochenta del pasado siglo, a modo de agencia regional de promoción empresarial, y viene gestionando las ayudas o trasferencias a los diversos institutos que, como AINIA, se fundaron en la Comunidad Valenciana, aunque no tienen dependencia institucional. A principios de 2024, dispone de 270 profesionales, 780 empresas asociadas y 1.800 clientes. Sus áreas de especialidad son la alimentación del futuro, la calidad y seguridad alimentaria, la salud y el bienestar, la transición verde y la transformación digital. En el área de alimentación de futuro ofrece una tipología de actividades altamente emergentes: alimentos saludables y sostenibles, nuevos procesos, nuevos envases, estudios sensoriales e investigación del consumidor.

El líder de la agrupación del proyecto PERTE agroalimentario es la compañía Wicky Foods, si bien el líder "moral" y coordinador del eje de todo el proceso es AINIA. El proyecto se denomina "Aceleración de la sostenibilidad y competitividad de la cadena de valor de 'nuevos alimentos'". Proyecto que se inserta en la cadena alimentaria.

El largo y complejo proceso hacia el proyecto PERTE

En el arranque del encuentro, expone el entrevistado:

> Hemos ido experimentando desde marzo de 2022 altibajos en lo que podríamos llamar "los PERTE de los Reyes Magos", con una proposición inicial para este PERTE de cerca de 1.000 millones de euros, nuevas líneas e inversiones significativas; se crearon altas expectativas, durante casi dos años se presentaron muchas MDI (manifestaciones de interés), hasta que hubo un punto de inflexión: la publicación de las bases de la convocatoria del PERTE especificaba que no cabían ayudas de Estado, Bruselas no cede en esta campo tan sensible, había que ir por el marco de ayudas tradicionales. Esto generó un efecto suflé yendo hacia abajo aquellas expectativas. Ello supuso cierto cabreo en el sector y un gran cabreo en los responsables de AINIA.

Y matiza a continuación: "Finalmente llegamos a un proyecto compartido con 18 empresas agroalimentarias, un presupuesto financiable de 37,5 millones de euros y una ayuda pública de 19,5 millones (18,4 en subvención y 1,2 en préstamo). [...] O sea, el empacho que sufrimos desde el principio del anuncio del PERTE, 'deprisa, deprisa', se ha bajado al final".

Y narra seguidamente otros aspectos de la génesis del proyecto, "el anterior presidente de la Generalitat Valenciana nos convocó en marzo de 2022 para que nos organizáramos, porque venían proyectos altamente estratégicos. Así, tanteamos primero algunas empresas valencianas y conformamos un pequeño grupo, al que acudieron numerosas empresas de otras regiones. Nuestro centro es muy bueno montando proyectos europeos, sobre todo de I+D".

Pese a que este proyecto PERTE era algo distinto, se vieron capaces de generar un proyecto relevante y bien organizado:

> Hicimos un filtrado de proyectos buenos a partir de las ideas de digitalización, sostenibilidad e interés de las empresas hasta tener una plataforma de 40 empresas que proponían en conjunto realizar una inversión de unos 200 millones de euros. De este modo se aterrizaron las cosas y ya no se admitían más socios empresariales. Pero como esperábamos, en la maduración de todo este proceso algunas empresas iban cayéndose del proyecto, la inversión total fue reduciéndose y se vio claro que el fundamento principal era la I+D (que contaba con una elevada cantidad de ayudas). De 40 empresas pasamos a una agrupación para el proyecto de18. [...] También se dieron varios casos de empresas con productos de calidad que abandonaron el consorcio porque no les salían las cuentas, no les compensaba tanto esfuerzo para las bajas intensidades de ayuda que ofrecía el PERTE, por ejemplo, Grefusa o Wicky Foods, líder español en su actividad, que ha seguido como líder de la agrupación del proyecto PERTE, pero que solo va a recibir 5.000 euros.

La alta complejidad a la hora de realizar la propuesta los llevó a convocar un concurso para la tramitación y gestión de esta. Se presentaron cinco consultoras y ganó Deloitte, con un valor de honorarios por el servicio que constaba de un término fijo y otro variable. Esta complejidad de elaboración de las propuestas para los proyectos, así como los estrechos o inminentes plazos para tramitarlas, generó problemas organizativos en las empresas y también en nuestro centro, e incluso quejas por parte de la patronal a la Federación Española de Industrias de la Alimentación y Bebidas (FIAB). "Los técnicos del Ministerio de Industria eran de diez, pero cada dos semanas, sin embargo, les cambiaban el paso, de 30 millones se bajaba a 15 y después a dos", señala en entrevistado.

Por otra parte, en AINIA y en las empresas afectadas se muestran críticos con que la cadena de valor agroalimentaria se quede tan solo en lo que es producción industrial propiamente dicha. La parte del origen quedaba fuera de elegibilidad, es decir, en el PERTE solo pueden financiarse las actividades industriales, no las agrícolas, de estas solo se entienden industriales si hay algún proceso de transformación como el lavado de los vegetales u hortalizas; tampoco son elegibles las actividades de la ganadería o la pesca, muy destacadas en la cadena alimentaria. Quedan por tanto excluidos del PERTE los agricultores, ganaderos y pescadores, pequeños principalmente, ya que tamaños mayores de explotaciones a menudo tienen algún proceso básico industrial antes de surtir a los mercados intermedios o finales.

La gestión del consorcio fue extensa y compleja. El entrevistado como responsable del liderazgo "moral" de AINIA mantuvo unas 30 reuniones *online* (una por semana), a veces de hasta 50 personas responsables de las empresas participantes.

> Habría sido necesario disponer de un plan de trazabilidad (cómo lo resuelvo; es un requisito indispensable, pero difícil), que se habría mostrado en una plataforma de gestión experta y común, reduciendo la burocracia y tantos y tantos requisitos; el que todos los proyectos y actividades productivas estuvieran en la misma cadena de valor no me dejaba dormir por las noches. [...] Crear una plataforma técnica nacional de gestión habría sido una oportunidad para el país, que gestionase específicamente desde el inicio la orientación idónea y trazabilidad del sector —incluyendo a las ramas agrícolas y ganaderas— y la valoración de los proyectos [...] cuidando de que a veces las consultoras no tienen conocimiento suficiente de desarrollos tecnológicos y su objetivo es ganar dinero.

En apariencia, este centro tecnológico ha funcionado muy bien *ad hoc* en cuanto a lo que se perseguía, acompañando el diseño de proyecto, principalmente desde la perspectiva tecnológica, que es lo que da sentido al proyecto común y a las empresas, dando alcance a los proyectos empresariales. AINIA ofrece al consorcio líneas básicas de investigación y desarrollo sobre "nuevos alimentos" (*nouvelle food*)[29], más sostenibles y saludables, alimentos de futuro a partir de materias primas alternativas para empresas emergentes —o tradicionales que se adentran en la utilización de nuevas materias primas— que trabajan con microalgas, insectos o cultivos alternativos y también con algunos tipos de grasas. Este tipo de alimentos (y otros más avanzados en el campo celular) arroja una huella ecológica menor y ofrece proteínas mejores y otras propiedades alimentarias muy valiosas y de alta calidad. Los ingredientes que se utilizan como materias primas son aún incipientes, pero de un gran futuro.

Un ejemplo destacado ya en marcha es el de la empresa vasca Biotech Foods, que avanza por la innovadora vía del cultivo celular: elabora carnes mediante este sistema de células que se activa a través de biorreactores. Otro ejemplo, aunque aún inicial y en un campo complementario, es el de Agro Singularity (de la que hay una entrevista en este estudio; aunque, en el proceso final, la ayuda no fue estimada); esta *startup*/empresa, que opera en Murcia, es socia de AINIA y utiliza en sus procesos productivos los subproductos (o destrío) de hortalizas y otros vegetales, como el brócoli, es decir, lo que se elimina en el proceso productivo por parte de otras empresas agroalimentarias de alimentos vegetales. De esta forma, en su cadena de valor se reutilizan desechos de producciones anteriores, que contienen proteínas y otros nutrientes, que son reciclados.

> El resultado es que se logran alimentos apetitosos, de igual o mayor deseo sensorial y de mayor sostenibilidad que los tradicionales [...]. Esta nueva línea de alimentos ha entrado en el

29. Proyecto que, con esta denominación, se ha presentado en la Comisión Europea.

> proyecto PERTE, aunque desafortunadamente no es elegible la actividad de promoción y difusión al consumidor, que sería de sumo interés [...]. Los 18,5 millones de subvención y 1,2 millones de euros de préstamo son muy importantes para avanzar en la alimentación del futuro. Nuestra contribución en el proyecto es principalmente la I+D; creemos que esta contribución y nuestras referencias en el CDTI son buenas, aunque en este caso no cabe cofinanciación de este organismo, ya que es incompatible con la acción del PERTE, pero no sabemos si será posible deducciones fiscales con relación a la actividad de I+D, lo vamos a consultar.

AINIA, más allá de lo indicado, se siente capaz de avanzar en tecnologías disruptivas en el campo de los alimentos (al modo de la empresa citada arriba Biotech Foods, de cultivo celular), "pero no se ha podido ir más allá porque las empresas asociadas al PERTE no lo priorizan actualmente; no obstante, podría también haber sido una línea pública de investigación, tal como ya existen en Singapur o en Israel". Se trataría de ensayar y fabricar productos afines a los hoy existentes mediante células animales (carnes, etc.) o también ensayar en el campo de la agricultura celular con algas y otros elementos vivos en piscinas biotecnológicas. Se obtendrían altas productividades. "Ello significaría, claro está, una reducción de la producción ganadera, con muchas emisiones de CO_2. En todo caso, todo esto conllevaría modificar los códigos de actividad CNAE y hoy por hoy no serían elegibles dentro de los proyectos PERTE u otros de los Gobiernos".

En suma, a pesar de los inconvenientes, el PERTE agroalimentario ha representado una oportunidad para trabajar de manera coordinada con diversas empresas del sector en nuevos alimentos y en la modernización y mejora de la sostenibilidad de las empresas agroalimentarias integrantes en la agrupación.

ENTREVISTA 6

Entrevista en Cepsa, 17 de enero de 2024.
Proyecto 1: implantación de 52,5 MW de hidrógeno renovable en el Parque Energético La Rábida de Cepsa [cadena de valor H_2

(P3)] (coste subvencionable: 58.841.941,36 €; ayuda concedida: 15.000.000 €). Proyecto 2: implantación de 17,5 MW de hidrógeno renovable en el Parque Energético San Roque (coste subvencionable 30.155.689,73 €; ayuda concedida: 12.711.965,9 €).
Asistentes:

- Por Cepsa: Joaquín Rodríguez (responsable del PERTE) y Enrique Perezagua (director de Comunicación).
- Por la Cátedra: José Carlos Díez Gangas, María Gálvez del Castillo Luna y Antonio García Tabuenca.

La Compañía Española Distribuidora de Petróleos, S. A. (Cepsa) dejó de ser española hace tiempo, pero el fondo soberano de Abu Dabi, que controla la compañía desde 2011, mantiene la dirección estratégica y el desarrollo de I+D en España. La compañía tiene la obligación regulatoria de transitar a la descarbonización y ha asumido esa misión en su plan estratégico con el fin de dejar de ser parte del problema y pasar a ser parte de la solución.

Su estrategia de hidrógeno es muy razonable para el estado actual de la tecnología. El hidrógeno como alternativa al gas natural en procesos de combustión aún es muy poco eficiente y muy caro. Los ciclos combinados de gas, primero, queman el gas y generan energía, y, después, usan el vapor de agua obtenido para generar energía y eso les permite alcanzar una eficiencia superior al 55%. EL hidrógeno se obtiene del agua y es un vector energético, no una fuente primaria, como es el gas, y necesita un electrolizador para separar las moléculas, que solo tiene una eficiencia del 25% en la actualidad y su coste es entre tres y cinco veces el del gas. Iberdrola, en la planta de Puertollano, ha montado un departamento de I+D con Cummings, líder tecnológico en electrolizadores en Estados Unidos, y espera tener precios competitivos con el gas en 2027, aunque la planta de Cummings en Guadalajara va muy retrasada de momento.

Cepsa ha optado por una estrategia híbrida. El hidrógeno es convertido en combustibles sintéticos (metanol, amoníaco y otros combustibles líquidos sintéticos), que permiten reducir significativamente las emisiones, principalmente en medios de transporte, donde la tecnología eléctrica aún no es viable, como en aviones, barcos y transporte por camión de larga distancia. Aunque le preguntamos al entrevistado si clave de este nuevo modelo de producción era el coste, comparado con el actual, este no respondió a la cuestión. Hay ya algunas gasolineras de Repsol que venden combustibles sostenibles a precios similares a la gasolina de 98 octanos, la más cara, pero la cuestión es si la venta a ese precio es rentable para la compañía o si es solo una estrategia de *marketing* y *greenwashing*. Ahora bien, para las compañías aéreas esto solo sería factible si encarecieran el precio actual de los billetes para asumir el incremento del coste de combustible. En concreto, los combustibles *sustainable aviation fuel* (SAF) cuestan en la actualidad cinco veces más que el queroseno regular. Iberia tiene como objetivo usar solo el 10% de sus combustibles sostenibles en 2030.

En este sentido, resulta relevante, como se nos indica en la entrevista, que el 60% de la demanda ya está comprometida en contratos a largo plazo con clientes: "No es un problema de riesgo tecnológico, sino de escala de producción", señala el entrevistado, "si hay suficiente demanda (búsqueda de energía barata), la oferta puede cuadrarse (mediante un plan financiero, etc.) y de ello deriva un desarrollo industrial".

La inversión es muy elevada y es muy complicado conseguir financiar un proyecto en los mercados sin tener vendido a plazo a un cliente —con alta calidad crediticia— buena parte de la producción, lo que se denomina contrato PPA. Cepsa tiene un acuerdo en Huelva con la empresa Maersk, líder mundial en transporte marítimo. La regulación europea exige a las navieras comenzar a descarbonizar en 2025; de lo contrario, se adoptarían sanciones contra ellas. Otros posibles clientes citados en el campo de la producción de fertilizantes y abonos complejos son Yara o Fertiberia.

En la entrevista se ha destacado las quejas (razonables, aparentemente) sobre la excesiva burocracia y la escasa ayuda que la Unión Europea ha invertido en hidrógeno, comparada con Estados Unidos. La ya mencionada ley IRA, sobre la reducción de la inflación, ha permitido el empleo de 400.000 millones de dólares para proyectos de hidrógeno, mientras que el Banco del Hidrógeno Europeo tan solo ha empleado 800 millones. Asimismo, existen dificultades para conseguir redes de alta tensión y conexiones, carencia de estrategia estatal (proyectos dispersos), dificultades con una regulación que no acompaña, además de la necesidad de autorizaciones administrativas complejas y poco ágiles, en tanto que en Estados Unidos se consiguen con una simple declaración responsable en la mayoría de las ocasiones y en Italia en una mesa única. Finalmente, se insiste en la necesidad de "concentrar las ayudas" en grandes proyectos estratégicos, en invertir en infraestructuras (redes de alta tensión) y en una regulación ágil (mesa única, acto delegado con prioridad de despacho para proyectos estratégicos).

En suma, el hidrógeno es aún una tecnología energética inmadura que necesita apoyo de política industrial para su desarrollo; sin embargo, Europa está perdiendo su ventaja y curva de aprendizaje respecto a Estados Unidos. Si esta ventaja la tuvieran Francia o Alemania, probablemente Bruselas ya habría reaccionado; al tenerla España, estos dos países tienen pocos incentivos para avanzar, ya que les tocaría pagar más de la mitad de las ayudas, lo que conllevaría deslocalización industrial. En Estados Unidos, al ser un plan federal, se compite en igualdad de condiciones. En Europa, si no se aprueba un plan por parte de la Comisión Europea, cada país dará ayudas a sus empresas, y Alemania tiene más capacidad fiscal al tener menos deuda pública. No obstante, como ha mostrado el entrevistado con números, se necesitarían unos 400.000 millones en subvenciones, casi el 10% del PIB, lo que parece inviable.

A pesar de todo, España es el lugar óptimo para el desarrollo de plantas de hidrógeno y su distribución, gracias a las horas de luz solar (mayores que en el resto de Europa) y al viento (comparado con el norte de África). Ello, junto al precio de la electricidad, será (o debería ser) en la próxima década un factor determinante de localización industrial (con expansión territorial de producción manufacturera y servicios conexos), así como una oportunidad histórica para la reindustrialización, el aumento del empleo y la mejora de los salarios.

ENTREVISTA 7

Entrevista en EDP-Energías de Portugal, S. A., 21 de diciembre de 2023 (*online*).
Horario: 13:30-15:15.
PERTE ERHA. Programa H2 Pioneros. Convocatoria 2022.
Asistentes:

- Por EDP: José Manuel Pérez Rodríguez (Head of H2 Regulation and Government Affairs).
- Por la Cátedra: Antonio García Tabuenca, José Carlos Díez Gangas y María Gálvez del Castillo Luna.

CUADRO 10

EDP. PROYECTOS EN LOS QUE HA RESULTADO BENEFICIARIA. CONVOCATORIA PERTE ERHA. PROGRAMA H2 PIONEROS

CÓDIGO DEL EXPEDIENTE	NIF BENEFICIARIO	COSTE SUBVENCIONABLE (€)	AYUDA PROPUESTA CONCESIÓN (€)	TÍTULO	COMUNIDADES AUTÓNOMAS ACTUACIÓN (ELECTRÓLISIS)
PR-H2PION-2022-000189	A10580397	11.233.346,77 €	4.037.894,71 €	Green H2 Los Barrios	Andalucía
PR-H2PION-2022-000186	A10580413	13.892.011,10 €	6.028.593,13 €	GH2SOTO	Principado de Asturias
PR-H2PION-2022-000187	A10580405	34.303.738,11 €	14.877.521,31 €	Asturias H2 Valley	Principado de Asturias
Total		59.429.095,98 €	24.944.009,15 €		

Fuente: Resolución DG Política Energética y Minas e IDAE (marzo de 2023).

EDP-Energías de Portugal, S. A., antes conocida como Electricidade de Portugal, fue fundada en 1976 y se ha consolidado como uno de los principales grupos eléctricos de Europa y el más grande de Portugal. Iniciando su trayectoria como una empresa de servicios públicos en Portugal, ha evolucionado hasta convertirse en una destacada compañía energética a nivel mundial.

Actualmente, según informa la empresa, opera en 30 mercados y cuenta con más de nueve millones de clientes en el sector regulado y liberalizado, destacando su presencia en Portugal,

España, Estados Unidos y Brasil. Como parte de su compromiso con la sostenibilidad, la empresa se ha propuesto eliminar por completo el uso del carbón en sus operaciones para el año 2025 y lograr ser 100% ecológica en 2030 mediante inversiones en energías renovables.

En la actualidad, aproximadamente el 85% de la energía generada por EDP proviene de fuentes renovables, con lo que se sitúa en una posición destacada en la producción y suministro de energías limpias. Como parte de su estrategia de diversificación la empresa ha incursionado en nuevas áreas, como la movilidad, el autoconsumo y la producción de hidrógeno.

Sin embargo, el desarrollo de proyectos pioneros de hidrógeno se enfrenta a varios desafíos. En primer lugar, el coste energético asociado a operar exclusivamente con energías renovables se presenta como un obstáculo complejo desde el punto de vista económico y también de seguridad de suministro.

A pesar de que existen fondos públicos disponibles, la cuantía subvencionable para proyectos de esta índole se percibe como limitada. La ayuda máxima de 15 millones de euros para estos proyectos se considera insuficiente, teniendo en cuenta el elevado coste de inversión en proyectos de estas características. Por poner un ejemplo, en el caso del proyecto Green H2 Valley, a pesar de tener concedida una ayuda del 45% (a lo que se sumó un 5% adicional por estar en una zona de transición justa), esta se ve reducida a menos del 30% al considerar los costos totales de inversión.

La inseguridad jurídica, la lentitud en la obtención de permisos y licencias —superior al año en este tipo de proyectos—, así como la complejidad en el acceso a la red, representan otros desafíos significativos.

La normativa actual no avanza al ritmo de la tecnología y la sociedad, generando una brecha que dificulta la implementación ágil de los proyectos. Además, la normativa europea de subvenciones no se adapta adecuadamente a las necesidades de la industria y de la estrategia europea de transición ecológica, obstaculizando la aceleración de estos proyectos.

Para abordar estos desafíos, se propone que las convocatorias adopten criterios uniformes y se elaboren en consonancia con los objetivos de descarbonización y de transición energética de la Unión Europea y de las empresas. Un enfoque centralizado para todos los mecanismos podría mejorar la eficiencia y la coherencia en la implementación de estos proyectos.

Desde el punto de vista social, el proyecto H2 Pioneros de hidrógeno verde de EDP se ha planificado en zonas de transición justa, buscando generar empleo cualificado. Se estima la creación de un empleo por cada dos megavatios generados, lo que implicaría al menos 50 empleos directos por proyecto inicialmente, aunque EDP aspira a alcanzar un gigavatio en los próximos diez años.

Hay que destacar el reconocimiento de la Comisión Europea como proyecto de interés común (PCI) en varios proyectos de EDP; por ejemplo, los proyectos Asturias H2 Valley y Green H2 Los Barrios. Este reconocimiento puede facilitar la obtención de fondos más cuantiosos.

Las ayudas públicas destinadas a los proyectos pioneros de hidrógeno son fundamentales para su desarrollo y despliegue. El entrevistado afirma que en la actualidad no sería posible iniciar proyectos de estas características sin ayudas públicas, ya que no son rentables y entrañan demasiados riesgos.

Destaca que la primera convocatoria ERHA H2 Pioneros se ha resuelto en seis meses, un periodo bastante correcto. Sin embargo, la obtención de permisos en este tipo de proyectos es superior a un año. Nos indica que en los proyectos, desde que se diseñan y solicitan hasta que se ejecutan, se producen cambios, y que la poca flexibilidad de la convocatoria no los admite y puede afectar al alcance de los proyectos y a la intensidad de la ayuda. No obstante, puede que este aspecto se solvente en Europa con el Banco Europeo de Hidrógeno.

En conclusión, a pesar de los desafíos actuales, el compromiso de EDP con la sostenibilidad y su apuesta por el hidrógeno como fuente de energía futura refleja una visión audaz. Según el entrevistado: "El hidrógeno va a explotar, pero no sabemos cuándo".

Entrevista en Repsol, 20 de diciembre de 2023 (videoconferencia). Proyecto de Repsol beneficiario en la convocatoria 2022 del PERTE ERHA. Programa H2 pioneros: PR-H2CVAL3-C1-2022-0041. Proyecto HydRIC Puertollano. Con una inversión de 42.000.000 € y una subvención concedida de 10.000.000 €.
Asistentes:

- Por Repsol: Ramón Peña (responsable de programas de I+D y financiación pública).
- Por la Cátedra: Antonio García Tabuenca, José Carlos Díez Gangas y María Gálvez del Castillo Luna.

Repsol es una empresa española integrada de energía con presencia en más de 30 países y una plantilla de aproximadamente 25.000 empleados. Fundada en España en 1987, ha crecido hasta convertirse en una de las principales compañías petroleras y gasistas que operan en la economía mundial.

Esta empresa multinacional opera en todas las etapas de la cadena de valor energético, desde la exploración y producción de petróleo y gas hasta la refinación, distribución y comercialización de productos derivados del petróleo. Además, la empresa ha diversificado su cartera para incluir energías renovables, química y servicios energéticos.

Respecto a los PERTE, según el entrevistado, se trata de un "quiero y no puedo":

> Las ayudas son insuficientes para este tipo de proyectos con tantos riesgos. Y, en estos momentos, no es rentable ni por regulación, ni por clientes [...] el Gobierno español no se está adaptando a las necesidades de la industria [...]. Es un café para todos [...]. Son mecanismos temporales que no permiten una transición ecológica del sector, ni hay cadena de valor debido a lo innovador de la tecnología [...]. En Repsol, este proyecto se lleva a cabo por RSC, no por rentabilidad empresarial.

El proyecto HydRIC Puertollano, liderado por Repsol y beneficiario en la convocatoria PERTE ERHA, programa H2 Pioneros, tiene como objetivo establecer una planta piloto para la producción de hidrógeno verde en la refinería de Puertollano. Tiene una inversión total de 42 millones de euros y una subvención concedida de diez millones de euros. Por ello, este proyecto representa un esfuerzo significativo de Repsol en su compromiso con la sostenibilidad y la innovación tecnológica.

Sin embargo, el desarrollo de proyectos pioneros de hidrógeno se enfrenta a varios desafíos: el elevado coste energético asociado con operar exclusivamente con energías renovables, la inseguridad jurídica, la lentitud en la obtención de permisos y licencias, y la dificultad en el acceso a la red y la obtención de equipos y tecnología de electrólisis. Además, la normativa actual y los mecanismos de financiación no se adaptan adecuadamente a las necesidades de la industria, lo que obstaculiza la implantación ágil de estos proyectos.

Las propuestas de mejora para dichos desafíos serían, en primer lugar, adoptar un criterio de unificación en las convocatorias y que se elaboren en consonancia con los objetivos de descarbonización y transición energética de la Unión Europea y las empresas; en segundo lugar, proporcionar mayor flexibilidad y agilidad en los procesos de financiación y obtención de permisos para adaptarse a la evolución tecnológica y las necesidades cambiantes de los proyectos; y, finalmente, aumentar la financiación disponible para proyectos de hidrógeno, considerando el elevado coste de inversión y los beneficios a largo plazo en términos de sostenibilidad y mitigación del cambio climático.

En conclusión, el proyecto HydRIC Puertollano de Repsol es un ejemplo del compromiso de la industria con la transición hacia una economía baja en carbono. Sin embargo, para aprovechar todo su potencial, es necesario abordar los desafíos identificados y crear un entorno propicio para la implantación exitosa de proyectos de hidrógeno pioneros. Esto requiere una colaboración estrecha entre el sector público y privado, así como una revisión y actualización de la normativa, procesos administrativos con procedimientos flexibles y con los mecanismos de financiación existentes.

ENTREVISTA 9

Entrevista en MALHE Electronics, 18 de diciembre de 2023 (videoconferencia).
Horario: 18:00-20:00.
PERTE VEC para la cadena de valor. Convocatoria 2022.
Asistentes:

- Por la empresa: Antón Esmoris (Power Electronics Principal Expert), en Paterna (Valencia), y José Félix Minuesa (EMC Specialist Engineer), en Motilla del Palancar (Cuenca).
- Por la Cátedra: Antonio García Tabuenca, José Carlos Díez Gangas y María Gálvez del Castillo Luna.

CUADRO 11

PROYECTOS EN LOS QUE HAN RESULTADO BENEFICIARIOS EN LA CONVOCATORIA PERTE VEC 2022

PROYECTO	UBICACIÓN	PRESUPUESTO TOTAL	SUBVENCIÓN PERTE (€)	PRÉSTAMO (€)
VEC-020100-2022-82 (individual)	Motilla del Palancar (Cuenca)	8.937.479	2.010.088	893.748
VEC-020400-2022-20 (cooperación)	Motilla del Palancar	1.050	525	
VEC-020300-2022-13 (individual)	Motilla del Palancar	8.839.541		6.629.655
VEC-020400-2022-58 (cooperación)	Motilla del Palancar	60.428	30.214	
VEC-020400-2022-60 (cooperación)	Motilla del Palancar	30.120		15.060
Total valores	-	17.868.618	2.040.827	7.538.463

Fuente: Resolución MINTUR de concesión de apoyo financiero actuaciones integrales cadena vehículo eléctrico (2022).

Historia de MAHLE en España y compra de Nagares

Nagares

La empresa familiar Nagares, fundada en 1971, tenía en España cuatro plantas de producción y un centro de desarrollo, y, además, tenía representación en Europa, Norteamérica y Asia. Entre sus clientes se encontraban numerosos grupos globales del sector de la automoción. Y, junto con la Universidad Politécnica de Valencia, la empresa había creado la Cátedra de Mecatrónica.

Se ha dedicado al desarrollo y fabricación, para el sector de la automoción, entre otros productos, de equipos de mando y electrónica de potencia para grupos periféricos eléctricos y sistemas de gestión térmica, además de convertidores de potencia y soluciones de movilidad eléctrica. En el año 2015, la empresa, con sede principal en Motilla del Palancar, ciudad natal de su fundador, contaba con unos 435 empleados y registró una facturación de unos 70 millones de euros.

Compra de Nagares por MAHLE

Con Nagares, la empresa alemana pretende reforzar su capacidad en el ámbito de los sistemas de movilidad eléctrica. Los campos de actividad de la empresa española se integran muy bien en la división de Mecatrónica de MAHLE, donde están reunidas desde el año 2016 todas las actividades en torno a los accionamientos eléctricos. En ella se desarrollan y se fabrican motores eléctricos, además de sistemas mecatrónicos y sistemas de accionamiento eléctricos. Las tecnologías se utilizan fundamentalmente en turismos, vehículos comerciales y aplicaciones todoterreno.

Acerca de MAHLE

MAHLE es líder internacional como socio de desarrollo y proveedor del sector automovilístico. Con sus productos, que van desde motores de combustión y sus componentes hasta soluciones para vehículos electrificados, el grupo cubre todos los aspectos importantes a lo largo del sistema de accionamiento y la ingeniería de aire acondicionado: desde sistemas y componentes de motor hasta la gestión térmica, pasando por la filtración. Hay productos de MAHLE instalados al menos en uno de cada dos vehículos a nivel mundial. Los componentes y sistemas de MAHLE también se utilizan fuera de las carreteras, por ejemplo, en aplicaciones estacionarias, máquinas de trabajo móviles o medios de transporte como barcos, aviones y trenes.

Antes de la compra de Nagares, el grupo MAHLE contaba con una plantilla de cerca de 76.000 empleados y en 2015 obtuvo un volumen de ventas de aproximadamente 11.500 millones de euros, estando presente en 34 países con más de 170 sedes de producción. En 15 grandes sedes de desarrollo distribuidas por Alemania, Gran Bretaña, Luxemburgo, Eslovenia, Estados Unidos, Brasil, Japón, China e India trabajan unos 6.000 ingenieros de desarrollo y técnicos en busca de soluciones innovadoras para la movilidad del futuro.

Hoy MAHLE está representada en los cinco continentes. Operan en alrededor de 160 centros de producción y 12 centros de investigación y desarrollo importantes en todo el mundo, donde trabajan alrededor de 71.000 personas.

En España cuentan con una plantilla de alrededor de 2.500 empleados, distribuidos en varias plantas productivas y dos centros de investigación y desarrollo. Con experiencia en componentes y sistemas eléctricos y electrónicos, también ofrecen soluciones de sistemas integrados para la movilidad eléctrica. Durante décadas, sus componentes y sistemas también se han utilizado en todo tipo de competiciones automovilísticas, en maquinaria móvil, en transportes ferroviarios y aplicaciones marítimas.

La Fundación MAHLE, sin ánimo de lucro, controla indirectamente el 99,9% de las acciones de la empresa. Esta asociación también posee los derechos de voto, por lo tanto, ejerce los derechos de los accionistas. Esta estructura garantiza su independencia empresarial y les permite, según refleja en su informe empresarial, hacer planes a largo plazo y tomar decisiones de inversión orientadas al futuro.

El grupo MAHLE consta de cinco unidades de negocio:

1. BU1. Sistemas y componentes del motor.
2. BU2. Filtración y periféricos del motor.
3. BU3. Gestión térmica.
4. BU6. Postventa.
5. BU4. División de Electrónica y Mecatrónica, que atiende segmentos específicos de mercado y clientes.

PERTE VEC

Con el PERTE, además de otros fondos públicos, pretenden acelerar el desarrollo de nuevos productos y fijar plantilla en España. La única unidad de negocio que está creciendo en Europa. El diseño y producción de los cargadores *on board* para baterías de coches eléctricos, y otros productos, se realiza íntegramente en España.

Respecto a la ayuda recibida, irá destinada, fundamentalmente, a la inversión en un edificio en Motilla del Palancar, su sede principal en España, y al mantenimiento de recursos humanos en Paterna, donde se desarrolla el I+D. Resalta que no han integrado en los proyectos PERTE (son individuales) a su cadena de valor, ni siquiera a los proveedores, pese a que el interlocutor de la empresa nos han expresado que en la actualidad tienen problemas para encontrar empresas especializadas en fundición de aluminio y en componentes magnéticos.

Respecto a las ayudas económicas derivadas de la resolución específica, llama la atención que han solicitado cinco proyectos por una cuantía superior a los 17 millones de euros, pero solo han recibido unos dos millones en forma de subvención a fondo perdido. Asimismo, existen dificultades durante el proceso relacionadas principalmente con la excesiva burocracia, estrictos requisitos y condiciones de la convocatoria, y falta de coordinación entre las empresas y la Administración. Además, consideran que no han tenido tiempo suficiente para el diseño y presentación de las propuestas como consecuencia de los ajustados plazos. No obstante, también nos informan de que carecen de personal especializado en presentación de proyectos y subvenciones públicas.

A pesar de la incertidumbre del mercado global y la posición de China en el vehículo eléctrico, MAHLE está comprometida a continuar innovando y desarrollando desde España y creciendo empresarialmente como ha hecho en los últimos años[30].

30. Para más información, se puede consultar https://lc.cx/QL9AkU, www.mahle.com, https://lc.cx/solo2l, https://lc.cx/lLftOf.

Entrevista en Volkswagen Navarra, 26 de enero de 2024.
Proyecto VEC-020100-2022-49 Volkswagen Navarra y otros tres proyectos individuales más. Se corresponden con la distribución del proyecto tractor VEC-010000-2022-1-SEAT, S. A. Future Fast Forward (F3).
Asistentes:

- Por Volkswagen Navarra: Francisco J. Guerrero (Project Manager).
- Por la Cátedra: José Carlos Díez Gangas, María Gálvez del Castillo Luna y Antonio García Tabuenca.

Entre los proyectos PERTE VEC hay diez denominados tractores (Seat, Mercedes, Hube Tech Factory, Opel, Renault, Sapa Operaciones, Faurecia Interior, Irizar, Peugeot-Citroën y Fagor Electrónica). El presupuesto total de este grupo de PERTE VEC es de 1.903.251.360,25 € y las ayudas totales de 793.721.600, de las que 525.978.681 son subvenciones y 267.742.919 préstamos.

El primero que figura en la resolución del Ministerio de Industria del 20 de enero de 2023 por sus cifras de presupuesto y ayudas es el proyecto tractor VEC-010000-2022-1-SEAT, S. A. Future Fast Forward (F3). Participan SEAT y Volkswagen junto a una agrupación con otras 52 empresas del sector y 86 proyectos primarios. El presupuesto financiable es de 794.431.646,57 €; la ayuda total concedida, 357.011.771 €, de la que 216.945.498 son subvención y 140.066.273, préstamo, y su calificación de la evaluación —la más baja del grupo de proyectos tractores— es de 50,99 puntos. Se trata de un plan de actuación para el PERTE VEC entre 2022 y 2025.

De este PERTE tractor VEC SEAT, a Volkswagen Navarra S. A. le corresponden cuatro proyectos individuales, por un total de presupuesto financiable de 78.986.687,49 €, de los que ha obtenido subvención por valor de 21.185.035 y préstamo por 8.366.190; la valoración media de los cuatro proyectos ha sido de 46,12%.

Volkswagen Navarra cuenta con otro PERTE en el campo de la economía circular y la reutilización, que está orientado a la minería, baterías VEC, infraestructuras de descarga y tratamiento de datos.

El Grupo Volkswagen es líder europeo en el mercado de la automoción y segundo fabricante a escala mundial. Está integrado por diez marcas: Volkswagen, Seat, Audi, Škoda, Bentley, Cupra, Lamborghini, Porsche, Ducati y Volkswagen Vehículos Comerciales.

Volkswagen Navarra S. A. es una empresa española de las 120 fábricas que Volkswagen tiene en todo el mundo. Se localiza en el polígono industrial de Landaben en Pamplona. En estas instalaciones se produce el modelo Polo, destinado al comercio mundial de manera ininterrumpida desde 1984. En 2018 comenzó la producción en serie del segundo modelo, el Volkswagen T-Cross, y en septiembre de 2021 se inició la producción en serie del tercer modelo, el Volkswagen Taigo, lo que en la empresa califican de hito histórico en la planta pamplonesa.

En 2022 fabricaron 288.088 coches. De ellos, 154.151 Volkswagen T-Cross, 96.991 Volkswagen Taigo y 36.946 Volkswagen Polo. Más del 90% de los coches producidos se exportaron a Alemania, Italia y Francia, como principales países de destino.

"Nos mueve la movilidad sostenible en España tanto en nuestra fábrica y sedes como en toda la cadena de valor", así arranca la entrevista por parte del representante de Volkswagen. "El proyecto tractor Future Fast Forware [al que denominan 3F], encabezado por SEAT S. A., es un plan de actuación para el VEC entre 2022 y 2025". Este proyecto fue presentado en mayo de 2022, la resolución del ministerio fue de enero de 2023 y en marzo de este año recibieron las ayudas; cabe una prórroga si se requiere. "Estos proyectos exigen un esfuerzo especial, pero en su recorrido aparecen potencialidades no previstas que te enseñan que no se podrían haber hecho solos, son temas de interés común y de futuro en la cadena de valor", señala.

Del proyecto tractor y los proyectos primarios de cada socio, Volkswagen Navarra tiene cuatro proyectos individuales:

> Aunque si la ejecución se hace mal, nuestra responsabilidad es compartida con todos los socios [...]. Es la primera vez que nos enfrentamos a este modelo compartido con socios, ya que estamos obligados por la normativa de los FRR: tiene sus aspectos positivos, pero la otra cara de la moneda es que la acción es más compleja, algunas pymes de nuestra agrupación han caído por carecer de las garantías exigidas en el proyecto.

El primer proyecto está destinado a la transformación de la fábrica de Landaben, donde es clave el área de I+D, orientada a las nuevas tecnologías VEC:

> Solo construimos coches pequeños y utilitarios, ahora vamos a por un modelo nuevo de Volkswagen y otro de Škoda. Necesitamos transformar nuestra cadena productiva y, a través de la ingeniería de producto, la fabricación de los nuevos vehículos eléctricos: nuevas tecnologías, nuevos productos, nuevas baterías: cambia el sistema propulsor. Hasta ahora hemos venido fabricando unos 300.000 vehículos al año.

El segundo (y tercer) proyecto es doble. Se dirige a la sostenibilidad *go to zero*, "siguiendo el Acuerdo de París de CO2 neutral en 2050, hemos de ser neutrales también en el proceso de producción y en la transformación de la fábrica, tanto hacia adelante como haca atrás". Este proyecto se despliega en dos: en primer lugar, la optimización energética mediante el logro y aplicación de tecnologías más eficientes tales como robots de montaje que consumen menos energía, o luminarias led en toda la planta, y en segundo lugar, la sostenibilidad, reduciendo el impacto medioambiental/huella de carbono mediante el empleo de energías renovables: "Hoy aún consumimos gas natural, pero el proyecto nos lleva a la producción y consumo de biometano y la instalación de placas fotovoltaicas, somos consumidores de materiales químicos y hemos de reducir las pinturas y masillas que tanto empleamos".

Finalmente, el cuarto proyecto está orientado a la adaptación de la plantilla a las nuevas necesidades, lo cual exige su formación y, particularmente, las habilidades idóneas en el campo de la digitalización. Es parte o se complementa con el seguimiento del conjunto de la producción, mediante la comprobación *online* de que el proceso es correcto.

Tecnologías, competencia china, ayudas PERTE y eficiencia

En la actualidad, para el montaje del coche eléctrico es necesario disponer de unas 100 celdas en paquetes que ocupa toda la plataforma del coche. "Pero irán emergiendo nuevas tecnologías, nos hallamos todavía en una fase inicial. La tecnología del futuro en la producción de baterías irá perfilándose, por ejemplo, con el uso de nuevos minerales". Se prevé que entre 2025 y 2028 habrá modificaciones, las baterías se fabricarán en estado sólido, se modificarán los costes y precios. En esta línea, argumenta el entrevistado que

> China nos lleva diez años por delante, tienen una gran capacidad financiera y un modelo cultural público-privado disciplinados es una cultura *top-down*, con normas menos estrictas en el conjunto de los procesos productivos y económicos. Los tiempos de la Unión Europea no son los de China. ¿Es necesario obligar a los productores chinos a que compitan en igualdad de condiciones?, pero ¿cómo? ¿Hace falta entonces más proteccionismo?, ¿viene una ola proteccionista de la Unión Europea con China?

Volkswagen ha sido el primer fabricante en China, directamente y mediante *joint-ventures*. En concreto, "con Xpeng tenemos una participación minoritaria, en torno al 5%, o sea, el poder político en la empresa es de Xpeng, pero colaboramos en plataformas de baterías para vehículos de tamaño medio para el mercado chino [...] hemos de defender honrosamente nuestra posición". No nos ofrece datos económicos y de la productividad en VEC en China, tampoco del esfuerzo y gasto en I+D de VW en España.

> Las ayudas PERTE intentan equilibrar esta anticipación china, pero al mismo tiempo algunos fabricantes de VEC de China están

ya tratando de soslayar el posible proteccionismo invirtiendo e instalándose en España o Europa. Estas ayudas están siendo estratégicas para configurar en España un *hub* tecnológico en el sector del vehículo eléctrico; son indispensables para evitar una deslocalización del sector. En realidad, son más necesarias que suficientes, pero nos permiten mantener estratégicamente la posición en Navarra [...], nuestro presupuesto de inversión hasta 2028 es de 1.000 millones de euros, de los que 30 millones son ayudas. Esta dinámica nos exige una buena disposición de financiación, una buena plantilla y estabilidad jurídica.

El entrevistado se refiere también a las mejoras que necesitan las ayudas respecto a Estados Unidos o China.

> Tenemos que reducir la dependencia que arrastramos respecto a la producción en otras áreas territoriales [cita aquí los conflictos bélicos en la actualidad en Europa y Oriente Próximo], tendríamos que fabricar nuestros productos más autónomamente, disponer de condiciones más iguales en el ámbito de la competencia: así, por ejemplo, en la Unión Europea y España las normas laborales son más gravosas: la regulación es rígida comparada con China.

En Landaben se fabrican 1.480 automóviles al día; en la línea de producción, cada 55 segundos emerge un coche nuevo. Esta planta es la más productiva del Grupo Volkswagen y la mejor en la relación de costes de fabricación por unidad y en coste laboral unitario (CLU). Los tiempos son exigentes: se tardan 14 horas desde que las piezas entran en la línea hasta que salen ensambladas completamente en cada coche nuevo. El peor indicador de esta fábrica es el absentismo laboral, que es aproximadamente del 9%, lo que significa que cada día no acuden al trabajo unas 400 personas del total de 5.000 trabajadores: "China y Pamplona son dos mundos diferentes en la construcción de automóviles, jugamos un partido con distintos balones y reglas de juego: no son comparables tampoco los costes no salariales".

En la actualidad, se fabrican unos 300.000 coches al año:

> Pero se espera que en 2027-2028 se alcancen "el pico de la lanza" en unos 350.000, aunque podrían volver a los 300.000; no se sabe aún con precisión si hará falta más plantilla, pero probablemente aumentará el empleo neto, incluido el de la cadena de proveedores de componentes; es conocido que la fabricación del vehículo eléctrico es menos intensiva en mano de obra, alrededor del 20% menos [...]. La experiencia de Volkswagen en Alemania es que no están fabricando más coches eléctricos que cuando eran de combustión, pero parece que la cifra aumentará. También se plantea debate sobre si las profesiones más cualificadas y las habilidades digitales podrían o no compensar la reducción de la mano de obra, y lo mismo con la adaptación progresiva a la IA.

Asimismo, Volkswagen mantiene activa una línea de investigación con hidrógeno (H2), orientada a camiones y vehículos comerciales, "no podemos poner toda la inversión en la misma cesta". Se plantea una dinámica de fabricación que va desde la propulsión eléctrica hasta las pilas de H2 (aunque sea todavía a escala piloto) o los combustibles sintéticos obtenidos a partir de H2; todo depende de la emergencia de nueva tecnología y los resultados de la I+D.

En suma, Volkswagen Navarra dispone de una planta de construcción de coches, pequeños y utilitarios, muy eficiente en términos productivos y de costes laborales, una de las que aporta mejores indicadores entre las 120 fábricas del Grupo Volkswagen. Las ayudas PERTE, son calificadas de necesarias, aunque insuficientes, pero esa es la vía para la renovación y aprendizaje de las plantas fabriles y plantillas laborales hacia la transición verde. La producción VEC de China aparece como amenaza para los constructores de automóviles europeos por sus menores costes relativos de producción, así como por ser menos onerosos y rígidos los costes laborales. Sin embargo, ello también puede ser palanca para incentivar la I+D y la calidad, y lograr acuerdos de producción y comercialización inteligentes entre ambas partes y territorios, lo que conlleva una valoración y soluciones urgentes por parte de la Comisión Europea y sus instituciones especializadas. Hoy en día, Europa va muy atrasada en la producción del coche eléctrico respecto a China y Corea del Sur. Tal vez Volkswagen es el único constructor europeo que tiene capacidad y plan para resistir y seguir siendo un *player* competitivo global en la nueva era de la movilidad eléctrica. Necesitaría una regulación más flexible para adaptarse a un cambio tan profundo en los procesos de producción y concentrar las ayudas de fondos NextGenerationEU para que puedan financiar la gran inversión que necesitan para este reto a tipo de interés competitivo con los productores chinos.

ENTREVISTA 11

Entrevista en Agbar. Empresa matriz Veolia. Aguas de Barcelona, Empresa Metropolitana de Gestión del Ciclo Integral del Agua, S. A., 19 de diciembre de 2023.
Proyecto E-AIGO: Resiliencia y sostenibilidad del ciclo urbano del agua en el área metropolitana de Barcelona con el impulso de la transformación digital.
Asistentes:

- Federico Ramos (director general de Veolia).
- Por parte de la Cátedra: Antonio García Tabuenca.

Agbar es una compañía de referencia en el sector de la gestión integral del ciclo del agua y el medioambiente. Tiene su origen en Sociedad General de Aguas de Barcelona y desde 2022 forma parte del grupo Veolia (empresa francesa que la adquirió en una operación bursátil), con actividades en las tres áreas principales de servicios que tradicionalmente administra el sector público: gestión del agua, gestión de residuos y servicios energéticos.

Agbar arranca en 1867 con la fundación en Lieja de la Compagnie des Eaux de Barcelone para abastecer de agua a poblaciones próximas a Barcelona, hoy barrios de la ciudad. La compañía fue adquirida por inversores franceses y posteriormente catalanes. Estos últimos, en 2019, cambiaron la denominación por la de Sociedad General de Aguas de Barcelona.

Existen dos grandes modelos de gestión del agua (urbana, en este caso). De un lado, el que se basa en la financiación pública, cuyo mejor ejemplo es el Canal de Isabel II en Madrid, y, de otro, el que se soporta sobre la inversión privada, como Aguas de Barcelona. El Canal de Isabel II es la empresa que genera más licitaciones a terceras empresas, mientras que Agbar es la que más clientes tiene.

El Proyecto Estratégico para la Recuperación y Transformación Económica (PERTE) de digitalización del ciclo del agua fue aprobado por Acuerdo del Consejo de Ministros de 22 de marzo de 2022. Su objeto es la gestión del agua de modo eficiente y sostenible, cumpliendo así con el mandato de la Directiva Marco del Agua (2000/60/CE) y de la Directiva 91/271/CEE, sobre el tratamiento de las aguas residuales urbanas. A estos efectos, el PERTE establece cuatro líneas de actuación que abarcan la gestión íntegra del ciclo hidrológico:

1. Mejora de la gobernanza en materia de gestión de los usos del agua.
2. Impulso a la digitalización de los organismos de cuenca.
3. Desarrollo de programas de ayudas para el impulso a la mejora de la eficiencia y digitalización a los distintos usuarios del agua en España.
4. Fomento de la formación e innovación en competencias digitales en la administración y gestión del agua.

La Resolución Definitiva, de 15 de noviembre de 2023, de la primera convocatoria de subvenciones (2022) para proyectos del ciclo urbano del agua (tercera línea de actuación del PERTE) contribuye a los esfuerzos de España por lograr una economía sostenible, descarbonizada y adaptada al cambio climático y el cumplimiento de los objetivos ambientales de la planificación hidrológica. Para el desarrollo de esta línea de actuación, la cuantía presupuestaria de ayudas asciende a 200 millones de euros, previéndose una reserva de 60 millones de euros para propuestas presentadas que engloben a más de cinco términos municipales o para agrupaciones de solicitantes. La cuantía mínima de ayuda es de tres millones de euros y la máxima no podrá superar los 10 millones de euros.

De los 158 proyectos que acudieron a la convocatoria, Agbar forma parte del grupo de 30 que han sido beneficiarios. El presupuesto subvencionable ha sido de 11.825.764,13 euros y la subvención recibida, 7.502.821,42 euros. Además de Barcelona, el proyecto abarca a otros municipios o concesionarios del servicio, como Aguas de Cartagena, Aguas de Avilés y Aguas Pla de Mallorca. Está previsto que estos proyectos PERTE de digitalización del ciclo del agua concluyan en diciembre de 2025, aunque con una posible prórroga hasta el 1 de junio de 2026. Asimismo, se prevé que haya una nueva convocatoria en 2024, que será también de 200 millones de euros.

Conviene tener en cuenta los componentes verticales existentes en los procesos de digitalización del agua: la Administración General del Estado, las comunidades autónomas (competencias transferidas) y los ayuntamientos, por un lado, y el ciclo urbano del agua, el ciclo agrícola y el ciclo industrial, por otro. La medición precisa del consumo de agua es la clave en el avance dentro del sector.

> La orientación de este PERTE, con destino al agua urbana, se considera que ha sido correcta, ya que se ha entendido que los operadores (públicos o privados) han de ser los destinatarios de las ayudas a la digitalización. Es mucho más eficiente la coordinación con los operadores del agua que con ayuntamientos u otros organismos públicos que tradicionalmente gestionaban el agua [...]. De cara a un buen funcionamiento del ciclo del agua urbana es clave que el ministerio se ocupe de unas partes de la gestión del agua, los vertidos a la cuenca, principalmente, y que nosotros —los operadores— nos ocupemos del proceso de gestión y digitalización de los servicios municipales de aguas [...]. Esto

> es un giro en lo que era la política hidráulica: con este modo de actuar el operador es el responsable activo y el ministerio —con la colaboración del operador— planifica el sistema.

Por otra parte, si con el agua urbana y la digitalización de su gestión se logran buenos resultados, será más fácil trasladar la experiencia al proceso en el ciclo agrícola, enorme agujero, en general, de despilfarro del recurso e inadecuada gestión.

Respecto a posibles diferencias con otros operadores o servicios del agua urbana, Agbar considera que siempre ha estado en una posición muy avanzada: "El proyecto denominado Dinapsis de nuestra empresa —artefacto electrónico de gestión digital y virtual de los servicios a sus clientes y concesionarios de agua— está dentro del concepto de vanguardia". La tecnología, "el aparato", está "en la frontera y generalizada en el mundo", señala el interlocutor, lo más llamativo es el valor y uso cualitativo que se introduce en cada caso en la gestión; la organización interna es la que sabe o no utilizar la ingente cantidad de datos que hay detrás del servicio de agua urbana y es la que selecciona aquellos que son clave para el funcionamiento correcto.

El agua no debe ser considerada una *utility* convencional, necesita evolucionar y transformarse conceptualmente para ser respetada como un sector económico en su gestión. Sin embargo, la gobernanza y la regulación de este recurso natural son muy antiguas, no se han puesto al día.

> El CEDEX prevé para 2060 una cuenca española con el 17% del agua: cuanto más aprovechemos cada litro y mejor lo monitoreemos mejores resultados conseguiremos [...]. Es una cuestión de anticipación urgente. El uso del agua conlleva un fuerte impacto ambiental; por ello, a más digitalización en los procesos que desarrollan los operadores, más sostenibilidad se alcanza y, como consecuencia, la actuación [de los servicios] de los ayuntamientos se hace más sostenible, más medioambientalista [...]. Para avanzar en esta línea, es imprescindible despolitizar la regulación referente al agua: no deberían establecerse precios

políticos, sino empresariales, el ámbito normativo del ciclo del agua pertenece al siglo XIX, resulta de otro tiempo que las decisiones sean de competencia municipal y las tomen los alcaldes. Cuanto más condensada se encuentre la información más cerca se estará conseguir una buena regulación.

El PERTE del agua está convirtiéndose en espoleta dinamizadora de la tecnología; los servicios de agua de los municipios y los proyectos que están surgiendo son novedosos, con orientación al objetivo de gestión innovadora, eficiente y de ahorro de agua. La tecnología innovadora en este campo es la "sensórica", con un mercado de fabricantes y otro de innovación; por otra parte, la inteligencia artificial se empieza a ocupar del análisis de los datos que resultan de mayor interés para la optimización de las decisiones de gestión y de la energía necesaria. Asimismo, "los proyectos PERTE también están atrayendo talento al sector, ya que, si no te subes al ámbito digital, 'no mola' tu actividad profesional, las actividades empresariales tienen que ser 'atractivas' y la digitalización está en la punta. Es importante atraer talento a la sociedad, a la cosa pública".

En suma, la mitigación del cambio climático y los avances hacia una transición verde influyen de modo esencial en el modo de gestionar el uso del agua, no solo de naturaleza urbana, sino también agrícola e industrial. En relación con estos usos, está cambiando el paradigma tradicional de que "el agua es para el que le llueve" y que la regulación de esta actividad se halle en manos de ayuntamientos, alcaldes (en el caso de la urbana) u otros organismos en los casos de usos agrícolas o industriales. Tal dinámica del pasado ha devenido obsoleta e inmanejable, a menudo por sus controvertidas y variables decisiones políticas. La nueva política industrial PERTE, aunque aún provisoria y sin un marco teórico que la sostenga conceptualmente ni a largo plazo, está siendo reconocida en ámbitos económicos y empresariales, porque los proyectos del ciclo del agua van dirigidos precisamente a los operadores, públicos o privados, y no a los tradicionales responsables de la gestión del agua. La digitalización de la gestión no es tan solo aplicar una tecnología —ya extendida ampliamente—, sino que conlleva la selección de extensos y complejos datos e información que se desprenden de la demanda y el consumo, lo cual exige rigor y riesgo de análisis y aporta seguridad jurídica y ahorro del recurso natural, cada vez más escaso, del agua. Esta dinámica favorece también la atracción de talento académico y profesional al sector, lo que redundaría en una espiral virtuosa a futuro.

ENTREVISTA 12

Entrevista a un ejecutivo del sector aeronáutico del Centro Avanzado de Tecnologías Aeroespaciales (CATEC-FADA), Aerópolis Parque Tecnológico Aeroespacial de Andalucía, 2 de febrero de 2024.
En relación con los PERTE aeronáutico y aeroespacial.
Esta entrevista se ha realizado por la larga experiencia de esta empresa y su presidente en el ámbito aeronáutico e industrial.
Asistentes a la entrevista:

- Por el CATEC: Ejecutivo del sector aeronáutico.
- Por la Cátedra: José Carlos Díez Gangas, María Gálvez del Castillo Luna y Antonio García Tabuenca.

El CATEC es un centro privado asentado sobre una fundación público-privada que le otorga personalidad jurídica y especialización tecnológica[31]. Con un modelo similar existen en España otros 15 centros tecnológicos. Presenta un EBIT positivo, cuyo 50% pasa al patrimonio de la fundación y el resto se reinvierte. En 2023 facturó diez millones de euros, de los que la mitad aproximadamente

31. La Fundación Andaluza para el Desarrollo Aeroespacial (FADA) es el soporte jurídico y económico del CATEC. Se constituyó en 2007 y su finalidad es el impulso, el desarrollo y la promoción de actividades de I+D+i susceptibles de fomentar el desarrollo económico del sector aeroespacial en Andalucía y promover la generación y explotación de nuevos conocimientos y tecnologías. Gestiona el Centro Avanzado de Tecnologías Aeroespaciales (CATEC) y el centro de vuelos experimentales ATLAS. Entre sus ocho socios figuran la Agencia de Desarrollo e Innovación de Andalucía (IDEA), Airbus y el Instituto Nacional de Técnica Aeroespacial (INTA).

provienen de contratos con empresas del sector y la otra de colaboraciones (consorcios) en proyectos de I+D. El 70% de estos últimos procede de fondos europeos y el 30% restante de proyectos del CDTI. "El CDTI es un claro ejemplo de cómo diseñar y ejecutar política industrial tecnológica, ya que hace la norma, aporta seguridad jurídica y ofrece acompañamiento en cada proyecto", señala el interlocutor.

El CATEC, como centro tecnológico, no participa en ninguno de los dos PERTE citados; sin embargo, la experiencia y conocimiento de su director general es de interés para el análisis de reindustrialización y PERTE (en particular del aeronáutico y el aeroespacial), trabajo que se realiza en el seno de la Cátedra Iberdrola-UAH. las opiniones y comentarios del director general del CATEC se hallan dentro de la regla Chatham House[32].

"El PERTE aeronáutico está hecho a la medida de Airbus", señala el ejecutivo entrevistado de la entidad, tras indicarle que esta compañía nos ha rechazado para mantener una entrevista con los responsables de los proyectos PERTE, de los que la empresa ha sido beneficiaria.

> Resulta complicado hablar con ellos, ya que por razones internas y de operatividad desde su Departamento de Relaciones Institucionales se controla y mide todo lo que vaya a ser comunicado externamente [...]. De hecho, Airbus es una compañía franco-alemana con sede en Toulouse. España tan solo cuenta con una participación minoritaria del 4,5% y un asiento en su Consejo de Administración con voz, pero sin voto, o sea sin apenas poder político [...]. Se ha luchado mucho más por defender e impulsar la participación española desde los Gobiernos socialistas; apoyar con firmeza siembra valor entre las empresas de la cadena de proveedores, pero en todo caso, aunque Airbus España quiera ser más importante las decisiones estratégicas no se toman aquí.

32. La regla reza así: "Cuando una reunión, o parte de ella, se celebre con arreglo a la regla de Chatham House, los participantes podrán utilizar libremente la información recibida, pero no podrán revelarse ni la identidad ni la afiliación del orador u oradores, ni la de ningún otro participante".

Airbus España construye en La Rinconada (Sevilla) aviones del área militar. El mayor valor de la compañía —la ingeniería de producto— fue repartido entre Alemania y Francia, mientras que España únicamente participa en la fabricación de algunas partes de la producción.

> Si la ingeniería está en manos francesas, aunque se diseñe un avión en otros lugares de Europa es Francia quien toma las decisiones. Hay algunas grandes empresas españolas que pertenecen al sector aeronáutico (como Aernnova, con sede en Vitoria, o Aciturri, con sede en Miranda de Ebro, Burgos), pero no tenemos grandes empresas de "sistemas", aquellas en la que fabrican la electrónica, que es el marcador clave de los aviones.

Por ello, el ejecutivo entrevistado argumenta que "lo importante para los actores del sector aeronáutico o aeroespacial es buscar aquellas áreas estratégicas verticales que generan alto valor añadido y posicionarse en ellas. Por ejemplo, en el campo aeroespacial, las empresas PLD y Pangea, han logrado desarrollar lanzadores o cohetes reutilizables para proporcionar acceso comercial orbital a pequeños satélites, lo que las sitúa como fabricantes de producto propio y marca española". O bien, en el sector aeronáutico, si para fabricar en el futuro alas de aviones se ha trabajado previamente en España en la tecnología adecuada, cuando se vendan nuevos aviones las alas vendrán de España; en este sentido, Aciturri[33] destaca como empresa aeronáutica española y proveedora importante de Airbus.

El PERTE aeroespacial (aeronáutico y espacial) ha destinado 1.480 millones de euros al apartado espacial, y las áreas previstas en la convocatoria tienen sentido porque basculan dentro del Programa Tecnológico Espacial (PTE). Este PERTE ha sido diseñado por Miguel Belló, comisionado para el PERTE aeroespacial y director de la Agencia Espacial Española[34].

---

33. https://lc.cx/g22IVQ.
34. Miguel Belló fue cesado de ambos cargos a final de diciembre de 2023. El proyecto PERTE fue suprimido por el nuevo Gobierno, pero sus objetivos y planificación

El apartado aeronáutico del PERTE, sin embargo, dispone de un presupuesto bastante más reducido, 323 millones de euros. De ellos, 240 millones están comprometidos con el Plan Tecnológico Aeronáutico (PTA), que está muy bien valorado por el sector; y otros 60 millones al sector público: 30 millones han sido destinados al INTA[35] (a través del CDTI) para ensayos en vuelo y otros 30 para aumentar la dotación de una nueva e innovadora Plataforma Aérea de Investigación (PAI). Esta plataforma es una gran infraestructura —singular y única—, al servicio de la comunidad científica e investigadora (pública o privada), cuyo componente fundamental es una flota de aeronaves dotadas de la instrumentación necesaria para realizar experimentos en vuelo. Uno de estos aviones ha sido comprado a Airbus. "En todo caso, pese al escaso monto de ayudas, lo que el sector valora es el PTA, que está muy bien diseñado, de modo que los 240 millones van a la industria realmente [...] y llegan a Airbus y otras empresas que se encuentran en su cadena de valor; de ahí que el sector aeronáutico quiere más PTA, que de algún modo lidera Airbus. El PTA es un excelente mecanismo de continuidad anual".

El CDTI ha convocado desde 2021 hasta 2023 tres planes tecnológicos (PT) similares al PTA: el PT1 (80 millones), PT2 (80 millones) y PT3 (40 + 40 millones) y, finalmente, el PTA de 2024, que se inscribe en el seno de los PERTE (30 millones); el CATEC, a iniciativa del CDTI ha asesorado estos PTA. El Ministerio de Defensa es demandante del sector al que compra aviones o drones, por ejemplo.

De lo anterior el ejecutivo entrevistado manifiesta que "el PERTE es más espacial y apenas aeronáutico. El INTA se come la mitad, hay muy poca ayuda, pero está muy bien gestionado". Además del INTA, hay otros centros tecnológicos aeroespaciales en Zamudio (SENER), Pozuelo de Alarcón (Madrid) (E-USOC) y Sevilla (CATEC). "El sector está muy satisfecho con el PERTE 'aero', pese a que el presupuesto público de ayudas sea escaso".

siguen en marcha y las competencias repartidas entre la Agencia Espacial Española y el CDTI.

35. El Instituto Nacional de Técnica Aeroespacial (INTA) es un organismo público de investigación (OPI) dependiente del Ministerio de Defensa.

"Hágase un PERTE grande para acompañar a una política industrial". Este es el papel que ha de jugar el Gobierno para reforzar la industria mediante un esfuerzo estratégico hacia la reindustrialización. Respecto a los recursos necesarios:

> Hace falta que los ministerios del ramo se provean de funcionarios especialistas a la medida de los grandes proyectos industriales [...] no hay escasez de fondos, más bien hay abundancia debido a los fondos no empleados provenientes de FEDER en las comunidades autónomas o provincias que aún son acreedoras de estos. El Gobierno debería hacer una lista de prioridades (o sea, estrategias) [...] y emplear en los territorios que no han logrado invertir todos los fondos FEDER sobrantes. Por ejemplo, Andalucía va a devolver al FEDER próximamente 2.100 millones de euros, esto es, 1,5 veces más de lo que dispone de ayudas públicas el PERTE aeroespacial. Debería establecerse una estrategia industrial con los fondos no invertidos del FEDER, que significan ahora aproximadamente 20.000 millones o algo más en el conjunto de comunidades autónomas beneficiarias.

Es decir, habría que alinear "creativamente" los fondos sobrantes FEDER con la política industrial/reindustrialización. "Por ejemplo, Galicia lo hace muy bien como comunidad autónoma, ya que toma en el origen de los fondos un destino a la industria, de este modo ha podido apostar con una empresa (que no necesita un elevado CAPEX) la construcción de drones; después, esta empresa ya puede acudir a fondos PERTE, de la tractora Airbus u otras alternativas de ayudas aeronáuticas".

Contemplando estos aspectos, "lo importante de un Gobierno es ejecutar el dinero que tienes, no devolverlo, ya que ello es muestra de incapacidad de generar políticas industriales; es además una profunda irresponsabilidad que un Gobierno no emplee adecuadamente los fondos que llegan de Bruselas, como los

FEDER: la UE está para lograr la convergencia entre países y regiones".

ENTREVISTA 13

Entrevista en Aernnova, 22 de febrero de 2024 (videoconferencia).
PERTE aeroespacial, la empresa no pudo acceder a proyecto PERTE por las limitaciones de partidas elegibles.
Esta entrevista se ha realizado por la larga experiencia de esta empresa y su presidente en el ámbito aeronáutico e industrial.
Asistentes:

- Por Aernnova: Ejecutivo del sector aeronáutico.
- Invitado experto: Consultor y exresponsable en el Gobierno Vasco.
- Por la Cátedra: Antonio García Tabuenca, José Carlos Díez Gangas y María Gálvez del Castillo Luna.

Aernnova es una empresa de largo recorrido en el sector aeronáutico en España. Líder de aeroestructuras y sus componentes de alas, estabilizadores y fuselajes para los principales fabricantes de aviones (décimo productor mundial) tales como Airbus, Boing, Bombardino y otros fabricantes de helicópteros.

En 1986 inició su actividad en el sector aeronáutico, con la creación de Fibertecnic y el logro del primer contrato de fabricación de componentes para CASA (actualmente parte de Airbus Group). La empresa, con la actual denominación, surgió en 2006 mediante la adquisición de la división aeronáutica de Gamesa (Gamesa Aeronáutica) por parte de un consorcio liderado por Caja Castilla-La Mancha. En 2007 crea la filial Aernnova México en la cual se manejan, entre otros, los proyectos del empenaje del Canadair Regional Jet de Bombardier, o el ATT del modelo Sikorsky S-92 de Sikorsky Aircraft.

En 2023, la compañía cuenta aproximadamente con 5.200 empleados en sus plantas españolas de Berantevilla, Cádiz, Sevilla, Toledo, Illescas, Madrid, Orense, Barcelona, Tarazona y Vitoria, así como en México, Brasil, Portugal, Estados Unidos, Reino Unido, Rumanía e India. La sede central se encuentra en el Parque Tecnológico de Álava (Miñano Menor, Vitoria).

Comienza la entrevista con el presidente de Aernnova:

> No estamos muy contentos con el PERTE aeroespacial, en particular con la parte destinada a aeronáutica, porque no se nos dio oportunidad de analizar las posibilidades para nuestro negocio [...]. Contactamos con los responsables del Ministerio de Industria y también lo hizo nuestra asociación empresarial TEDAE e incluso se interesó el delegado del Gobierno en el País Vasco, que expresó quejas porque el PERTE no había llegado de una forma ordenada. Un alto cargo nos indicó que el PERTE llegó al ministerio ya cerrado y concretadas las partidas subvencionables y que ellos no podían modificarlo, que la gestión sería difícil [...]. Estas partidas ya estaban asignadas porque tenían adjudicatarios que encajaban en ellas, al menos al 90%.

Asimismo, el ejecutivo entrevistado indicaba que la mitad de la financiación propuesta por el PERTE fue a la cuota española de la agencia europea y otra parte importante a entidades públicas de apoyo al sector, principalmente el INTA:

> Intentamos incluir por la vía del préstamo un plan de sostenimiento informático de la empresa, pero tampoco lo conseguimos; nada, no se nos ha aportado nada.
>
> Empresas como ITP AERO (motores) o PLD (lanzadores de satélites) se han podido beneficiar, porque casaban las partidas de ayudas con sus proyectos, ya que operan en otros nichos diferentes al nuestro. Sin embargo, el PERTE [en su apartado] "espacio" ha salido muy beneficiario, lo cual no creemos que tenga sentido. Indra también ha conseguido importantes ayudas.

"Hemos observado falta de interlocución adecuadamente establecida, cierto descontrol por la existencia de vías distintas; no ha habido un criterio común: ha faltado planteamiento estratégico, tal vez sea una nueva ocasión perdida", apuntaba, a modo de resumen, el consultor (invitado experto). Y de nuevo el ejecutivo e interlocutor de Aernnova señala que, en su opinión, "el presupuesto del PERTE podría haber tenido una mejor distribución en el tejido productivo y debería haber sido canalizado de otra manera". Y se preguntan ambos "por qué no han utilizado una plataforma de gestión externa en la que estén representados el ministerio y las comunidades autónomas a modo de una buena cooperación federal: no supondría nada que hubieran empleado 200 millones de euros, por ejemplo, de honorarios de la plataforma".

Se plantea en la entrevista cómo es el modelo norteamericano de apoyos a la industria en esta etapa de transición.

> Es más agresiva y eficaz, provee de financiación a largo plazo, utilizan mucho el modelo del crédito fiscal; en los presupuestos de Defensa incluyen notables cantidades de dinero, no puede fracasar, por ejemplo, Boing, el Estado saldría a aportarle todo lo necesario [...]. De ahí que es bueno que haya proyectos estratégicos (PERTE) en España tales como la economía circular o la transición energética, pero se han quedado gran parte de la industria manufacturera discriminada sectorialmente. Dedicar 1.000 millones al hidrógeno verde no tienen mucho sentido porque ha habido muchos proyectos y poca concentración, tal vez deberían haberse concentrado en dos grandes proyectos H_2: el hidrógeno será importante, pero hay solo expectativas.

Respecto al caso de China y el sector aeronáutico manifiestan que COMAC es ya casi equivalente en la fabricación de algunos grandes aviones para Airbus o Boing, "aunque les queda mucho por andar, especialmente en motores y tecnologías aeronáuticas".

Proponen que, mientras los fondos de deuda mejoran su desempeño, hay que seguir acudiendo a los instrumentos financieros tradicionales. Así:

> Por ejemplo, negociamos con Boing un contrato y todo el desarrollo tecnológico lo llevamos al PTA (CDTI); los PTA son muy

importantes en los primeros años de producción aeronáutica y han funcionado muy bien. Y también conviene acudir a fondos para inversiones convencionales en el campo de las manufacturas o a fondos ICO. Es necesario habilitar fondos más abiertos para para poder acudir a estas ayudas; nos viene más del CDTI y del Ministerio de Industria: estamos más satisfechos con ello que con los nuevos Fondos de Recuperación.

En suma, Aernnova, empresa de largo recorrido en el sector aeronáutico en España, es líder de aeroestructuras y sus componentes de alas, estabilizadores y fuselajes para los principales fabricantes de aviones, con plantas en diversas localidades españolas y el extranjero. Críticos con el modelo diseñado y la gestión de los PERTE. No se sienten satisfechos con el PERTE aeroespacial, en la parte a aeronáutica, porque no se les dio la oportunidad —ni interlocución— de analizar las posibilidades para su negocio. Señalan que el PERTE llegó al ministerio ya diseñado y sin posibilidades de acceder a ayudas. Por otra parte, se quejan de que la mitad de las ayudas previstas estaban dirigidas a la cuota española en la Agencia Europea y otra parte importante al centro tecnológico público INTA. Consideran que los PERTE son interesantes, pero deberían haber tenido una mayor orientación hacia la industria en la transición; se ha apostado mucho por el hidrógeno verde, pero han dispersado las ayudas entre demasiadas empresas y proyectos. Reivindican los instrumentos tradicionales de ayudas y acceso a fondos externos tradicionales; les gusta negociar a tres bandas: la empresa constructora de aviones, nuestras empresas de aeroestructuras y el CDTI, también los fondos del ICO y otros fondos abiertos.

ENTREVISTA 14

Entrevista en ITP Aero, 6 de febrero de 2024 (videoconferencia). PERTE aeroespacial. Proyecto tractor PTAG-20231004. Utilización de hidrógeno en base sólida en unidades de potencia auxiliar. Presupuesto financiable 10.009.192 €. Subvención a fondo

perdido: 6.197.301,8 €. Con una puntuación de 83. Proyecto de ITP Aero: inversión total de 1.908.065 €; subvención a fondo perdido: 830.017,27 €.
Asistentes:

- Por ITP Aero: Jaime Fernández-Castañeda (Head of Research and Technology).
- Por la Cátedra: Antonio García Tabuenca, José Carlos Díez Gangas y María Gálvez del Castillo Luna.

El proyecto PTAG-20231004, liderado por ITP Aero (socios: Airbus Operations, S. L., Begas Motor S. L. y Empresarios Agrupados, S. A.), está destinado a la utilización de hidrógeno en base líquida en unidades de potencia auxiliar. En concreto, ITP Aero realizará un proyecto primario destinado a innovaciones y nuevas tecnologías para la utilización de hidrógeno como combustible en motores destinados a la aviación.

ITP Aero es la compañía líder española fabricante de motores aeronáuticos y especializada en el diseño y la fabricación y mantenimiento de componentes y sistemas para la industria de turbopropulsión aeronáutica, tanto civil como de defensa. Sus turbinas se integran en algunos de los motores más eficientes del mundo; también producen, en menor escala, turbinas para generadores de energía. Es la responsable principal del mantenimiento de los motores utilizados por las Fuerzas Armadas españolas. Durante sus 35 años de trayectoria, se ha consolidado como un referente en el sector aeronáutico gracias a su compromiso con la excelencia, la innovación y la calidad de sus productos y servicios.

En la década de los ochenta del pasado siglo, España se quedó fuera de la construcción del Eurofigther (los fabricantes fueron Eurofighter GmbH, BAE Systems, Airbus, Alenia Aermacchi, DASA, Airbus Group), pero en Ajalvir (Madrid), CASA, hacía el mantenimiento y se alió con Sener y Rolls: Rolls se quedó con el 47% y la SEPI (CASA) con el 53%; posteriormente, Rolls se hizo con todo el capital, que más tarde lo vendió a un grupo de capital internacional. Finalmente, en España constituyó ITP Aero (formada con la participación de Indra, Javier Botín Capital Markets y el Gobierno Vasco), que se quedó con una participación del 20% y, el resto, capital norteamericano. En 1989, ITP se estableció en el Parque de Zamudio.

Jaime Fernández-Castañeda nos dice:

> Trabajamos con Rolls Royce, el gran productor de motores completos, en un sistema de riesgo/beneficio: ITP invierte en la producción de las turbinas aportando el 15% y Rolls Royce el 85% (otro importante productor de motores completos es General Electric). Somos el taller 1 de Rolls Royce, y su certificado, lo que supone aproximadamente el 70% de nuestro negocio civil. Defensa quiere que haya una industria aeronáutica autónoma española, por seguridad nacional, nuestro negocio en este campo supone el 30%.

Dispone de una plantilla de unos 5.000 empleados (de los que 1.100 son ingenieros) y una facturación de 915 millones de euros (en 2021). Su sede se encuentra en el Parque Tecnológico de Zamudio, Bizkaia, donde se hallan oficinas y la planta productiva. En Derio y Baracaldo también hay una planta de producción en cada uno de los municipios vizcaínos; entre las tres plantas trabajan unos 2.000 empleados. Dentro de España, además de en Zamudio, existen plantas en Ajalvir (con unos 1.000 empleados, destinada al mantenimiento de motores, bancos de ensayo y una buena parte de la actividad del mantenimiento de los aviones del Ministerio de Defensa), en Albacete (con unos 200 empleados, destinada a la fabricación de motores de helicópteros) y en Alcobendas (donde están las oficinas centrales). Asimismo, la presencia global de ITP Aero se extiende por México, Reino Unido, Malta e India. En estas sedes internacionales cuentan con una plantilla aproximada de 2.000 empleados.

> La aviación se encuentra en un momento de cambio como consecuencia de la transición ecológica, al igual que ocurre con otros sectores. La energía que requiere un avión para volar es muy alta.

El queroseno, el combustible más utilizado en la aviación, tiene una alta densidad energética y parece que por el momento no tiene un sustituto rápido y fácil. Cambiar este combustible por el hidrógeno genera desafíos por su mayor volumen, más que por el peso. La utilización del hidrógeno en la aviación requeriría, según la tecnología actual, utilizar el hidrógeno en estado criogénico (a -250°) y aviones con una zona para combustibles de mayor volumen.

Jaime Fernández-Castañeda comenta que en aviación se espera que haya tres líneas de motores para aviones según el uso posible de los distintos tipos de combustibles disponibles hasta el momento: motores eléctricos para aviones pequeños sin pasajeros o con muy pocos, motores de hidrógeno para aviones que realicen trayectos cortos (máximo de 200 km) y con una capacidad para unas 200 personas y motores para aviones impulsados con combustibles sostenibles "bio" (procedentes de algunos cultivos o grasas) o sintéticos, obtenidos a partir del hidrógeno con impacto nulo (SAF) para vuelos largos o con mayor capacidad de pasajeros. De estos últimos las compañías de aviación han de aprovisionarse (junto al queroseno) con un 5% del total; en 2035, será del 10%: "Pero todavía no hay una regulación del H2 y, aunque está poco desarrollado, Repsol y Cepsa ya están fabricando estos combustibles sintéticos; en el País Vasco vamos con Petronor en este campo del hidrógeno sintético".

El PERTE aeroespacial (en concreto, la ayuda recibida de la convocatoria PTA) ha sido un fuerte impulso para llevar a cabo el proyecto destinado a la utilización de hidrógeno en base sólida en unidades de potencia auxiliar. No obstante, desde el sector aeronáutico lamentan que en España no exista un plan con una visión a largo plazo para llevar a cabo e impulsar la transición energética y ecológica del sector como ocurre en otros países de la Unión Europea, o bien Japón o Reino Unido.

El aeronáutico tiene un PERTE pequeñito [...]. Es indispensable un acompañamiento y clara continuidad de apoyo de las AAPP a través de subvenciones a fondo perdido, como los PTA, al menos hasta 2030 para no sentirse en desventaja con sus competidores; hemos de avanzar hacia nuestra propia tecnología, que no sea siempre la de Rolls; ya hay un avión chino similar al Airbus, aunque no han logrado llegar a la tecnología europea completa; el CDTI dice que no depende de ellos, pero hace falta un plan Aero a largo plazo [...]. La experiencia sobre el Consorcio Aeronáutico es buena, Airbus identifica alternativas en la unidad de potencia del motor, otras compañías aportan otras ideas, etc., así formamos consorcio, pese a que la burocracia es elevada y hay poca flexibilidad en las fechas de cumplimento.

En conclusión, la transición hacia el uso de hidrógeno en la aviación plantea diversos desafíos tecnológicos, como el almacenamiento y manipulación segura del combustible, así como la adaptación de los motores y sistemas de propulsión. El proyecto de ITP Aero busca abordar estos desafíos mediante la exploración de soluciones innovadoras y eficientes que permitan la integración exitosa del hidrógeno como combustible en motores de aviación. Se espera que esta iniciativa contribuya a la creación de motores más eficientes y limpios, capaces de reducir las emisiones de gases de efecto invernadero y promover un transporte aéreo más sostenible en el futuro. No obstante, el sector aeronáutico necesita un fuerte compromiso estatal y un apoyo que refuerce la colaboración público-privada para poder seguir compitiendo en igualdad de condiciones con otras empresas europeas.

ENTREVISTA 15

Entrevista en PLD Space, 27 de febrero de 2024 (videoconferencia) Proyecto PERTE aeroespacial. Pilar espacial. Lanzador de pequeños satélites. Régimen de licitación. Línea de actuación: ATC 06. Presupuesto total: 45.000.000 €. Subvención adjudicada: 1.500.000 € (fase 1) y 40.500.000 € (fase 2).

Asistentes:

- Por PLC Space: Ezequiel Sánchez (Executive President).
- Por la Cátedra: José Carlos Díez Gangas, Antonio García Tabuenca y María Gálvez del Castillo Luna.

PLD Space

PLD Space es una empresa española, líder en el sector espacial, que ha destacado en Europa por su desarrollo pionero de cohetes reutilizables, consolidando su reputación a través de proyectos como el suborbital Miura 1 y el orbital Miura 5.

Fue fundada en 2011 por Raúl Torres y Raúl Verdú en Elche (Alicante) y ha experimentado un crecimiento notable. En la actualidad, cuenta con aproximadamente 174 empleados. Desde 2012, PLD Space ha contado con el respaldo tanto de empresas destacadas en el sector espacial como de financiamiento público y privado, sumando más de 65 millones de euros en inversión. Este respaldo ha sido fundamental para el desarrollo de la empresa en un entorno altamente competitivo, desafiando incluso a grandes actores como SpaceX.

PERTE aeroespacial

El Proyecto PERTE aeroespacial, específicamente su componente de lanzadores de pequeños satélites, ha representado un paso crucial para PLD Space. Con un presupuesto total de 45 millones de euros, esta iniciativa ha asignado 1,5 millones de euros para la fase 1 y 40,5 millones de euros para la fase 2. Esta ayuda no solo impulsa la capacidad de la empresa para ofrecer servicios de lanzamiento de satélites de manera eficiente y rentable, sino que también refuerza su posición en el mercado y fortalece su gestión estratégica.

Respaldo estatal

El respaldo del Estado, caracterizado por su participación en el capital sin diluir la innovación ni la gestión de la empresa, ha sido fundamental. Esta inversión pública ha generado un efecto multiplicador, facilitando rondas adicionales de financiamiento privado y acelerando el progreso de PLD Space.

Desafíos y retos

A pesar de los desafíos inherentes a su modelo de negocio, como el consumo de capital, PLD Space ha demostrado su capacidad para competir en el mercado gracias a su enfoque intensivo en I+D y su compromiso con la innovación tecnológica. La reutilización de lanzadores y el enfoque en órbitas cercanas a la Tierra prometen reducir costes y ampliar el acceso al espacio para diversas aplicaciones, desde militares hasta agrícolas y de predicción del clima.

El éxito del proyecto, apoyado con el PERTE aeroespacial, no solo asegura la posición de PLD Space en el mercado, sino que también fortalece su papel como referente en la comunidad espacial europea. El respaldo del Estado ha sido crucial para facilitar el acceso a capital privado adicional, lo que demuestra el efecto multiplicador de la inversión pública en empresas innovadoras como PLD Space.

En conclusión, el proyecto PERTE aeroespacial representa un apoyo significativo para la empresa PLD Space, ya que le va a permitir avanzar más rápido y captar capital. Con una combinación de innovación tecnológica, respaldo estatal y gestión estratégica, PLD Space está bien posicionada para liderar el mercado de lanzadores de pequeños satélites y contribuir al avance de la exploración espacial en Europa y crear un ecosistema innovador espacial en España referente en la Unión Europea.

ENTREVISTA 16

Entrevista en Laboratorios Indas, S. A., 5 de marzo de 2024 (videoconferencia).
Proyecto PERTE de salud de vanguardia. Presupuesto financiable: 7.784.632 €, del que ha sido beneficiario de un préstamo de 5.604.935 € y una subvención de 622.770 €, la más alta del

conjunto de los 28 proyectos estimados por el Ministerio de Industria. Obtuvo la segunda mejor calificación, 7,5. Junto a estos proyectos beneficiarios figuran otros ocho desestimados y dos desistidos. El total de préstamos concedidos por este PERTE ha sido de 11.453.233 €, y de subvenciones, 5.268.212,30 €; la ayuda total concedida ha sido de 16.721.445,30 €.
Asistentes:

- Por Laboratorios Indas: José Castellanos (director de desarrollo de negocio, Operaciones, Marketing y Ventas) y Pablo Velasco (de la empresa de consultoría IPLUS-F, contratada por Laboratorios Indas para atender las convocatorias de ayudas públicas: regionales [FEDER]), nacionales, como el CDTI o los PERTE, y europeas.
- Por la Cátedra: José Carlos Díez Gangas, María Gálvez del Castillo Luna y Antonio García Tabuenca.

Laboratorios Indas es hoy una gran empresa que forma parte de Attindas Hygiene Partners, empresa norteamericana líder mundial en soluciones higiénicas absorbentes. En su origen, en 1950, fue fundada y propiedad de la familia Orochena. En 1970 comenzó a utilizar con éxito fibras de celulosa para la fabricación de productos sanitarios para la incontinencia de las personas. La tercera generación de herederos la vendió a un fondo de capital riesgo del Banco Santander, que posteriormente vendió a otro banco estadounidense y en 2001 pasó a depender del grupo AIT, también de Estados Unidos, experto en la fabricación de fibra de celulosa; de este modo, se recombinaron los dos nombres y surgió Attindas Hygiene Partners.

En la actualidad es una empresa multinacional, con sede en Raleigh (Carolina del Norte), tiene dos empresas de fabricación en Estados Unidos y otras dos en la Unión Europea (España y Suecia), dedicadas a la fabricación de productos absorbentes (pañales cerrados por la parte de arriba), tanto para incontinencias de absorción media (o parcial) como para otras de mayor gravedad. Indas España continúa utilizando comercialmente su nombre tradicional y el núcleo del negocio es la fabricación y comercialización de productos absorbentes para la incontinencia, productos absorbentes dirigidos a la higiene infantil y femenina, y productos sanitarios de uso clínico y hospitalario.

"Anteriormente teníamos un mercado más infantil, pero hoy estamos más orientados a productos para adultos, ya que aumenta el número de personas mayores y se reduce (por demografía) el dedicado a los niños/bebés; aún no se han encontrado otras soluciones sanitarias distintas a las que producimos, y una persona de cada tres necesita pañales en distintos periodos de la vida", señala José Castellanos.

El grupo multinacional cuenta con más de 2.000 empleados, mantienen como seña del negocio la innovación, la digitalización y la fabricación flexible. La cifra de negocio está en torno a 1.000 millones de dólares anuales, su mercado se encuentra en unos 25 países distintos y venden alrededor de 5,6 millones de unidades de productos cada año: el 60% destinado a adultos; el 35%, a bebés y el 5%, a otros usos. Indas España participa aproximadamente en una cuarta parte del negocio mundial: en 2023, facturaron 275 millones de euros y fabricaron 1.150 millones de unidades absorbentes: el 93% de estas para el mercado español y el 7% restante para exportaciones a África, Latinoamérica y Estados Unidos. Su plantilla es de aproximadamente 600 empleados: 420 en la planta de fabricación en Novés (Toledo) y 180 en las oficinas centrales de Pozuelo de Alarcón (Madrid), que se ocupa de ventas y servicios.

> Nuestro mercado es el de la farmacia, hospitales y residencias, y, en mucha menor escala, el del *retail* de los grandes supermercados [...]. Los centros productivos, y en especial el de Novés (Toledo), han dinamizado de forma sostenida el crecimiento económico y el empleo regional, tenemos la decisión firme de seguir siendo líderes, apostando por las personas, y mantendremos nuestro compromiso de continuar con el ambicioso plan tecnológico de inversiones, dirigiendo el foco hacia la sostenibilidad medioambiental.

En cuanto al proyecto PERTE:

> Nuestro proyecto PERTE tiene como finalidad la compra de una nueva máquina para la fabricación de *pants* (la segunda, pero de mejores características, de tipo *converter*), junto a otra embolsadora y otras máquinas auxiliares que nos permitan escalar la producción. Ha sido una gran oportunidad que nos ha acompañado en el tiempo que necesitábamos hacer una importante inversión. La fábrica de Novés se nos estaba quedando pequeña y hemos tenido que adaptarla, ocupando naves de almacenamiento de materias primas que ahora pasarán a ser productivas; esta adaptación ofrece un cierto componente arquitectónico. Los mejores fabricantes de estas máquinas, por su mayor eficiencia y rapidez, son norteamericanos, tan solo hay cinco grandes productores en el mundo [...]. Este mercado de productos absorbentes es muy competitivo, no obstante, nuestro EBITDA se mantiene en un [buen] entorno del 15%.

La empresa matriz (en Carolina del Norte) se ocupa de orientar las cifras de los grandes datos de la organización y funcionamiento, así como de impulsar la eficacia en las fábricas. El CEO toma las decisiones, pero del resto de actividades tales como *marketing* y ventas se ocupan los centros de cada país.

> En este sentido, desde que pertenecemos al grupo multinacional, se nos exige que para financiarnos acudamos a fondos de financiación externa y no quedarnos exclusivamente con nuestros propios recursos derivados del *cash flow* generado [alto].
>
> Hemos de conseguir financiación externa y si proviene, al menos en parte, de ayudas públicas, mejor, como es el caso del proyecto PERTE, que nos ha facilitado un préstamo en muy buenas condiciones, a tipo 0, como otras veces hemos conseguido del CDTI, aunque es mejor y más rápida la procedencia del PERTE; también acudimos a los incentivos regionales provenientes de fondos FEDER de Castilla-La Mancha, que ofrecen incluso más subvención, pero llegan al final, mucho más tarde

[…]. La primera máquina para producir *pants* la compramos con ayuda del CDTI […]. Sin el apoyo del PERTE también habríamos comprado la nueva máquina, pero se nos presentó esta gran oportunidad que nos la financiaba parcialmente, aproximadamente el 30%, y las condiciones son mucho mejores que las del mercado u otras de los organismos citados: en unos pocos meses nos han brindado una ayuda de casi siete millones de euros (5,6 en préstamo y 623.000 en subvención); nuestra nueva planta nos cuesta en total 36,5 millones de euros.

José Castellanos, de nuevo, enfatiza: "Cuando empiezas una inversión de las características de Laboratorios Indas, necesitas una ayuda: el PERTE nos ha venido muy bien, nos ha gustado mucho, pero soy consciente de que el fondo PERTE es pequeño [se refiere para el futuro]".

Pablo Velasco, por su parte, indica:

Tal como tenemos ya canalizados algunos proyectos con el CDTI, la elaboración y gestión del proyecto PERTE ha rodado con facilidad; son metodologías parecidas, pero el PERTE es muy ágil en cuanto a la gestión y recepción de las ayudas […], otra cosa son los incentivos regionales de la comunidad de Castilla-La Mancha, es algo increíble, son más reacios a cumplir con las ayudas, así como con las deducciones fiscales que se retrasan siempre.

Hacia la sostenibilidad de los procesos productivos y productos

En cuanto a los procesos de reciclaje y sostenibilidad de una manufactura que aparentemente es contaminante y solo parcialmente degradable, nos explica José Castellanos:

Con la primera máquina, la materia prima que se emplea es una celulosa que se degrada; esta celulosa se recubre de polietilenos y otros componentes: los residuos se reciclan, se venden a empresas que producen diversos productos [macetas, etc.]; pero con la nueva máquina se trituran todos los pañales de desecho [desechos secos], con lo que se reintroducen en el proceso la mayor parte de la celulosa y del resto [aproximadamente una cuarta parte de estos desechos] es incinerado [...]; también existen máquinas *ad hoc* en los hospitales y residencias que tratan los desechos cargados de orina, urea y otros residuos [...]. Existen ya materias primas de productos renovables y biodegradables pero todavía tienen un precio muy elevado, no asumibles en nuestro sector [...]; asimismo, los plásticos que usamos son en buena parte reciclables: los compramos a productores que conocen este negocio, creemos que en 2030 todo el plástico que emplearemos en nuestra producción será 100% PCR; del mismo modo, el 100% del cartón proviene de reciclaje y el gran consumo de energía eléctrica que necesitamos (aproximadamente de un coste de 10 millones de euros anuales) proviene de fuentes renovables, solar o eólica, tal como tenemos acordado con nuestros suministradores. De acuerdo con nuestra auditoría AITS tenemos un residuo/*waste* 0.

En esta rama manufacturera, se observa un alto requerimiento de energía en el proceso productivo. De ahí que Castellanos manifieste que "cuando quieres aumentar la producción o amplias la planta, o eres más eficiente y productivo, y ante costes elevados en energía, lo que te haces es valorar el precio de energías de fuentes distintas: ¿renovable, o gas?, por ejemplo".

La fábrica de Indas Suecia es más pequeña: tiene una capacidad aproximada del 75% de la de Toledo. Alemania es un gran demandante de la producción sueca:

> Pero los compradores exigen materiales alternativos: viscosa biodegradable y algodón, lo que implica precios muy caros, aunque a largo plazo este tipo de materiales más sostenibles evolucionará hacia precios más baratos; hoy ya una bolsa de plástico PCR vale lo mismo que la hecha con material no reciclable [...]. Cada vez más los concursos de los hospitales exigen que los pañales sean biodegradables y sostenibles.

En cuanto al impacto PERTE en el territorio, y aunque no muestran intención de extender la producción a otras plantas en España:

> Antes no podíamos producir 1.150 millones de pañales al año, ya que la máquina anterior no tenía esa capacidad. La fábrica de Carolina nos ayudaba en nuestras necesidades de producción. Ahora nuestra producción es mayor y el producto más innovador. Por tanto: producimos más, facturamos más, en la nueva máquina ahora trabajan cuatro operarios en cada turno, pero pronto harán falta 12 trabajadores y la previsión es que más adelante se necesiten 20 operarios en la línea; tenemos también ahora mejor logística con talleres en Toledo y más camiones por la zona, tenemos menos desperdicios por la innovación que introduce el nuevo proceso, lo que nos permite ahorrar entre 300.000 o 400.000 euros. Este crecimiento tiene implicaciones en el ámbito territorial.

Finalmente, señala que:

> En Estados Unidos hay una gran demanda de productos (compresa) para incontinencias leves muy avanzados, sin embargo, no me consta que haya ayudas para nuestra rama de actividad. Y ello pese a la ley IRA sobre la inflación con grandes apoyos económicos a la industria por parte del Gobierno federal. Nuestra sede central y fábrica de Carolina no recibe, al menos hasta ahora, ayudas públicas, por lo que han de consumir más recursos propios en las nuevas inversiones.

En suma, Laboratorios Indas, empresa que fabrica productos absorbentes para las incontinencias (cada vez de mayor uso en las economías desarrolladas) nació de las manos de una empresa familiar española. En su tercera generación fue vendido a fondos de inversión y adquirida finalmente por una empresa de Estados Unidos del campo productor de celulosa, materia prima básica de Indas. De este proceso surgió la compañía internacional norteamericana Attindas Hygiene Partners, con sede en Carolina del Norte, hoy una de las referentes mundiales del sector. El grupo tiene dos fábricas en Estados Unidos y otras dos en la Unión Europea (en Suecia y España). En una medida importante, Indas subyace en este entramado multinacional por su origen y larga experiencia. Es un mercado en expansión ante los mayores cuidados de las personas (sobre todo en los países avanzados) y las nuevas enfermedades. Una de cada tres personas en el mundo necesita estos productos en distintos periodos de su vida. El proceso productivo (no hay todavía otra alternativa sanitaria), a partir de la celulosa, es un importante consumidor de energía, por lo que, aparentemente, el uso de la energía renovable es relevante frente a otras energías de origen fósil.

Por otra parte, en este mercado, competitivo y concentrado, debería tenerse en cuenta que las instituciones públicas son las mayores demandantes (hospitales, farmacias, etc.), con influencia en los precios finales, lo que podría conllevar a estas instituciones a ser resistentes a reducir dichos precios. Se plantea que para hallar evidencia de esta hipótesis sería tal vez necesario realizar un estudio por parte de la Seguridad Social que lo confirme. Laboratorios Indas España ha avanzado bastante en el campo de la sostenibilidad dentro de la empresa, pero aún quedan partes de los desechos que no son reciclables ni biodegradables; por parte del consumidor final, los desechos masivos en hospitales y centros sanitarios pueden ser insuficientemente reciclados o reciclables (algunos hospitales ya disponen de la adecuada tecnología). Ello podría exigir un plan nacional de reciclaje. La empresa con sede en España ha sido beneficiaria del PERTE para la adquisición de una máquina más avanzada y productiva. La ayuda pública ha sido calificada de una gran oportunidad y la gestión, poco complicada (partían de otros proyectos en el CDTI) y rápida en la recepción.

Esta ayuda pública a una gran empresa que opera en el campo de la producción médico-farmacéutica tradicional contrasta, en cambio, con lo indicado por Leanbio, empresa/*startup* que opera en el ámbito de la biotecnología avanzada y *ad hoc* en productos biológico-farmacológicos. El PERTE de salud de vanguardia o una gran parte del este debería haberse orientado hacia esta u otras similares actividades emergentes, en concreto:

> Es imprescindible avanzar en esta línea biotecnológica [...]. Los objetivos del PERTE no están bien centrados: convendría revisarlos y orientarlos hacia un modelo de mercado biológico-farmacéutico, dejando, al menos parte, el apoyo a grandes empresas dedicadas a la producción de farmacología tradicional y apostar por empresas más pequeñas o *startups* que dispongan de masa crítica idónea para la producción y comercialización.

ENTREVISTA 17

Entrevista en Leanbio, S. L., 6 de febrero de 2024 (videoconferencia). Proyecto PERTE de salud de vanguardia. Presupuesto financiable: 4.368.721 €, del que ha sido beneficiario de una subvención de 2.184.360 € (no se optó a préstamo), la más alta del conjunto de los 28 proyectos estimados por el Ministerio de Industria. Obtuvo la segunda mejor calificación. Junto a estos proyectos beneficiarios figuran otros ocho desestimados y dos desistidos. El total de préstamos concedidos por este PERTE ha sido de 11.453.233 €, y 5.268.212,30 € de subvenciones; la ayuda total concedida ha sido de 16.721.445,30 €.
Asistentes:

- Por Leanbio: Jordi Sarrà (director de Desarrollo Comercial).
- Por la Cátedra: José Carlos Díez Gangas, María Gálvez del Castillo Luna y Antonio García Tabuenca.

Leanbio, S. L. es una pyme del sector biotecnológico. Se fundó en 2014 como *startup* por el doctor Andreu Soldevila Fàbrega y el doctor Albert Font Inglés. Diez años después, dirigen el proyecto Lean Bioproduction, cuyo objetivo es proporcionar soluciones para el desarrollo de productos biológicos, principalmente en el sector biofarmacéutico, proporcionando enfoques sencillos para reducir el tiempo de comercialización de nuevas entidades biológicas y biosimilares. Se hallan localizados en el Parc Científic de Barcelona[36] (en Les Corts), donde ocupan una espacio de 400 metros cuadrados (al principio solo ocupaban 40), aunque en los dos próximos años se trasladarán a una nueva planta propia de acuerdo con un proyecto avanzado, que se construirá San Quirze del Vallès.

"Esta inversión de unos 30 millones de euros en una nueva planta está asociada al objetivo del proyecto: la ampliación de su capacidad productiva para el desarrollo y fabricación (a modo de manufactura) de productos biológicos y biosimilares, ante la creciente demanda de los sectores farmacéuticos y biofarmacéuticos de proteínas recombinables, anticuerpos y otros elementos biológicos destinados a terapias avanzadas", nos señala el responsable de la empresa en el arranque de la entrevista. La planta estará operativa en 2025 y albergará tres líneas de producción en sus más de 3.500 metros cuadrados. Esta cifra se añade a los seis millones de euros que están invirtiendo para expandir la producción de la biotecnológica, que opera desde el Parc Científic. En la actualidad, la empresa tiene 17 empleados, pero está previsto que en 2025 sean 70, y en 2030, alcance la cifra de 120.

Productos biológico-farmacéuticos al mercado

"La pandemia de COVID-19 dio un giro a esta tendencia", señala el director general y socio de la empresa, Albert Font, y ahora se avanza hacia una soberanía industrial de Europa. La nueva planta será pionera en el territorio y dará respuesta a una clara necesidad del sector biotecnológico: las empresas que requieren productos biológicos, a menudo, se ven obligadas a recurrir a empresas localizadas en el extranjero o a producirlas en fábricas deslocalizadas; la misión de Leanbio es establecerse donde está la demanda. "Estamos convencidos de que Barcelona será la nueva Boston en el sector *biotech*; tenemos las bases para poder hacerlo"[37]. La empresa

36. https://lc.cx/ukhYUW.
37. https://lc.cx/Mbcouy.

pretende ampliar su producción de fármacos complejos y de primera necesidad, mediante tres líneas de producción con certificado de fabricación GMP, dedicadas al trabajo con células de mamíferos, cultivos microbianos y moléculas para la terapia génica.

En los pasados años no había habido ninguna acción comercial, pero el proyecto PERTE de salud de vanguardia conlleva una indispensable tarea comercial. Por ello, la convocatoria del PERTE indujo al principio a alguna confusión: de partida en el ministerio nos dijeron que no cabía nuestro proyecto, pero luego nos dijeron que sí. Nos valoraban lo que no era nuestro *core business*. Es decir, como si el objeto de nuestro proyecto fuera el de las plataformas tecnológicas o laboratorios que basan su investigación en levaduras o células de mamíferos (hámster o riñón de mono), pero luego no producen ni ofrecen productos biológico-farmacéuticos avanzados porque no es su cometido. Hay un *gap* muy importante dentro de la biotecnología; por ejemplo, para obtener los medicamentos genéricos se trabaja con *small molecules*, pero para tratamientos especiales se necesita fabricar componentes biotecnológicos complejos, no es investigación a partir de moléculas, que es ciencia básica, sino desarrollo con seres vivos [...]. Los investigadores se quedan atrás, les falta la palanca productiva, lo mismo que otras *startups* que acaban siendo adquiridas por empresas internacionales o europeas del sector [...], incluso a los laboratorios e instalaciones de Oxford les pasa algo similar, se quedan bloqueados ante la necesidad de producción para el mercado biológico-farmacéutico.

El proyecto está orientado a fabricar nuestra molécula, a hacer nuestra "D" de desarrollo productivo (no "tecnológico", no hacemos investigación propiamente dicha), vamos a fabricar productos biológicos para terceros, principalmente para terapias farmacéuticas avanzadas que abarcan diversos procesos de producción: antivirales, proteínas recombinantes, anticuerpos, *virus-like particles*, etc.; adaptamos "nuestra máquinas" para sintetizar la célula a partir de las proteínas, que tienen una conformación y estructura 3D con varias capas de complejidad.

En España tan solo hay tres empresas con esta orientación comercial. En Navarra se encuentra 3P Biopharmaceuticals[38] (mayoría del fondo de inversión francés Keensight Capital y también de la finlandesa 3P Biovian, ambas bajo la misma dirección). En Madrid, 53Biologics[39], y en Barcelona, Leanbio, que está dando sus primeros pasos en el Parc Científic y abordará un importante desarrollo productivo en cuanto su nueva planta esté instalada.

En cuanto al PERTE de salud de vanguardia:

> Está muy bien este PERTE, pero se queda corto en cuanto a las ayudas a empresas pequeñas; está más orientado a grandes empresas que quieren ampliar las líneas de su producción. De ahí que los dos socios de nuestra pyme han de invertir a partir de su crecimiento orgánico y buscar otros inversores que pongan dinero para lograr el plan de 30-35 millones de euros. Pero también tenemos licenciado un producto a nivel mundial que impulsará nuestra fabricación, y por ahora estamos en cifras de beneficio.
>
> El PERTE entra principalmente a los que están en la fase anterior a la "preclínica", en laboratorios, y a los que están en las fases posteriores: fase 1, preclínica (modelos con animales, con base regulatoria); fase 2, estudios clínicos (con voluntarios sanos o con enfermos voluntarios para probar la eficacia terapéutica del medicamento; fase 3, prueba con enfermos de hospitales (para la autorización del medicamento) y fase 4, ciclo de comercialización sobre la base de estadísticas reconocidas: aquí empieza el retorno económico. Pero en el diseño del PERTE está poco estudiado lo que está en medio del conjunto de estas fases; Leanbio dirige su estrategia a la expansión de líneas productivas entre ellas. La ayuda que hemos recibido es importante (sobre todo desde el punto del que partíamos, con dudas sobre nuestro proyecto), dos millones es una ayuda que está bastante bien [...], el PERTE tiene un sentido como de reparticiones.

38. https://lc.cx/zrGyvA.
39. https://lc.cx/LGoLex.

Jordi Sarrà recomienda algunas ideas que podrían introducirse en un nuevo PERTE de salud, que "no dejan de ser mejoras para la industria farmacéutica". De un lado, deberían englobarse menos cosas de las que hay actualmente, hay demasiadas, no son claras dentro del proceso de la acción biotecnológica. De otro lado, está muy orientado a empresas ya expandidas del sector farmacéutico, por lo que deja poco espacio para empresa del ámbito biotecnológico. Podría sea así: en primer lugar, orientarlo a empresas de producción farmacéutica ya establecidas pero que disponen de "principios activos" y quieran ampliar su modelo hacia la biotecnología, y, en segundo lugar, orientarlo también a emprendedores activos en el campo *biotech* que quieran establecerse con una cierta masa crítica (fusiones entre *startups*, etc.) y tengan visión comercial de la producción.

En suma, Leanbio es una empresa de biotecnología volcada en ampliar la producción de fármacos complejos y tratamientos especiales de primera necesidad destinados al mercado farmacéutico. Más allá de la investigación a partir de moléculas —que es ciencia básica—, basa su producción en el desarrollo de seres vivos para fabricar componentes biotecnológicos complejos. Tienen una orientación claramente comercial, no solo investigadora. Su reto ahora es el crecimiento para escalar al mercado nacional o internacional. Está prevista la expansión de su capacidad productiva mediante la construcción de una otra planta en Barcelona, en la que se prevé una inversión de 35 millones de euros y alcanzar los 120 empleados en 2030. En España solo hay dos empresas más de estas características, una en Navarra y otra en Madrid. Es imprescindible avanzar en esta línea de producción *biotech* para que el mercado español se asome a los más avanzados europeos en los próximos años. La política industrial PERTE de salud de vanguardia es valorada como "buena", pero con dos importantes matices: es insuficiente en fondos y sus objetivos no están bien centrados: convendría revisarlos y orientarlos hacia un modelo de mercado biológico-farmacéutico, dejando, al menos en parte, el apoyo a grandes empresas dedicadas a la producción de farmacología tradicional, y apostar por empresas más pequeñas o *startups* que dispongan de masa crítica idónea para la producción y comercialización.

ENTREVISTA 18

Entrevista en la Universidad de Santiago de Compostela, 13 de marzo de 2024 (videoconferencia).
Proyecto PERTE de la nueva economía de la lengua. Eje 1. Conocimiento en español y lenguas cooficiales. Real decreto de las lenguas cooficiales. Proyecto: NOS. Presupuesto: 2.000.000 €.
Asistentes:

- Por la Universidad de Santiago de Compostela: Senén Barro Ameniero (catedrático de la Universidad de Santiago de Compostela. Grupo de investigación: Grupo de Sistemas Inteligentes).
- Por la Cátedra: José Carlos Díez Gangas, Antonio García Tabuenca y María Gálvez del Castillo Luna.

El PERTE de la nueva economía de la lengua se plantea, según la página web del Plan de Recuperación del Gobierno de España, como una oportunidad para aprovechar el potencial del español y de las lenguas cooficiales como factor de crecimiento económico y competitividad internacional en áreas como la inteligencia artificial, la traducción, el aprendizaje, la divulgación cultural, la producción audiovisual, la investigación y la ciencia. Para ello, cuenta con un presupuesto total de 1.100 millones de euros de inversión pública, con el objetivo de movilizar otros 1.000 millones de inversión privada. Con los que pretenden impulsar 14 proyectos tractores mediante la acción coordinada de las Administraciones públicas, las universidades, los centros de investigación, las empresas e industrias. Están basados en los cinco ejes estratégicos que vimos en el capítulo 3: a) conocimiento en español y lenguas cooficiales, b) inteligencia artificial en español, c) ciencia en español y lenguas cooficiales, e) aprendizaje del español y f) industrias culturales.

Dentro del primer eje se encuentran los proyectos de las lenguas cooficiales: AINA (catalán), GAITU (vasco), NÓS (gallego) y VIVES (valenciano), financiados con un total de 7,5 millones de euros a través del real decreto de las lenguas cooficiales[40].

En la entrevista nos centramos en el proyecto NÓS: "El gallego en la sociedad y la economía de la inteligencia artificial", con una cuantía asignada de dos millones de euros de los fondos del Plan de Recuperación.

Senén Barro lamenta que los fondos se desinflaron como un *soufflé*, ya que de los más de 1.000 millones anunciados para el PERTE solo se han dirigido 7,5 millones de euros con fecha máxima para ejecutar hasta el 31 de diciembre de 2025 para las lenguas cooficiales.

El objetivo del proyecto NÓS es crear los recursos necesarios para facilitar el desarrollo de servicios y productos basados en la tecnología de la lengua en gallego, como asistentes de voz, traductores automáticos o agentes conversacionales. Se trata de un proyecto de investigación, ya que necesitan generar corpus y modelos propios, pero con un enfoque hacía la transferencia de conocimiento a la industria: "Construir un corpus y nuevos modelos es complejo y costoso. Nunca se ha invertido en procesado lingüístico", comenta Barro, incidiendo en que "en Europa se ha desatendido la IA. Nos ha pillado con el pie cambiado y Estados Unidos nos supera con creces en este ámbito".

El doctor Barro prosigue diciendo que, en su opinión, la nueva regulación europea en materia de IA no es el problema. El problema es más bien de inversión. "Tenemos capacidad, pero no hemos sabido hacer crecer a las empresas de tecnologías de la lengua. Ha habido escasa transferencia del conocimiento [...]. No es solo un tema regulatorio. Grandes modelos de lenguaje han barrido con todos los recursos sin ningún respeto a la propiedad intelectual. Hay que citar las fuentes".

40. https://lc.cx/9RwrON.

Indica que otro gran problema es la precariedad del sector de tecnologías lingüísticas. En Europa en general y en España en particular, la cuestión por la que no escalan las empresas emergentes de este sector es una cuestión de uno o dos dígitos: "El enfermo necesita algo más complejo que solo una regulación [...]. El PERTE de la nueva economía de la lengua es una oportunidad, pero con poca inversión para la ambición del presupuesto. Se trabajó con el comisionado en el diseño y le pusieron solo 7,5 millones de euros para las lenguas cooficiales".

En conclusión, el PERTE de la nueva economía de la lengua representa una oportunidad, pero requiere una inversión más ambiciosa para alcanzar los objetivos perseguidos; en otro caso, esta conexión entre la lengua y el desarrollo empresarial y económico se queda atrás en este ámbito tan estratégico.

ENTREVISTA 19

Entrevista en el BSC-CNS. Centro Nacional de Supercomputación, 13 de marzo de 2024 (videoconferencia).
Proyecto PERTE de la nueva economía de la lengua. Eje 1. Conocimiento en español y lenguas cooficiales. Real decreto de las lenguas cooficiales. Proyecto: AINA. Presupuesto 3.000.000 €.
Asistentes:

- Por el BSC-CNS. Centro Nacional de Supercomputación: Marta Villegas (Head of Language Technologies Unit at BSC. Barcelona Supercomputing Center).
- Por la Cátedra: Antonio García Tabuenca y María Gálvez del Castillo Luna.

NEL-AINA se enmarca en el Proyecto Estratégico para la Recuperación y Transformación Económica (PERTE) de la nueva economía de la lengua que tiene por objeto impulsar en España la nueva economía digital basada en el lenguaje natural, aprovechando el potencial del español y de las lenguas cooficiales. Este conjunto configura un factor de crecimiento económico y de competitividad internacional en áreas tales como la inteligencia artificial, la traducción, la enseñanza, la producción y divulgación cultural, la investigación y la ciencia.

El primer eje del PERTE (conocimiento en español y lenguas cooficiales) tiene como objetivo la creación y ampliación de corpus y de modelos de lenguaje asociados que permitan el desarrollo de proyectos de inteligencia artificial y otras tecnologías del lenguaje. Por otro lado, el segundo eje del PERTE (inteligencia artificial en español), recoge entre sus actuaciones previstas el desarrollo de la inteligencia artificial en español y lenguas cooficiales. Así pues, en consonancia con los objetivos del PERTE, este proyecto desarrollará los recursos lingüísticos necesarios (corpus y modelos) para facilitar la incorporación de las lenguas oficiales de España en las más avanzadas aplicaciones de inteligencia artificial.

NEL-AINA forma parte de un proyecto común y coordinado entre las diferentes lenguas del estado que llamamos NEL (nueva economía de la lengua). La duración de NEL es de 36 meses y se coordina entre cuatro proyectos propios con metodología, objetivos y técnicas compartidas: NEL-AINA, NEL-GAITU, NEL-NÓS y NEL-VIVES. La coordinación general la realiza el consorcio Barcelona Supercomputing Center-Centro Nacional de Supercomputación (BSC-CNS). El objetivo último de NEL es la generación de recursos multilingües que incluyan, al menos, todas las lenguas de España y que permitan desarrollar aplicaciones multilingües. El proyecto NEL aborda todas las lenguas que se hablan en la península ibérica.

En la entrevista nos centramos en el proyecto AINA, con una cuantía asignada de tres millones de euros del PERTE de la nueva economía de la lengua.

AINA ya existía en Cataluña antes del real decreto de las lenguas cooficiales. Se trata de un proyecto de cinco años con una inversión de 15 millones de euros totales. El PERTE de la nueva economía de la lengua, a través de dicho real decreto, aporta tres millones de euros (un millón está destinado a la coordinación general), que es necesario ejecutar con fecha límite 31 de diciembre de 2025. Un periodo de ejecución e inversión muy limitado para este tipo de proyectos de I+D+i, afirma Marta Villegas.

Se espera que el proyecto tenga un alto impacto en la industria relacionada con las tecnologías de la lengua y en otros sectores, ya que generarán modelos y corpus para las lenguas europeas. No solo están enfocado en el catalán.

Con el proyecto pretenden desarrollar modelos funcionales, corpus para las lenguas europeas, IA generativa, preprocesado de datos que tenga en cuenta la regulación europea. Para ello, es necesario la adquisición y procesado de datos abiertos lo más pulcros posibles.

La doctora Villegas considera que la nueva regulación en IA de la Unión Europea nos perjudica inicialmente, porque partimos de una situación peor y nos puede provocar retrasos en la industria. Pero, por otra parte, puede ser una oportunidad si otros países siguen esta tendencia. En este caso la industria europea crecerá siendo pionera con las nuevas reglas del juego.

No obstante, considera que la Unión Europea está apoyando de manera insuficiente y desordenada la industria de las nuevas tecnologías de la lengua y la inteligencia artificial: "No existe coordinación dentro de la Unión Europea, cada uno va a lo suyo sin objetivos claros. Y eso hace que Europa vaya al remolque de Estados Unidos y de China en este ámbito. Hay una falta de estrategia total. Para posicionar a la industria se necesitan más recursos y más foco".

Competir con las grandes tecnológicas es complicado, ya que nos llevan años de avance, como mínimo cuatro o cinco años, respecto a España. Hay que investigar en alternativas a los modelos de *transformers* y con una tecnología propia.

En ILENIA se han alineado varios factores que nos permiten ser optimistas. Trabajamos en lo que ya se estaba haciendo, no se ha improvisado un proyecto para la convocatoria, si no que más bien se está trabajando y avanzando con un objetivo común muy bien pensado y se comparten los prototipos lo que nos permiten avanzar más rápido. Este proyecto es el embrión del futuro modelo de las lenguas europeas. Ha sido un acierto del comisionado del PERTE de la nueva economía de la lengua compartir con el objeto de sacar el máximo provecho a la inversión. No obstante, según Marta Villegas, el balance global del PERTE Economía de la Lengua ha sido un desastre, "un café para todos sin ton ni son".

En conclusión, aunque se reconocieron los esfuerzos de colaboración dentro del proyecto para las lenguas cooficiales, se expresaron críticas hacia la gestión global del PERTE de la nueva economía de la lengua, considerando la falta de estrategia y la inversión escasa para grandes proyectos realmente estratégicos para la industria.

4.3. APRECIACIONES Y RESULTADOS PRINCIPALES EXTRAÍDOS DE LAS ENTREVISTAS (Y DE LA ENCUESTA A LOS ENTREVISTADOS)

El conjunto de los presupuestos financiables de estos 19 proyectos PERTE ha sido de 442.932.971 millones de euros, la subvención total obtenida de 191.463.342 millones y el conjunto de los préstamos 13.748.231 millones de euros.

Pese a la gran variabilidad entre los distintos PERTE (con presupuestos muy diversos), así como entre proyectos (individuales, agrupaciones o consorcios), se ha calculado una media general como cifra de orientación —también muy amplia—, de manera que el presupuesto financiable medio por proyecto sería de 34.071.767 €; la media de subvención por proyecto (13) de 14.727.949,40 € y la media de préstamo por proyecto (4) de 3.437.057,75 €. Y así, la relación entre subvención media y presupuesto financiable medio sería del 42,3%; o bien si solo se consideran los proyectos (4) que además de subvención han tenido préstamo, la mencionada relación sería de 37,6%. Por tanto, estas cifras, aparentemente elevadas pero que sirven para tener una referencia general, esconden la gran variación indicada. Por ejemplo, las convocatorias del PERTE ERHA H2 o las de VEC (vehículo eléctrico y conectado) ofrecen mucho más presupuesto que el PERTE agroalimentario o el del ciclo del agua.

A continuación, se presenta lo que se ha denominado "buenas prácticas de los proyectos PERTE", de acuerdo con lo manifestado por los responsables de estos proyectos, y, seguidamente, se presentan las "quejas e inquietudes" expresadas por ellos. La tarea de este equipo de investigación, a partir del conjunto de entrevistas, ha sido ofrecer lo más fielmente posible lo indicado por los entrevistados, pero contemplando también como refuerzo, en primer lugar, algunas valoraciones de expertos que no han sido responsables de gestionar proyectos PERTE y, en segundo lugar, algunas interpretaciones o valoraciones que, del conjunto del trabajo o del estudio de las distintas categorías de PERTE, pueden extraerse.

En las "buenas prácticas" se exponen aquellos aspectos que los entrevistados narran como positivos y novedosos, algo así como las ideas emergentes y proposiciones que han logrado o están logrando con el proyecto, desde la fase de redacción de la propuesta hasta el día de la entrevista, que no conocían en el pasado desde la perspectiva de una (teórica, al menos) política industrial, de promoción a largo plazo de la actividad manufacturera, energética y otras industrias conexas asociadas a los servicios de alto valor añadido. Es decir, lo que el proyecto PERTE estaría implicando en la transformación de la empresa beneficiaria o del producto fabricado o en elaboración. Claro está, todo ello a partir de, por ejemplo:

a) Las novedosas tecnologías empleadas en el proyecto.
b) Un relevante proceso de I+D o de innovación de producto (interno o a través de un centro tecnológico).
c) La renovación (total o parcial) de la planta necesaria para llevar a cabo un nuevo reto (de central térmica a central de hidrógeno, o de antigua factoría de ensamblaje de vehículos de motor de combustión a otra de tecnología eléctrica, etc.
d) La adquisición de un bien de equipo o una máquina que incorpore mayor flexibilidad y eficacia productiva o entre otros variados ámbitos.

e) Una aportación biotecnológica de cultivo de célula viva que transforme un viejo producto o modelo médico-farmacológico y que, a la vez, tiene un fuerte impacto en lo económico o en el comportamiento social.

Por el contrario, las quejas e inquietudes expresadas en la conversación son aquellas acciones públicas que les molesta o han molestado y están asociadas directamente con la elaboración y discusión de la propuesta para encauzar un proyecto PERTE o con su desarrollo una vez que son ya beneficiarias. Tienen que ver con la complejidad de la gestión del proyecto (en la fase previa, en la del desarrollo o en ambas), o con la intensidad mayor o menor de la ayuda concedida haciendo comparaciones con los mayores (e injustificados, señalarían) presupuestos de otros PERTE distintos al de su empresa o de proyectos similares (aunque sean otros productos los fabricados pero del mismo sector); igualmente, por la tardanza y dificultades en recibir la ayuda, o con las dificultades que se presentan al trabajar en un proyecto dentro de una agrupación de empresas. En varias ocasiones, también, porque ven crítico el modelo de política industrial PERTE ya que —argumentan— no tendrá continuidad tras terminar el plazo previsto de acceso a los fondos europeos NextGenerationEU, puestos en marcha por la Unión Europea tras la pandemia. Y esto último, principalmente en las compañías de mayor tamaño y exposición internacional, hace aumentar la inquietud cuando se contrasta con las políticas incisivas (agresivas, incluso, en términos de comercio internacional) de Estados Unidos o de China.

Así las cosas, tanto de las buenas prácticas como de las quejas se extrae una reflexión, bien con relación al cumplimiento de la etapa PERTE o bien hacia un futuro próximo en el que el Gobierno y conjunto de las Administraciones públicas, dependiendo del impulso empresarial y social, arrastre la política industrial PERTE, mejorada en calidad y cantidad, hacia una firme política de reindustrialización. Los PERTE, o un modelo similar, serán —de la mano imprescindible de la UE— el campo de la trasformación industrial, económica y social, o no serán nada.

En la redacción de más abajo de buenas prácticas y quejas se observará que en bastantes ocasiones se acude y repite partes del texto ya expuestas en las entrevistas. De este modo se intenta seguir lo más fielmente posible la orientación que aportan los entrevistados. Cabe preguntarse si son extrapolable estas orientaciones de unos pocos entrevistados en cada sector PERTE al conjunto general de proyectos PERTE. La respuesta es que no es seguro, pero que es probable que lo sea, o al menos que se acerque. Y ello porque los empresarios o responsables beneficiarios entrevistados han sido seleccionados por su posible representatividad sectorial, teniendo en cuenta la notoriedad pública empresarial (a veces multinacional), el tamaño de la empresa o el grado de innovación y tecnología en el que se encuentra la empresa.

Se observará igualmente que, a menudo, no se citan expresamente en estos apartados de buenas prácticas y quejas a las personas entrevistadas, sino que se hace tan solo referencia a los "responsables entrevistados" o en alguna ocasión a la empresa responsable. De alguna manera se está incidiendo con este modo de redacción a fijarse más en el contenido señalado que en quien lo dijo, tratando de proponer cierta generalidad y extrapolación de lo indicado por cada entrevistado (opiniones, ideas, comentarios o críticas) al conjunto de cada sector.

En todo caso, quien lo desee puede acudir a los textos específicos de las entrevistas y fijar allí a las personas entrevistadas y sus aportaciones particulares.

Finalmente, entre unas y otras se añaden los resultados obtenidos de una encuesta breve de formato electrónico hecha a cada entrevistado (siempre el responsable empresarial de proyecto PERTE), cumplimentada antes o después de la entrevista. Las valoraciones y opiniones incluidas en la encuesta son de interés para conocer algunas apreciaciones ("por dentro") sobre cada PERTE y sobre el conjunto de ellos (visión más general), a través de medias aritméticas del conjunto de resultados. Los cuadros que recogen estos resultados no están necesariamente asociados a las buenas prácticas o quejas, pero pueden permitir en ocasiones un mejor seguimiento y comprensión.

Cabe argumentar que en la entrevista —una vez establecida la confianza idónea— se han expresado ideas, comentarios y valoraciones muy específicos, personales pero en representación de la empresa; es decir, se es franco, no se han observado manifestaciones encubiertas o de medias verdades, más bien razonamientos (en general) amables pero bastante concluyentes, rotundos, con manifiestas muestras de haber acertado el objetivo del PERTE con su proyecto (satisfacción: por ejemplo, "la ayuda PERTE nos ha venido muy bien, sin él no habríamos abordado esta inversión") o, por el contrario, de crítica (desagrado: por ejemplo, "es poca la intensidad de la ayuda y está mal orientado el foco estratégico de este PERTE"). Y en cuanto a la encuesta, se enuncian espontáneamente, de modo más simplificado, opiniones también personales en nombre de la empresa, pero de carácter más general, algo así como más anónimas (aunque no lo fueran), tal vez de menor responsabilidad en cuanto al valor que se le da a cada pregunta.

En todo caso, se trata de un buen complemento, que permite profundizar un poco más en el análisis que se desprende de la entrevista. Se observa, en general, que en esta última se habla cabalmente y que en la encuesta se diluyen más las opiniones específicas. De algún modo, parecería que los resultados de la encuesta son más favorecedores de una dinámica positiva sobre los PERTE, mientras que de los resultados de las entrevistas serían menos favorecedores en la mayoría de los casos, salvo en los PERTE muy focalizados en áreas económico-industriales incuestionables (por ejemplo, el PERTE del ciclo del agua o el PERTE naval). O sea, en un estudio cuantitativo y con mayor profundidad, probablemente se encontrarían sesgos.

Esta encuesta extendida a todos los responsables empresariales del conjunto de proyectos PERTE (hasta una fecha determinada de convocatorias) tendría un gran valor en términos de evaluación y transparencia. Esta Cátedra valorará llevar a cabo esta tarea próximamente.

4.3.1. BUENAS PRÁCTICAS DE LOS PROYECTOS PERTE DE ACUERDO CON LOS RESPONSABLES EMPRESARIALES, SEGÚN DISTINTAS TIPOLOGÍAS PERTE

4.3.1.1. En la producción de hidrógeno verde

El caso del PERTE ERHA es una buena práctica PERTE, pese a que en sí mismo el hidrógeno se enfrenta a limitaciones de importancia. Los proyectos de las grandes empresas energéticas avanzan aún sin el conocimiento preciso de cuándo ni cómo se alcanzará el producto final "hidrógeno" como fuente ingente y segura de energía global. Obtener hidrógeno es ya un proceso industrial asequible, pero no se sabe bien cómo almacenarlo y transportarlo de manera eficiente para sus posibles y variados usos.

El hidrógeno verde es una de las principales opciones de los combustibles alternativos (Oliveira *et al.*, 2021; Sapnken *et al.*, 2024): tras el proceso de hidrolisis, puede almacenarse en forma física (mediante compresión, enfriamiento criogénico o una combinación de ambos) o en sólidos (hidruros metálicos, etc.) y distribuirse a través de gasoductos y otros transportes terrestres o navales, y convertirse en un sustituto del gas natural. El hidrógeno además no es emisor de gases de efecto invernadero en su combustión. Para producir un kilogramo de hidrógeno, se necesitan entre 10 y 12 litros de agua (aunque ofrece una amplia variabilidad), dependiendo de la fuente y de la tecnología utilizada.

Sin embargo, la producción de hidrógeno como alternativa al ciclo combinado con gas natural en procesos de combustión aún es poco eficiente y muy caro. Asimismo, operar en el proceso de electrolisis con energía cien por cien de origen renovable —que es un requisito— es embarazoso, porque en ocasiones todavía no es posible establecer una conexión segura y de gran volumen por insuficiencia de las redes de distribución, lo que puede llevar a aumentar el coste de esta energía necesaria. Existen, además, importantes problemas técnicos respecto a su almacenamiento dado el gran volumen que ocupa en estado gaseoso (Busch *et al.*, 2023). En cualquier caso, "el hidrógeno va a explotar, pero no sabemos cuándo", se ha dicho entre los interlocutores de estas empresas.

En este mismo sentido, el desarrollo de los proyectos PERTE denominados "pioneros" enfrenta varios desafíos. El más espinoso de ellos es precisamente el coste energético asociado a operar exclusivamente con energías renovables en el proceso de electrolisis, lo que se convierte en un obstáculo en el proceso productivo desde el punto de vista económico y de seguridad de suministro.

Como alternativa energética, el H2 conlleva una estrategia clave: transformar centrales térmicas tradicionales de gas (o carbón) en plantas de producción de hidrógeno. En ello están trabajando los principales proyectos PERTE. Pero también cabe desarrollar una estrategia híbrida que consiste en convertir el hidrógeno (combinándolo con dióxido de carbono) en combustibles sintéticos (metanol, amoníaco y otros combustibles líquidos sintéticos), que permiten reducir significativamente las emisiones, principalmente en medios de transporte donde la tecnología eléctrica aún no es viable, como en aviones, barcos y transporte por camión de larga distancia. A final de 2023, el *sustainable aviation fuel* (SAF) tenía un coste de cinco veces más que el queroseno regular. Aun así, existe una norma europea que exige el uso de estos combustibles sintéticos —mezclados con los tradicionales— de manera paulatina. Ahora bien, desarrollar esta estrategia híbrida en el desarrollo del H2 implica que haya una demanda comprometida previamente (alrededor del 60% de la producción) con grandes clientes interesados en contratos a largo plazo, ya que la inversión es muy elevada. No es un problema de riesgo tecnológico, sino de escala de producción; el logro de esta escala, sin embargo, derivará en nuevo desarrollo industrial.

Por tanto, el H2 está llegando a la actividad económica e industrial, si bien quedan por resolver algunos condicionantes y desarrollos técnicos que podría despejar los modos de almacenamiento y distribución para su empleo generalizado. La transformación de centrales eléctricas de ciclo combinado o de térmicas tradicionales plantea la necesidad de mejorar y ampliar el acceso a las redes de distribución de energías de fuentes renovables.

Asimismo, la conversión del hidrógeno en combustibles sintéticos y otros similares ya está en marcha, lo cual permite abastecer parcialmente —a precios aún muy caros— el combustible para aviones, buques y transportes por carretera de gran carga. Los proyectos PERTE de las principales empresas beneficiarias están siguiendo estas vías "provisionales", pese al grado de incertidumbre y riesgo que acompaña.

CUADRO 12

RESULTADOS DEL BLOQUE 1 DE LA ENCUESTA A LA CUESTIÓN: CALIFIQUE LOS SIGUIENTES CONCEPTOS (DE 1 A 10)

PERTE	ESTA POLÍTICA INDUSTRIAL PERTE	EL VALOR PARA SU EMPRESA	VALOR DE COOPERACIÓN CON EMPRESAS Y CENTROS TECNOLÓGICOS
Industria naval	8,5	7	10
Agroindustrial*	6,3	9,3	9,3
Hidrógeno verde	5,5	5,5	8
Vehículo eléctrico	7,5	6	7
Ciclo del agua	9	9	8
Aeroespacial:			
Aeronáutico	10	9	9
Espacial	8	9	3
Salud de vanguardia	8,5	7	9,5
Economía de la lengua	6	8	9
Media total	7,7	7,8	8,1

*Por razones prácticas de este trabajo, dentro del PERTE agroindustrial, se han incluido los proyectos cuyas empresas pertenecen a este sector, pese a que uno de ellos fue evaluado dentro del tipo PERTE de economía circular (y desestimado por cuestiones de procedimiento, finalmente) y otro que se halla en el PERTE de descarbonización, pero en una agrupación de empresas del sector agroalimentario.

Fuente: Elaboración propia a partir de la encuesta a los responsables entrevistados de proyectos PERTE.

4.3.1.2. En la fabricación del vehículo eléctrico y conectado (VEC)

En este sector tan sensible a la innovación y competencia internacional, se observa que, pese a la incertidumbre del mercado global y la audaz posición competitiva de China, la estrategia indefectible del coche eléctrico ha sido asumida por la mayoría de los grandes constructores mundiales. En el caso de las constructoras españolas —todas de capital exterior—, las distintas partes involucradas, fábricas ensambladoras de las grandes marcas, junto a diseñadores y compañías españolas altamente competitivas en *inputs* intermedios, siguen comprometidas con la innovación y digitalización, transformando —y descarbonizando— sus plantas para el desarrollo del vehículo eléctrico. El reto es mantener el crecimiento empresarial como han venido haciendo en las pasadas décadas. Este sector es el número uno de la exportación española.

En 2023, se produjeron en España 216.088 vehículos electrificados (eléctricos, híbridos enchufables, híbridos convencionales, gas natural y GLP), un 36,5 % más que el año anterior, que representa el 13,4% de la fabricación nacional (gráfico 9). Y la producción total ha aumentado un 14% respecto al año anterior, hasta casi los 2,5 millones de vehículos, pero se quedan, aún, un 14% por debajo de las cifras anteriores a la pandemia de COVID-19. En este pasado ejercicio España ha recuperado el octavo puesto mundial de producción de coches y la exportación ha aumentado un 16,5%, con 2.072.230 unidades exportadas. China produjo en total 30,16 millones de unidades (coches, autobuses y camiones), un 11,6% más que en 2022, y superó a Japón como mayor exportador de vehículos del mundo (Backhaus, 2023).

GRÁFICO 9

PRODUCCIÓN DE VEHÍCULOS ELECTRIFICADOS EN ESPAÑA, 2019-2023

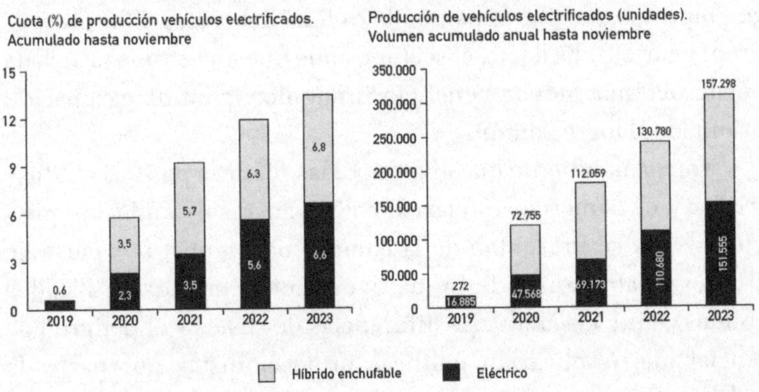

Fuente: ANFAC.

En este sector industrial —el primero también en la producción española—, que se muestra tan competitivo y adaptable a las preferencias de la demanda, se observa que la "movilidad sostenible", tanto en las fábricas y sedes empresariales como en toda la cadena de valor, es el comportamiento generalizado, si bien con características propias de acuerdo con la estrategia de cada constructor y marca.

El PERTE VEC (vehículo eléctrico y conectado) facilita ayudas a empresas individuales o a empresas en colaboración. Las ayudas individuales están orientadas a desarrollos específicos, como la transformación de plantas productivas para la producción de vehículos eléctricos (y la producción de baterías) o bien a la sostenibilidad *go to zero* en la producción y transformación de la fábrica (tanto hacia delante como hacia atrás), o a la adaptación y formación digital de las plantillas. Pero en este sector, más que en otros, se observa la conveniencia y necesidad de una gestión de proyectos compartida. La implantación de proyectos PERTE exigen un esfuerzo especial por la gran concurrencia y compromiso en el sector y por el deslizamiento dentro de la futura cadena de valor, que sustituye a la anterior (coche eléctrico frente a convencional). En su recorrido aparecen potencialidades no previstas que muestran la importancia de que haya proyectos compartidos en agrupaciones de empresas y centros tecnológicos (por ejemplo, SEAT y Volkswagen participan junto a una agrupación de otras 52 empresas que participan en la cadena del sector y 86 proyectos primarios). Es decir, el sector asume que una empresa aislada puede obtener menor beneficio innovador que una agrupación orientada al logro común.

Queda pendiente que el tiempo, las idóneas políticas industriales y el comercio internacional vayan resolviendo los problemas que se presentan de la competencia global por parte de empresas fabricantes de China (y en menor medida de Estados Unidos), ante las abultadas diferencias de costes y el peligro potencial que implicarían políticas proteccionistas por parte de la UE o de admitir las ayudas directas por parte de los Estados miembros, que generarían desigualdades y ruptura del mercado interior. A cambio, la Unión Europea y los Estados, en este caso el Gobierno de España, han de impulsar con mayor vigor la solución de estos problemas estableciendo una política industrial más incisiva y con suficientes recursos (la continuación de los fondos NextGenerationEU). Entretanto, para este sector los proyectos PERTE son indispensables, ya que alivian, aunque en una pequeña proporción, estos mayores costes de la competencia, principalmente en vehículos de gamas intermedias y tamaños medios y más pequeños.

CUADRO 13

RESULTADOS DEL BLOQUE 2 DE LA ENCUESTA

PERTE	POTENCIA SU INVERSIÓN HACIA LA TRANSICIÓN VERDE	DESARROLLA NUEVOS PRODUCTOS Y MEJORA LA PRODUCTIVIDAD	AUMENTA CAPACIDAD INNOVADORA Y USO DE NUEVAS TECNOLOGÍAS
Hidrógeno verde	7	4,5	6
Vehículo eléctrico	7	7	7,5
Industria naval	9	9,5	9,5
Ciclo del agua	8	8	7
Aeroespacial:			
Aeronáutico	10	10	1
Espacial	7	9	8
Agroindustrial	9	9	8
Salud de vanguardia	7,5	8	8
Economía de la lengua	-	9	8
Media total	8,2	8	7,2

Fuente: Elaboración propia a partir de la encuesta a los responsables entrevistados de proyectos PERTE.

Del apartado de gestión de las ayudas públicas puede extraerse que este es un buen caso de diseño *ad hoc* de política industrial, que se derivaría del buen conocimiento por parte de los empleados públicos responsables (a veces con algunos apoyos externos) de cómo funciona "por dentro" el sector y las empresas que compiten hasta llegar a la factoría constructora. Sin embargo, también se advierte de las bajas de este personal técnico público, atraído por oportunidades privadas, que ha venido ocurriendo en los últimos años. El ejercicio de la política industrial exige disponer de equipos expertos ejecutivos y suficientes en todos los campos en los que opera, de modo que la actuación esté del lado de la adecuación de la ayuda pública a la empresa o sector que compite en términos de competencia y transparencia, y no del de la escurridiza obtención de rentas interesadas por grupos particulares.

4.3.1.3. PERTE en el ecosistema de la industria naval

El naval es un sector manufacturero que está recuperándose tras las difíciles reconversiones de las décadas pasadas, siempre asociadas a crisis económicas. La última de 2008 fue general en los países occidentales, mientras que los del este asiático reforzaron su capacidad productiva, particularmente Corea del Sur, China y Japón. España Navantia, sociedad pública de referencia, pudo soportar los bandazos de esta fase declinante del ciclo mediante la producción de barcos para la defensa española y de otros países, por ejemplo, Arabia Saudita.

Navantia es hoy una empresa puntera en la Unión Europea que está orientando su negocio —además de hacia defensa, con proyectos de construcción de naves innovadores— hacia las energías renovables, de la mano de las principales compañías eléctricas; en particular, a las eólicas *offshore*, así como eventualmente a la producción de hidrógeno verde, con el proceso de hidrólisis que empleará agua marina. La energía eólica *offshore* es muy demandante de equipos móviles marinos —y barcos especiales—, grandes plataformas para la sujeción de los aerogeneradores, flotantes o anclados en el fondo marino y servicios indispensables de monitorización y reparación. Los socios empresariales y astilleros de PYMAR pueden ser activos y beneficiarios de estas operaciones. Es por tanto un proyecto virtuoso, favorecedor de un sector de enorme importancia con una cadena de valor y capacidad de arrastre entre empresas innovadoras y distribuidas por el territorio costero español. Además, Navantia afronta la competencia proveniente de los países del este asiático, en particular porque la arquitectura y diseño de sus buques es de muy alta calidad y es demandada por operadores europeos o internacionales.

Como ya se dijo en la entrevista 2, la tecnología e innovación en Navantia es como un "monodon" —un unicornio marino o narval— con una célula de innovación para acelerar la adopción de tecnologías disruptivas, con tecnologías quantum y fotónica, y centros de excelencia en el campo de la inteligencia artificial y la ciberseguridad.

Por otra parte, PYMAR es una sociedad anónima constituida en 1985 por los astilleros privados españoles para defender los intereses de su sector y la cadena de valor de la construcción naval —no pública— en España y otros países de Europa. Se ocupa de intermediar y favorecer la defensa del conjunto de sus 16 socios astilleros o del ámbito naval, así como de examinar sus ideas, propuestas y contratos, y de promover mejoras en la producción y la productividad mediante la digitalización y otras tecnologías emergentes. Sobresale el posicionamiento en dos segmentos de mayor complejidad constructiva y valor añadido: el de los grandes buques pesqueros y el de los oceanográficos, en los que España en 2022 fue líder mundial y segunda potencia por volumen contratado, respectivamente. Opera también como un fondo patrimonial de garantías a los socios.

El principal proyecto PERTE del sector naval, INNCODIS, configura una colaboración público-privada entre Navantia y PYMAR. Está liderado por Navantia e integra un conjunto de empresas del sector y proyectos primarios innovadores. El despliegue del proyecto persigue modernizar la cadena de valor de la actividad naval, generando empleo especializado y enfocándose en la I+D y la sostenibilidad. Es decir, el proyecto, concebido de abajo arriba, centra los objetivos de crecimiento de la industria naval en el periodo de transición, que abarcan las áreas de la digitalización y otras tecnologías avanzadas, como la IA; la mejora de la sostenibilidad y la diversificación de los procesos y productos de las empresas del sector naval (Buonomano *et al.*, 2023).

El proyecto, tal como está concebido, también favorece una mayor agilización y modularidad de algunas fases de la producción y sirve de apoyo a la estrategia de la empresa pública, que extiende e incentiva su red industrial y naval por el territorio costero y la zona marina entre las empresas competitivas del sector y otras de sectores adyacentes. En este caso, en las del sector de la energía, particularmente en el campo de operaciones de las energías renovables, eólicas en este caso. En el proceso de desarrollo del PERTE, se espera, por parte de Navantia, la creación de 3.100 puestos de trabajo.

Este ambicioso proyecto ofrece una imagen reputacional de la compañía líder en el seno del modelo colaborativo (PYMAR y sus socios, y otras empresas que fabrican o sirven *inputs* intermedios), lo que aporta una mejora de soluciones al sector e impulsa la expansión de un nuevo tejido industrial y de servicios orientado a la demanda nacional y a la exportación a la UE y Estados Unidos, junto a otros países de Oriente Medio.

Además de este proyecto tractor y colaborativo, se están llevando a cabo unos pocos proyectos más, si bien son de menor peso relativo en términos industriales.

CUADRO 14

A LA CUESTIÓN: EL PERTE AUMENTA NUESTRA CAPACIDAD INNOVADORA CON EL DESARROLLO Y USO DE LAS NUEVAS TECNOLOGÍAS DIRIGIDAS A (DE 1 A 10)

PERTE	EFICIENCIA ENERGÉTICA Y EMPLEO DE ENERGÍAS RENOVABLES	MEJORAS AMBIENTALES Y DESCARBONIZACIÓN DE LA INDUSTRIA	GESTIÓN Y ORGANIZACIÓN INTERNA	DIGITALIZACIÓN DE NUESTRA ACTIVIDAD	CONSEGUIR TALENTO Y NUEVO EMPLEO
Hidrógeno verde	6,5	6,5	4	4	6
Vehículo eléctrico	8	8,5	8	7,5	8
Industria naval	9,5	9,5	7,5	9	8,5
Ciclo del agua	7	9	9	10	8
Aeroespacial:					
Aeronáutico	8	8	1	1	1
Espacial	7	5	6	5	8
Agroindustrial	6,7	8,7	7,3	4,7	9
Salud de vanguardia	6	5	5	5	9
Economía de la lengua	-	-	8	-	8
Media total	7,3	7,5	6,2	5,8	7,3

Fuente: Elaboración propia a partir de la encuesta a los responsables entrevistados de proyectos PERTE.

4.3.1.4. PERTE EN LA ACTIVIDAD DEL CICLO DEL AGUA

Tradicionalmente, el sector público (ayuntamientos, mancomunidades u otros organismos) administra tres áreas principales de servicios municipales o comarcales: la gestión del agua urbana, la gestión de residuos urbanos y los servicios energéticos. Estos últimos siempre que sean de los municipios o de las infraestructuras urbanas e industriales públicas, ya que el suministro de energía de hogares y actividades económicas se contrata con las compañías privadas autorizadas.

El servicio público de gestión del agua potable aún está muy extendido en gran parte de los municipios españoles, principalmente en los de menor tamaño. Pero una parte importante, que va en aumento, se ha contratado por los ayuntamientos (u organismos competentes) a entidades o empresas privadas especializadas. En todo caso, siguen existiendo dos grandes modelos de gestión del agua urbana. De un lado, el que se basa en la financiación pública, cuyo mejor ejemplo es el Canal de Isabel II en Madrid, y de otro, el que se soporta sobre la inversión privada, como Aguas de Barcelona. El Canal de Isabel II es la empresa que genera más licitaciones a terceras empresas, mientras que Agbar es la que más clientes tiene. Cada municipio o entidad comarcal mantiene un modelo u otro.

El agua no debe ser considerada una *utility* convencional, necesita evolucionar y transformarse conceptualmente para ser respetada como un sector económico en su gestión. Sin embargo, la gobernanza y la regulación de este recurso natural son muy antiguas, no se han puesto al día. A ello va dirigido el PERTE del ciclo del agua.

El Proyecto Estratégico para la Recuperación y Transformación Económica (PERTE) de digitalización del ciclo del agua fue aprobado en marzo de 2022. Su objeto es la gestión del agua de modo eficiente y sostenible, cumpliendo así con el mandato de la Directiva Marco del Agua (2000/60/CE) y de la Directiva 91/271/CEE sobre el tratamiento de las aguas residuales urbana. A estos efectos, el PERTE establece cuatro líneas de actuación que abarcan la gestión íntegra del ciclo hidrológico:

1. Mejora de la gobernanza en materia de gestión de los usos del agua.
2. Impulso a la digitalización de los organismos de cuenca.
3. Desarrollo de programas de ayudas para el promover la mejora de la eficiencia y digitalización a los distintos usuarios del agua en España.
4. Fomento de la formación e innovación en competencias digitales en la administración y gestión del agua.

Este PERTE de digitalización del ciclo urbano del agua contribuye a los esfuerzos de España por lograr una economía sostenible, descarbonizada y adaptada al cambio climático y el cumplimiento de los objetivos ambientales de la planificación hidrológica (Oliveira *et al.*, 2015). Para su desarrollo, dispone de una dotación presupuestaria para ayudas de 200 millones de euros. La resolución de noviembre de 2023 —de la primera convocatoria de subvenciones— ha otorgado ayudas a 30 entidades (públicas y privadas) de las 158 que se presentaron a la convocatoria[41].

Este PERTE y las 30 empresas beneficiarias están avanzando en el desarrollo de los proyectos. Desde estas empresas o entidades se expresa que la orientación de este PERTE es la correcta, ya que lleva implícito que los operadores (públicos o privados) han de ser los destinatarios de las ayudas a la digitalización. Es mucho más eficiente la coordinación con los operadores del agua que con ayuntamientos u otros organismos públicos, que tradicionalmente gestionan el agua. De cara a un buen funcionamiento del ciclo del agua urbana es clave que el ministerio responsable (Transición) se ocupe de unas partes de la gestión del agua, los vertidos a la cuenca, principalmente, y que los beneficiarios PERTE (los operadores) se ocupen del proceso de gestión y digitalización de los servicios municipales de aguas. Esto es un giro en lo que era la política hidráulica: con este

41. La primera que figura en el listado de la resolución es la agrupación Aguas de Valencia S. A. (AVSA), seguida de Aigües de Sagunt S. A., Empresa Mixta Municipal de Abastecimientos y Servicios de Calpe, S. A. (Aguas de Calpe), Actuacions Ambientals Integrals, S. L., Empresa Mixta D'aigües D'altafulla, S. A., Global Omnium Inversiones, S. L. (GOINV) y Ajuntament de Miramar. Puede accederse a la Resolución en el enlace indicado arriba, capítulo 4, apartado 4.1., p. 111.

modo de actuar el operador es el responsable activo y el Ministerio (con la colaboración del operador) planifica el sistema. Por otra parte, si (como es de esperar) con el agua urbana y la digitalización de su gestión se logran buenos resultados, será más fácil trasladar la experiencia al proceso en el ciclo agrícola, enorme agujero, en general, de despilfarro del recurso e inadecuada gestión.

El PERTE del agua está convirtiéndose en espoleta dinamizadora de la tecnología; los servicios de agua de los municipios y los proyectos que están surgiendo son novedosos, con orientación al objetivo de gestión innovadora, eficiente y de ahorro de agua. La tecnología innovadora en este campo es la "sensórica". Por otra parte, estos proyectos también están atrayendo talento al sector, ya que "ascender" al ámbito digital es motivador para la actividad profesional de jóvenes preparados. Y es importante atraer talento a la sociedad, a la cosa pública, cuando parecería que se está perdiendo, al menos en algunas actividades.

Finalmente, el uso del agua conlleva un fuerte impacto ambiental (Walter, 2024). Por ello, a más digitalización en los procesos que desarrollan los operadores, más sostenibilidad se alcanza (menos fugas habrá y más respeto se tendrá a este recurso natural) y, como consecuencia, la actuación (de los servicios) de los ayuntamientos se hace más sostenible, más medioambientalista. Para avanzar en esta línea, es imprescindible despolitizar la regulación referente al agua: no deberían establecerse precios políticos, sino empresariales, el ámbito normativo del ciclo del agua pertenece al siglo XIX, por lo que resulta de otro tiempo que las decisiones sean de competencia municipal y las tomen los alcaldes. Cuanto más condensada se encuentre la información más cerca se estará de conseguir una buena regulación.

Los beneficiarios de los proyectos PERTE tienen la palabra. En efecto, un buen cumplimiento de estos —tal como se está avanzando— dará como resultado una buena práctica de esta estratégica actividad. Ya lo es que los proyectos estén en marcha: un salto gigante en la racionalización de la distribución y gestión del agua urbana, sostenibilidad y mejoras en el medioambiente en el periodo de la transición hacia una economía verde.

CUADRO 15

RESULTADOS DEL BLOQUE 4 DE LA ENCUESTA A LA CUESTIÓN: EL PROYECTO PERTE DE SU EMPRESA REFUERZA (DE 1 A 10)

PERTE	OPORTUNIDAD DE ENGANCHARSE MÁS A LA TRANSICIÓN VERDE	DESPLIEGUE EN EL ÁMBITO TERRITORIAL: PRODUCTIVIDAD Y EMPLEO	PROCESO DE EXPORTACIÓN E INTERNACIONALIZACIÓN	COOPERACIÓN EMPRESAS Y ENTIDADES DE INNOVACIÓN. CON MEJORAS EN COMPETITIVIDAD	COLABORACIÓN PÚBLICO-PRIVADA
Hidrógeno verde	6,5	6	4	3	3
Vehículo eléctrico	9	8	2,5	7,5	6
Industria naval	10	10	9	10	8
Ciclo del agua	10	9	7	9	9
Aeroespacial:					
Aeronáutico	5	8	5	9	9
Espacial	7	10	5	4	8
Agroindustrial	9,3	8,6	8,3	9	8,6
Salud de vanguardia	6,5	7	4,5	3,5	1
Economía de la lengua	-	8	-	9	8
Media total	7,9	8,3	5,7	7,1	6,7

Fuente: Elaboración propia a partir de la encuesta a los responsables entrevistados de proyectos PERTE.

4.3.1.5. La actividad (y PERTE) aeroespacial, aeronáutica y espacial

En España, la relevancia estratégica del sector aeroespacial queda de manifiesto con solo destacar algunas cifras. En 2020, la contribución total del sector al PIB (efectos directos, indirectos e inducidos) fue de aproximadamente 13.094 millones de euros, es decir, un 1,2% del PIB; el total de empleos (directos, indirectos e inducidos) asociados a la industria aeroespacial se estima en 155.261 puestos de trabajo (directos, 37.500, e indirectos), con una alta cualificación profesional y unas condiciones salariales muy superiores a la media nacional. Se estima que la industria aeroespacial genera una inversión total en I+D+i de alrededor de 1.556 millones de euros, lo que demuestra su compromiso con la investigación y la innovación. En 2020 se produjo una caída notable de la facturación del 19% (cifra mucho más elevada en el caso de la aeronáutica civil que cayó el 36%); no obstante, esta situación se produjo en el sector a escala mundial[42].

Desde entonces, intenta tomar aliento y subirse a la transición ecológica y digital, así como abordar los retos de la descarbonización del transporte aeronáutico o la amplia diversidad de tecnologías y aplicaciones que ofrece el uso del espacio. Ello supone una clara oportunidad para la industria aeroespacial española, capacitada para desempeñar un papel de liderazgo internacional. El PERTE aeroespacial es un mecanismo público clave para impulsar la transferencia de conocimiento entre los diversos actores del sector y poner cara a este conjunto de desafíos.

En España, el 84% de la industria aeroespacial se localiza entre el centro del país (principalmente Madrid, Castilla-La Mancha y Castilla y León), Andalucía y el País Vasco. En total existen 696 centros productivos de empresas aeronáuticas. En la industria espacial el polo principal se encuentra en Madrid y el área destacada del nuevo espacio se extiende por la Comunidad Valenciana, Cataluña y Galicia, con empresas emergentes de alto potencial tecnológico.

A. Pilar aeronáutico

La aviación se encuentra en un momento de cambio como consecuencia de la transición ecológica y energética (Platzer, 2023), al igual que ocurre con otros sectores. La energía que requiere un avión para volar es muy alta. El queroseno, el combustible más utilizado en la aviación, tiene una alta densidad energética y, parece que, por el momento no tiene un sustituto rápido y fácil. Cambiar este combustible por el hidrógeno, genera desafíos por su mayor volumen, más que por el peso. La utilización del hidrógeno en la aviación requeriría, según la tecnología actual, utilizar el hidrógeno en estado criogénico (a -250°) y aviones con una zona para combustibles de mayor volumen, de un tamaño aproximadamente de la mitad de la zona de pasajeros de un avión grande.

Del contexto de este estudio y de las entrevistas referidas al sector aeroespacial (específicamente el aero), se desprende que

42. "Memoria técnica del PERTE aeroespacial", https://lc.cx/iu7LrO.

en aviación se espera que haya tres líneas de motores para aviones según uso posible de los distintos tipos de combustibles disponibles hasta el momento: a) motores eléctricos, para aviones pequeños sin pasajeros o con muy pocos; b) motores de hidrógeno, para aviones que realicen trayectos cortos (máximo de 200 km) y con una capacidad para unas 200 personas, y c) motores para aviones impulsados con combustibles sostenibles 'bio' (procedentes de algunos cultivos o grasas) o sintéticos, obtenidos a partir del hidrógeno con impacto nulo (SAF) para vuelos largos o con mayor capacidad de pasajeros. De estos últimos las compañías de aviación han de aprovisionarse (junto al queroseno) con un 5% del total, y en 2035 será el 10%. Pero todavía no hay una regulación propiamente dicha del H2, y aunque está poco desarrollado, Repsol y Cepsa ya están fabricando estos combustibles sintéticos; asimismo, en el País Vasco, Petronor, con otros socios del sector aeronáutico, se ha comprometido a avanzar en este campo del hidrógeno sintético.

El PERTE aeroespacial integra "aéreo" (Programa Tecnológico Espacial-PTE) y "espacio" (Programa Tecnológico Aeronáutico-PTA). En concreto, respecto a la ayuda recibida de la convocatoria CDTI-PTA, se ha señalado en las entrevistas que ha significado un fuerte impulso y que la ayuda ha estado aparentemente bien orientada para llevar a cabo el proyecto cuyo principal objetivo es la utilización de hidrógeno en base sólida en unidades de potencia auxiliar.

La parte destinada al sector aeronáutico es muy pequeña (323 millones de euros), ya que la parte mayoritaria va al sector espacial (aproximadamente 1.480 millones). De los 323 millones del PERTE, en su componente aeronáutica, 248 están comprometidos con el Plan Tecnológico Aeronáutico y los 60 restantes han ido al sector público a través del INTA, 30 millones para ensayos en vuelo y otros 30 para una nueva e innovadora Plataforma Aérea de Investigación (PAI)[43]. Por tanto, el PERTE es más espacial y apenas

43. El conjunto de estas cifras del PERTE aeroespacial han sido recogidas en las entrevistas y no concuerdan exactamente con las aportadas por la "Memoria técnica del PERTE aeroespacial", en las que se prevé una inversión pública del Estado de

aeronáutico; además, el INTA se lleva una parte importante de la parte aeronáutica; sin embargo, pese esta reducida ayuda se reconoce que el PTA está bien gestionado.

Lo que el sector valora es el PTA, que está muy bien diseñado, de modo que los 240 millones van a la industria realmente y llegan a Airbus y otras empresas de la cadena de valor; de ahí que el sector aeronáutico quiere que, en un contexto de largo plazo, cada año se desarrolle un PTA específico, que de forma "moral" lidera Airbus. El PTA es un excelente mecanismo de continuidad anual. El CDTI viene convocando PTA (PT1, PT2 y PT3) desde 2021. El PTA de 2024 se inscribe en el seno de los PERTE. Es relevante que se potencien los canales PTA en los próximos años y que se fijen bien los conceptos y partidas elegibles.

No obstante, esta argumentación de un PERTE pequeño en ayudas, pero bien gestionado, ha sido interpretada de modo distinto por otros potenciales receptores que no lograron acceder, pese a ser empresas muy experimentadas y activas del sector. No tuvieron posibilidad porque no se les dio la oportunidad debido a que sus proyectos no encajaban en las partidas de inversión elegibles en el PERTE (véase el apartado de quejas e inquietudes). Si bien, se reconoce que tal vez estas empresas no están en el nicho de producción de las otras empresas beneficiarias, como, por ejemplo, las que fabrican motores o partes de ellos, que se encuentran muy pegadas a la sostenibilidad.

La visión general que se tiene en el sector aeronáutico de este PERTE es que está diseñado, al menos en parte, a la medida de Airbus. Esta compañía europea, principalmente franco-alemana (con sede en Toulouse) es la referencia europea del sector, por lo que en el ámbito de las políticas públicas, empresas productoras o centros tecnológicos sobresale por su notabilidad e influencia y sus decisiones afectan al conjunto europeo del sector aeronáutico. España cuenta con una participación minoritaria del 4,5% y un asiento en su Consejo de Administración con voz, pero sin voto, o

2.125,85 millones de euros en el periodo 2021-2025. Por tanto, han de tomarse como orientativas.

sea sin apenas poder político. Sin embargo, dentro del territorio español tiene varias plantas de producción, destacan: Illescas (Toledo), Getafe (Madrid), Puerto Real (Cádiz), Albacete, Cádiz y las sevillanas de La Rinconada y de Tablada.

De lo anterior parece desprenderse que es indispensable un acompañamiento público y una clara continuidad de apoyo de las Administraciones públicas a través de subvenciones a fondo perdido, como los PTA de los pasados años, al menos hasta 2030, con el fin de no hundir al sector que queda en desventaja con sus competidores. Al mismo tiempo, las empresas del sector (pocas, pero de alta especialización) deberían avanzar hacia la generación de su propia tecnología en este campo y que no sea siempre la adoptada desde su cliente Rolls Royce, constructor principal de motores para aviones, junto a General Electric.

En este sentido, resulta de interés saber que en China —subiéndose pronto al barco de la competencia— ya se fabrica un avión similar al Airbus, aunque no haya logrado llegar todavía a la tecnología europea, pero es fácil deducir que podrían conseguirlo en un plazo no muy largo. Por tanto, se convierte en objetivo prioritario que las empresas avanzadas del sector se enrolen crecientemente en nuevos desarrollos de tecnologías emergentes y sostenibles, potenciadoras implícitamente de la captación de talento y empleo de especialistas, complementándolo a su vez con investigación y otros desarrollos novedosos por parte de centros tecnológicos o universidades. Esta actividad es también generadora de más empleos de menor especialización y activa nuevas pymes productoras de los nuevos *inputs* que surgen en el camino de la investigación, el desarrollo y la innovación de productos.

Así pues, concluyendo, la transición hacia el uso de hidrógeno en el sector aeronáutico plantea diversos desafíos tecnológicos (Hoelzen *et al.*, 2022). Abordar estos desafíos implica la exploración de soluciones innovadoras y eficientes que permitan la integración exitosa del hidrógeno como combustible en motores de aviación. Exige, asimismo, la adaptación a los motores y sistemas de propulsión, resolver el problema del almacenamiento y la manipulación segura del combustible. Es de esperar que esta iniciativa desenvuelta por el PERTE y desarrollada por las empresas contribuya a la creación de motores más eficientes y limpios, capaces de reducir las emisiones de gases de efecto invernadero y promover un transporte aéreo más sostenible en el futuro.

Con el fin de conseguir estas metas, el sector aeronáutico —con larga experiencia y que ya avanza en la estela del PERTE— necesita un fuerte compromiso estatal (y europeo) con apoyo y acompañamiento que refuerce la colaboración pública-privada. De este modo, se estará favoreciendo la posibilidad de seguir compitiendo en igualdad de condiciones con otras empresas europeas. La experiencia del Consorcio Aeronáutico es buena y ratifica el compromiso del sector. Airbus identifica alternativas en la unidad de potencia del motor y otras compañías aportan nuevas ideas y responsabilidades de diseño o producción.

En este marco de esfuerzo público-privado se hace inexorable reducir considerablemente la burocracia exigida por parte de las Administraciones públicas (como se verá en el apartado de "Quejas e inquietudes").

El PERTE aeroespacial en su componente aeronáutica es un claro ejemplo de oportunidad y senda abierta —de la mano del CDTI— hacia una política de reindustrialización al calor de la transición. En caso de no seguir esta vía que ofrece la transición verde, nos quedaríamos en la parte de atrás de los países de la Unión Europea. Quizás, esta buena práctica del sector y del PERTE podría ser perfeccionable en cuanto a la dotación de más recursos públicos, tal vez más concentrados en los posibles ganadores que presenten un fuerte efecto de arrastre. Téngase en cuenta que en la convocatoria del CDTI del Programa Tecnológico Aeronáutico del año 2023, han sido estimados 28 proyectos para un presupuesto (2023 a 2025) de 71.420.077,99 €; es decir, algo más de 2,55 millones de euros por proyecto.

El CDTI sería un buen ejemplo de *policy maker* sobre cómo diseñar y ejecutar la política industrial tecnológica en la actividad aeronáutica, ya que sabe hacer la norma, aporta seguridad jurídica y ofrece acompañamiento en cada proyecto.

B. Pilar espacial

La innovación verde impulsada por la sostenibilidad revoluciona también en España las decisiones aeroespaciales mediante un sistema inteligente de apoyo (Mutanov *et al.*, 2024). El sector aeroespacial respecto al PERTE aeroespacial en su componente espacial, ya se ha indicado antes que, en términos de presupuesto, el PERTE es más espacial y apenas aeronáutico. Respecto a este sector se enfatiza en que las cosas se han hecho bien –la época de ministro de Pedro Duque–, se ha impulsado el programa PTE como una marca crítica, aunque ha faltado "granularidad". Pero también se remarca que la mayor parte del presupuesto del PERTE va al pago de cuotas a la Agencia Espacial Europea (1.240 millones de euros; 250 millones de euros al año), que despliega interesantes proyectos si bien están separados respecto a la senda adoptada por España.

Es un proyecto español de gran impacto y el sector está en manos de capital privado. Hacia 2012 las barreras de entrada eran grandes, sobre todo por ser la intensidad de capital necesaria. Unas pocas empresas tuvieron que mostrar suficiente capacidad de financiación como requisito previo para ganar credibilidad y así poder acceder al programa de la Agencia Espacial Española[44]. De un modo u otro, siempre ha quedado planteado que la innovación del sector hay que buscarla en el sector privado: es necesario ser "sistemistas", aunque una parte se subcontrata con otras empresas especializadas dentro de una integración vertical. No obstante, se reconoce que el sector goza de sustento institucional. A los nuevos entrantes se les ha dado la oportunidad del apoyo del Estado porque el Gobierno lo ha visto como una oportunidad.

La empresa PDL Space es paradigma de esta dinámica basada en la oportunidad que ofrece el Estado de seleccionar a un (posible) campeón industrial en el campo espacial. No está aún convocado el PERTE correspondiente, pero el CDTI hizo una convocatoria

44. La creación de la Agencia Espacial Española (AEE) aparece reconocida en la Estrategia de Seguridad Nacional 2021 y su creación se autoriza en la disposición adicional tercera del anteproyecto de ley por la que se modifica la Ley 14/2011, de 1 de junio, de la Ciencia, la Tecnología y la Innovación. La AEE tiene por objetivo garantizar el desarrollo y ejecución de una política espacial nacional coherente, así como optimizar la gestión de recursos económicos dedicados por España a actividades espaciales.

específica, con forma de licitación, en 2023 (recogida en las actuaciones del PERTE y Plan de Recuperación, Transformación y Resiliencia), dirigida a la fabricación de un lanzador de pequeños satélites: comparecieron a consultas cuatro empresas, de las cuales solo quedaron dos y, finalmente, solo una, PDL. El presupuesto es de 45 millones de euros y la subvención concedida, de 1,5 millones en la primera fase y 40,5 millones en la segunda. En los primeros meses de 2024 se está desarrollando la tecnología necesaria y el proyecto ha de estar terminado en 2025 (como máximo, en julio de 2026). La exigencia principal es que la "higiene del proceso" ha de hacerse de modo efectivo, partiendo de un comportamiento industrial que exprese un celo *ex ante*. Se ha entregado al principio ocho millones de euros y luego los 32 restantes "cuando me devuelvas el proyecto". El proyecto se realiza en un terreno del aeropuerto de Alicante (10.000 m^2) y en Teruel. De este modo, PLD Space está (moral y aparentemente) en situación de liderar el mercado de lanzadores de pequeños satélites y contribuir al avance de la exploración espacial en Europa y crear un ecosistema innovador espacial en España referente en la Unión Europea.

CUADRO 16

RESULTADOS DEL BLOQUE 5 DE LA ENCUESTA

PERTE	EUROPEO	DE ESTADOS UNIDOS Y OTROS PAÍSES OCDE	DE CHINA Y ASIA ORIENTAL	DE ÁFRICA
Hidrógeno verde	3,5	3,5	2,5	2,5
Vehículo eléctrico	7,5	5	5	1,5
Industria naval	8,5	3	1	1
Ciclo del agua	7	1	1	1
Aeroespacial:				
Aeronáutico	8	2	2	2
Espacial	9	8	4	3
Agroindustrial	8,7	8,7	8	5
Salud de vanguardia	4,5	3,5	3,5	3,5
Economía de la lengua	-	-	-	-
Media total	7,1	4,3	3,4	2,4

Fuente: Elaboración propia a partir de la encuesta a los responsables entrevistados de proyectos PERTE.

Desde esta perspectiva de apoyo público a una oportunidad, a un campeón industrial (o varios, tal vez en próximas convocatorias), también se puede razonar que nos hallamos ante una buena práctica de política industrial.

4.3.1.6. La actividad (PERTE) agroindustrial

La industria agroalimentaria española se caracteriza por una estructura de demanda y contenido tecnológico bajos. Sin embargo, contribuye de manera relevante a la actividad económica española, a la que aporta cerca del 3% del valor añadido bruto (VAB) y algo más del 20% al conjunto del VAB del sector manufacturero, lo que la sitúa como primera rama del sector industrial. Esta industria es la cuarta que más contribuye a la producción de alimentos y bebidas de Europa (10,5% del VAB de la industria de la alimentación y bebidas de la UE), después de Alemania y Francia (y Reino Unido, ya fuera de la UE), y supera a Italia y Países Bajos. En 2023, las exportaciones de esta industria (alimentos, bebidas y tabaco) supusieron 67.209,6 millones de euros, tan solo detrás de la industria de bienes de equipo (74.833,5 millones de euros) y por delante de productos químicos (64.286,4 millones de euros) y del automóvil (53.972,4 millones de euros). Ello significa el 17,5% del total de exportaciones del pasado año.

Se trata por tanto de una actividad económica relevante y competitiva que necesita seguir impulsando la tecnología e innovación y la búsqueda de procesos que aumenten su eficiencia y productividad, así como nuevos productos que compitan internacionalmente. El PERTE agroalimentario, una de las 12 tipologías de los Proyectos Estratégicos, está dirigido a apoyar estos retos.

De acuerdo a este PERTE, las principales líneas en las que inciden los proyectos de las empresas son de índole triple:

a) Sostenibilidad (Sgroi, 2023), en la que se contempla la valorización y reutilización de los subproductos que se generan en el proceso productivo (un ejemplo en la rama de explotación del aceite de oliva es el de las aguas residuales de la industria orujera).

b) Digitalización de la actividad a través de la puesta en marcha de sistemas de sensorizados y tratamiento de datos.
c) Innovación, mediante la implantación de nuevos procesos productivos y productos innovadores (por ejemplo, aceites de oliva virgen extra diferenciados por variedad del producto o del envase contenedor).

Dentro de estas líneas de sostenibilidad, digitalización e innovación, los proyectos PERTE han tenido diversas orientaciones, aunque siempre enfatizando en la cadena de valor: en el ámbito de una rama industrial, como los productos cárnicos; de la seguridad y trazabilidad alimentaria de transformados vegetales; de la transformación del vino hacia una sector más digitalizado y sostenible, o de la cadena láctea inteligente.

Pero sobresalen también otras propuestas emergentes relacionadas con alimentos de futuro, que ofrecen ejemplos de buenas prácticas. Una de ellas es la fabricación y comercialización de ingredientes alimentarios sostenibles a partir del empleo de una funcionalidad tecnológica validada y un resultado de alta calidad nutricional. Las materias primas utilizadas en el proceso de manufacturación son subproductos (destríos) de la industria agroalimentaria de base vegetal. La tecnología usa únicamente métodos físicos (corte, secado, etc.) sin ningún químico añadido diferente a enzimas *food grade* (calidad alimentaria) y agua. Los ingredientes obtenidos son alimentos *plant based* (a base de plantas), que se acercan al concepto de etiqueta limpia, con excelentes propiedades nutricionales y organolépticas.

Este tipo de proyecto es innovador, aunque las tecnologías sean convencionales: la clave es que se basa en una combinación única de tecnologías existentes para obtener nuevos productos, ingredientes alimentarios tecnológicos y sostenibles. Además, esta tecnología de producto final es escalable mediante tratamientos enzimáticos, sólidos y líquidos, fibras y antioxidantes, lo que le aporta un enorme potencial en el campo empresarial (por ejemplo, licenciándose con empresas de gran tamaño de manufacturas tradicionales) y en el de la economía circular. Estas iniciativas novedosas y de futuro tienen también una alta proyección territorial, ya que estimulan el desarrollo y fabricación de numerosos *inputs* que necesitan por parte de otras empresas localizadas en entornos próximos o alejados, en función de especialidades. De este modo, estimulan, igualmente, la generación de nuevo empleo.

Tal como se ha señalado en la entrevista por parte del responsable de AINIA, adicionalmente existen otras líneas diferentes que se anclan, igualmente, en los "alimentos de futuro": el desarrollo de "nuevos alimentos" más sostenibles y saludables, fabricados a partir de materias primas alternativas para empresas emergentes —o tradicionales que se adentran en la utilización de nuevas materias primas— que trabajan con microalgas, insectos o cultivos alternativos y también con algunos tipos de grasas. Este tipo de alimentos —y otros más avanzados en el campo del cultivo celular a través de biorreactores—, arroja una huella ecológica menor y ofrece proteínas mejores y otras propiedades alimentarias muy valiosas y de alta calidad. Los ingredientes que se utilizan como materias primas son aún incipientes, pero de gran futuro.

El alto interés que suponen estas nuevas actividades productivas alimentarias justificaría una línea pública de investigación, tal como ya existen, por ejemplo, en Singapur o en Israel. Se trataría de ensayar y fabricar productos afines a los hoy existentes mediante células animales o ensayar en el campo de la agricultura celular con algas y otros elementos vivos en piscinas biotecnológicas. Se obtendrían altas productividades. Conllevaría en algunos casos, no obstante, la aparición de efectos *tradeoff* (o de intercambio), negativos en cuanto a la reducción de la cabaña ganadera y positivos por ser esta altamente emisora de CO_2.

Estos últimos proyectos agroalimentarios son prometedores y aparentemente casos de buenas prácticas. Junto al resto, que también persigue la eficiencia competitiva y sostenible, están comprometidos con la transición verde y son (aparentemente) casos de buenas prácticas. Así, dan idea de lo que puede ser un salto cualitativo y modernizante de un sector que muestra una larga vida productiva, asociada al campo económico y social en el exigente espacio de seguridad alimentaria de la Unión Europea y de otras áreas económicas desarrolladas.

CUADRO 17

RESULTADOS DEL BLOQUE 6 DE LA ENCUESTA

PERTE	LA APORTACIÓN DE FONDOS PÚBLICOS PERTE PARA NUESTRO PROYECTO ES:	¿CUÁNTOS EMPLEOS NUEVOS SE ESTIMA EN SU EMPRESA QUE SE CREARÁN POR EL PROYECTO PERTE?*	¿CONSIDERA QUE EN SU EMPRESA LA CONTRATACIÓN LABORAL SE ORIENTA HACIA LA IGUALDAD DE GÉNERO?	¿CREE QUE SU PROYECTO PERTE FAVORECE LA SENDA DE LA REINDUSTRIALIZACIÓN?
Hidrógeno verde	Insuficiente	5.000	Sí	Sí 50% No 50%
Vehículo eléctrico	Insuficiente	1.525	Sí	Sí
Industria naval	50% suficiente	1.550	Sí 50% NS/NC 50%	Sí
Ciclo del agua	Suficiente	125	Sí	Sí
Aeroespacial:				
Aeronáutico	Suficiente	5	Sí	Sí
Espacial	Insuficiente	100	Sí	Sí
Agroindustrial	Suficiente	4	Sí 67% NS/NC 33%	Sí
Salud vanguardia	Insuficiente	31	Sí	NS/NC
Economía lengua	Insuficiente	6	Sí	Sí
Media total	Insuficiente 61%	-	Sí 92%	Sí 83%

*Cálculos medios por tipos de PERTE y en media total; en las respuestas a la encuesta se observa alta variabilidad y cierta indecisión. En la entrevista en general, que también se preguntaba, se expresaba en términos generales. En opinión del equipo de investigación, estos datos no han de tomarse de manera definitiva, tan solo son aproximaciones; sería necesario validarlos en función de lo que se hizo figurar en los proyectos.

Fuente: Elaboración propia a partir de la encuesta a los responsables entrevistados de proyectos PERTE.

4.3.1.7. La actividad (PERTE) de salud de vanguardia

En el desarrollo de los proyectos PERTE de salud de vanguardia (Khang, Jadhav y Sayyed, 2024) se ha observado que hay al menos dos actividades de producción muy diferenciadas. De una parte, las empresas farmacéuticas tradicionales, de tamaño grande en general, que proveen de medicamentos y otros productos sanitarios —lo más innovadores posible— a hospitales, farmacias, residencias para personas mayores o con discapacidades y otros centros sanitarios. Y de otra, empresas, más pequeñas —a veces *startups* ya transformadas en pequeñas empresas—, que orientan su actividad hacia el desarrollo e innovación aplicada de productos basados en biotecnología farmacológica y su comercialización. En algunas ocasiones, aquellas empresas grandes y más tradicionales también han avanzado hacia experimentación y producción biotecnológica. Sin embargo, se nos indica, que del diseño del PERTE de salud de vanguardia parece desprenderse que todas las empresas y proyectos pertenecen a una misma categoría, una especie de *totum revolutum*.

Debido a ello, la convocatoria de mayo de 2023 del PERTE indujo a algunas confusiones entre los interesados: de partida el Ministerio de Industria indicó que no cabía concurrir con proyectos generales sobre la creación o mejoras de plataformas tecnológicas o laboratorios, aquellos que basan su investigación en levaduras o células de mamíferos, pero luego no producen ni ofrecen al mercado productos biológico-farmacéuticos avanzados porque no es su cometido. Sin embargo, entre los aspirantes había empresas cuya propuesta de negocio biotecnológico-farmacéutico y comercialización iba más allá.

Dentro del vigoroso ámbito la biotecnología conviene distinguir entre producir medicamentos genéricos, elaborados a partir de *small molecules*, de los tratamientos especiales que necesitan de la fabricación de componentes biotecnológicos complejos, no es investigación a partir de moléculas, que es ciencia básica, sino desarrollo con seres vivos. Los investigadores en plataformas o laboratorios están en otros cometidos relevantes, pero se quedan atrás, les falta la palanca productiva. Las terapias farmacéuticas avanzadas abarcan diversos procesos y actividades de producción en el campo de los antivirales, proteínas recombinantes, anticuerpos o *virus-like particles*. En España tan solo hay tres empresas con esta orientación comercial. Finalmente, el Ministerio abrió el camino a estas iniciativas PERTE, muy relevantes en la salud de vanguardia europea. Y son ejemplo de buenas prácticas.

Las empresas dedicadas a la producción de productos sanitarios o medicamentos genéricos han tenido más fácil acceso a las ayudas PERTE. Sus proyectos normalmente se orientan hacia mejoraras en sus plantas productivas o a la adquisición de bienes de equipo o maquinaria más innovadores y productivos —a menudo importados—. Estas nuevas herramientas permiten escalar la producción y extenderse conforme aumenta la demanda en los mercados más proclives, a menudo, en España y en otros países de la Unión Europea, de naturaleza pública; la participación *retail* (minorista) en grandes supermercados es pequeña en términos relativos.

CUADRO 18

RESULTADOS DEL BLOQUE 7 DE LA ENCUESTA

PERTE	PATRONAL Y ENTIDADES EMPRESARIALES	SINDICATOS	SOCIEDAD CIVIL	RESPONSABLES E INVESTIGADORES DE UNIVERSIDADES	CENTROS DE INVESTIGACIÓN	INGENIERÍAS Y CONSULTORAS	BANCA Y SECTOR FINANCIERO
Hidrógeno verde	6,5	4,5	4	6	6	9	7
Vehículo eléctrico	8	7,5	6	8	8	9	7,5
Industria naval	8	8,5	4	5	7	9	9
Ciclo del agua	8	7	6	9	9	9	9
Aeroespacial:							
Aeronáutico	3	5	2	4	4	4	2
Espacial	8	4	7	7	6	8	6
Agroindustrial	8	5,7	7,3	7,3	8,7	8,3	7
Salud vanguardia	6,5	7	3	3,5	3,5	7	7
Economía lengua	-	-	-	8	8	-	-
Media total	6,2	6,1	4,9	6,4	6,7	7,9	6,8

Fuente: Elaboración propia a partir de la encuesta a los responsables entrevistados de proyectos PERTE.

Hay otro aspecto ligado a una buena práctica en la tramitación de los proyectos PERTE de salud de vanguardia que conviene reseñar. Según el entrevistado de la empresa Leanbio, las empresas farmacéuticas (principalmente las tradicionales) que las que tienen canalizados proyectos con el CDTI la elaboración y gestión del proyecto PERTE ha rodado con facilidad; las metodologías son parecidas, aunque el PERTE es muy ágil en cuanto a la gestión y recepción de las ayudas. Esto es lo contrario que ocurre con los incentivos regionales gestionados por las comunidades autónomas beneficiarias donde, con frecuencia, los interlocutores públicos son más reacios a cumplir en tiempo útil con las ayudas, tardan mucho y las deducciones fiscales previstas también se retrasan.

Asimismo, estas empresas manifiestan encontrarse dentro de una senda que las lleva hacia la sostenibilidad ambiental y energética. Tal vez habría que profundizar más en el campo de los residuos orgánicos y de los medicamentos, estudiando en profundidad la necesidad de un plan nacional de reciclaje que contemple para los próximos años materias primas y *outputs* biodegradables y sostenibles.

4.3.1.8. La actividad (PERTE) de la nueva economía de la lengua

De acuerdo a las entrevistas de este PERTE, NEL-AINA forma parte de un proyecto común y coordinado entre las diferentes lenguas del Estado que llamamos NEL (nueva economía de la lengua). La duración de NEL es de 36 meses y se coordina entre cuatro proyectos propios con metodología, objetivos y técnicas compartidas: NEL-AINA, NEL-VIVES, NEL-GAITU y NEL-NÓS. La coordinación general la realiza el consorcio Barcelona Supercomputing Center-Centro Nacional de Supercomputación (BSC-CNS). El objetivo último de NEL es la generación de recursos multilingües que incluyan, al menos, todas las lenguas de España y que permitan desarrollar aplicaciones multilingües. El proyecto NEL aborda todas las lenguas que se hablan en la península ibérica.

Este PERTE trata de profundizar en las áreas de inteligencia artificial, traducción, aprendizaje, divulgación cultural, producción audiovisual e investigación y ciencia (Korinek, 2023).

La finalidad de los proyectos de lenguas cooficiales es generar los recursos necesarios para facilitar el desarrollo de servicios y productos basados en la tecnología de la lengua, como asistentes de voz, traductores automáticos o agentes conversacionales. Se trata de proyectos de investigación que necesitan generar corpus y modelos propios, pero con un enfoque hacía la transferencia de conocimiento a la industria. Sin embargo, construir un corpus y nuevos modelos es complejo y costoso. Prácticamente nunca se ha invertido en procesado lingüístico y además en Europa se ha desatendido la IA. Es algo así como si a los responsables entrevistados los proyectos PERTE "les hubiera pillado con el pie cambiado"; entretanto, en Estados Unidos han avanzado notablemente y superan con creces lo que escasamente se ha realizado en España o en el ámbito europeo.

4.3.2. QUEJAS E INQUIETUDES DE RESPONSABLES DE PROYECTOS PERTE

4.3.2.1. Generales a todos los proyectos PERTE

El exceso de burocracia en la tramitación PERTE y la alta complejidad —frente a cierta flexibilidad— a la hora de elaborar las propuestas de los proyectos son las quejas más denotadas por parte de los responsables de estos proyectos. De modo bastante general y unido al exceso de burocracia y complejidad administrativa, se han manifestado desaprobaciones por los estrictos requisitos y condiciones de la convocatoria y la falta o escasa calidad de coordinación entre las empresas y la Administración.

Asimismo, en ocasiones, presentan reparos por no haber dispuesto de tiempo suficiente para el diseño idóneo y presentación de las propuestas como consecuencia de los ajustados plazos desde la publicación de las convocatorias. Y ello pese a que en algunos PERTE hubo largos periodos desde su anuncio, hasta dos años, que generaron altas expectativas y numerosas manifestaciones de interés por parte de las empresas. Se piensa que ha faltado un documento que aportara la trazabilidad específica previa para las distintas categorías PERTE a la hora de cumplimentar las propuestas. No obstante, en unos pocos casos también se ha reconocido que en la empresa carecen de personal especializado en presentación de proyectos con subvenciones públicas de estas características. En otros, que ante la carencia de un adecuado mecanismo de gestión para avanzar y elaborar las propuestas complejas —de varias decenas de empresas agrupadas, en algunos casos— acudieron a los servicios de consultoras privadas.

Abundantes son las manifestaciones respecto al largo periodo de tramitación de los proyectos y a las incertidumbres que se generan durante este tiempo, en particular cuando hay que revisar o mejorar aspectos del proyecto que habían sido previamente asumidos por la Administración pública competente. Se ha observado, por ejemplo, que varios proyectos bien armados dentro de las coordenadas del PERTE específico y que fueron previsionalmente aprobados luego decayeron por la carencia de lo que podría calificarse de un requisito muy estricto o por no haber aportado una garantía financiera (caso pymes) y en los que tal vez pudo haberse dado una solución pública más flexible en tiempo o contenido.

Asimismo, se han dado casos de empresas de fabricación de productos de calidad que abandonaban el consorcio o agrupación con el que se habían alineado porque "no les salían las cuentas", no les compensaba tanto esfuerzo ante las bajas intensidades de ayuda que ofrecía el PERTE conforme se desarrollaba la valoración de los proyectos por los empleados públicos expertos. Ello ha supuesto gran frustración de los actores empresariales o de *startups* en el campo especifico; por ejemplo, dentro de los proyectos agroalimentarios o de la economía de la lengua o, al menos en parte, en el PERTE aeronáutico. Precisamente, en el caso del sector agroalimentario, los responsables empresariales han mostrado ser los más reticentes a ser entrevistados.

En los proyectos del PERTE ERHA de hidrógeno verde, pilar aeronáutico del PERTE aeroespacial, y en los de salud de vanguardia, aunque también en otros, pero con menor incidencia, se presenta la queja de que en el reparto del presupuesto correspondiente ha habido gran dispersión —muchos proyectos— frente a una concentración conveniente de proyectos y ayudas.

La reducida inversión pública en infraestructuras de distribución de la electricidad implica dificultades o impedimentos en el acceso a redes de alta tensión y conexiones para el desarrollo de los proyectos de energía, lo que implica una ralentización en el desarrollo de estos. Un paradigma de ello son los grandes proyectos de fabricación de hidrógeno verde. Cuanto más posible es y más cerca está la red que proviene de fuentes renovables, mayor es la tendencia de las empresas beneficiarias de proyectos PERTE a su utilización, que, como se nos ha indicado, rebajan sus costes productivos, sobre todo en manufacturas más consumidoras de energía, como la agroalimentaria, la aeronáutica o los procesos técnicos de la descarbonización.

CUADRO 19

RESULTADOS DEL BLOQUE 8 DE LA ENCUESTA

PERTE	EL APOYO Y FACILIDADES RECIBIDOS POR LOS TÉCNICOS PÚBLICOS EN LA GESTIÓN DE SU PROYECTO	LAS HABILIDADES Y CONOCIMIENTOS DE LOS TÉCNICOS PÚBLICOS QUE HAN GESTIONADO SU PROYECTO	EL GRADO DE COMPLEJIDAD BUROCRÁTICA EN LA FASE PRESENTACIÓN DEL PROYECTO (1 BAJO; 10 ALTO)	SI EL PROYECTO ESTÁ EN DESARROLLO, EL GRADO DE COMPLEJIDAD BUROCRÁTICA EN LA ENTREGA DE LOS FONDOS (1 BAJO; 10 ALTO)	¿EN LA DINÁMICA DE PRESENTACIÓN DEL PROYECTO HA SIDO NECESARIO REUNIRSE CON RESPONSABLES POLÍTICOS DEL PERTE DE SU PROYECTO?
Hidrógeno verde	4	3	4	6	Sí
Vehículo eléctrico	6	5,5	8,5	7,5	Sí
Industria naval	9,5	9	5	5	Sí
Ciclo del agua	8	8	7	No aplica	Sí
Aeroespacial					
Aeronáutico	6	6	9	9	No
Espacial	6	7	10	10	No
Agroindustrial	9	9	6	8,7	No 67%
Salud de vanguardia	7,5	7,5	7,5	4	No
Economía de la lengua	7	7	8	8	Sí
Media total	7	6,9	7,1	6,3	Sí 59,2% No 40,8%

Fuente: Elaboración propia a partir de la encuesta a los responsables entrevistados de proyectos PERTE.

No se dispone de una base de datos única, centralizada y transparente que facilite el seguimiento de las convocatorias, rectificaciones, proyectos presentados por las empresas y rectificaciones, y resoluciones provisionales y definitivas, algo indispensable para la buena gestión y el análisis de impactos y resultados o muestra del aún lento proceso político-administrativo de abordar una franca transparencia de la acción pública, al menos en materia empresarial y en el campo de las políticas que lo acompañan, en este caso el de la política industrial y de la energética.

4.3.2.2. En la producción de hidrógeno verde

Concretamente, los grandes proyectos PERTE se han referido a la escasa dotación de la ayuda que la Unión Europea ha invertido en hidrógeno comparada con Estados Unidos. La ley de reducción de la inflación ha empleado aproximadamente 400.000 millones de dólares para proyectos de hidrógeno, mientras que el Banco del Hidrógeno Europeo dispone hasta el presente de tan solo 800 millones de euros. En Europa y España es como un "quiero y no puedo y también un café para todos". Las ayudas actualmente son insuficientes para este tipo de proyectos con tantos riesgos, cuyo negocio no es rentable ni por regulación ni por clientes. El Gobierno español no se está adaptando a las necesidades de la industria, se trata tan solo de mecanismos con ayudas temporales que no permiten una transición ecológica de este sector emergente, no una hay cadena de valor debido a lo innovador de la tecnología. Aunque no es unánime, se ha argumentado que los proyectos PERTE H_2 se están desarrollando más por RSC que por interés o rentabilidad empresarial.

Se ha enfatizado en la carencia de una estrategia estatal en el hidrógeno verde debido a la existencia de proyectos dispares y dispersos, y con insuficiente ayuda económica (con un máximo de 15 millones de euros por proyecto). Esta falta de estrategia añade dificultades al establecimiento de una regulación idónea por parte de la Administración pública. Hoy, en el caso de España (y en general en la UE), esta no existe propiamente: el sector apenas se siente acompañado de una normativa inoperante y que genera inevitablemente inseguridad jurídica. Se considera que la normativa no avanza a la velocidad de la tecnología ni se adapta a las necesidades de la industria y a requerimientos del cambio climático. Asimismo, la puesta en marcha de los proyectos exige la obtención de autorizaciones administrativas complejas, lentas y poco ágiles, que se convierten en freno importante al desarrollo. Incluso todavía se encuentran algunas dificultades para obtener equipos y tecnología de electrólisis.

En el caso de Estados Unidos, sin embargo, el modelo de acceso a ayudas públicas con el cálculo de emisiones (tres dólares de subvención/kg de CO_2 y el *tax credit*), junto a una autorización administrativa que, a menudo, se lleva a cabo mediante una simple declaración responsable, favorecen el impulso de la producción de energías renovables. También en Italia se aligera la solución de la autorización administrativa mediante una mesa única con acto delegado y prioridad de despacho para proyectos estratégicos.

El hidrógeno es una tecnología aún inmadura que pretende ser alternativa al gas en el uso industrial y a los combustibles fósiles con los denominados combustibles hidrogenizados o sintéticos, pero actualmente su coste es de entre tres y cinco veces superior a sus sustitutivos contaminantes. Su desarrollo necesita una fuerte apuesta de política industrial y Estados Unidos ha llegado más tarde, pero ha apostado con mayor intensidad que Europa por esta tecnología.

En suma, el desarrollo de proyectos (sobre todo, pioneros) de hidrógeno en España enfrenta varios desafíos: el elevado coste energético asociado con operar exclusivamente con energías renovables —con inseguridad en el suministro, en ocasiones—, la lentitud en la obtención de autorizaciones y licencias, y la dificultad en el acceso a la red de electricidad y a la obtención de equipos y tecnología de electrólisis. Además, no existe una regulación apropiada, lo que significa inseguridad jurídica; la normativa actual y los mecanismos de financiación y ayudas no se adaptan adecuadamente a las necesidades de la industria, considerando el elevado coste de inversión. Todo ello obstaculiza la implantación ágil de estos proyectos y por tanto el alcance de beneficios a medio y largo plazo en términos de sostenibilidad y mitigación del cambio climático.

4.3.2.3. En el sector y empresas productoras de vehículos eléctricos y conectados

Las ayudas PERTE están resultando estratégicas para configurar en España un *hub* (espacio donde se concentran empresas, profesionales del sector tecnológico, etc.) tecnológico en el sector del vehículo eléctrico. Son indispensables para evitar la deslocalización del sector. Pero, en la realidad, están siendo más necesarias que suficientes. Sería obligado ofrecer mejores y más concentradas las ayudas públicas para posicionarse en condiciones similares a Estados Unidos o China.

Es necesario reducir la dependencia que arrastra el sector respecto a la producción en otras áreas geográficas (contemplando además el freno que implican los conflictos bélicos en la actualidad en Europa y Oriente Próximo) y que la fabricación europea sea más autónoma. Ello exige disponer de condiciones más iguales en el ámbito de la competencia: así, por ejemplo, tanto en España como en algunos países de la Unión Europea las normas laborales son más gravosas y en general la regulación es rígida comparada con China, y también con la más flexible de Estados Unidos.

Por otra parte, en el ámbito de las plantillas, se plantea una reflexión sobre si las profesiones más cualificadas y las habilidades digitales necesarias (indispensables) en el sector VEC podrían o no compensar la reducción de la mano de obra, y lo mismo con la adaptación progresiva a la IA generativa.

De los proyectos beneficiarios se desprende optimismo que torna en pesimismo cuando se contempla al sector desde una perspectiva geográfica mundial. En efecto, se expresa confianza en el salto hacia la emergencia de las nuevas tecnologías y uso de nuevos minerales en la producción de baterías de menor tamaño (lo que facilitaría la amplitud y comodidad de los vehículos). Se prevé que entre 2025 y 2028 las baterías se fabricarán en estado sólido, lo que reducirá los costes y precios. Se plantea, asimismo, una dinámica de fabricación que va desde la propulsión eléctrica hasta las pilas de H_2 y otros combustibles sintéticos (Jones, 2024).

Sin embargo, aparece la sombra de la decepción cuando se aborda la comparación del sector con los productores de China. Se estima que estos se hallan al menos diez años por delante debido a su capacidad financiera y modelo cultural público-privado, muy disciplinado y de naturaleza *top-down*. Sus normas son menos estrictas en los procesos económicos y productivos. De las relaciones de empresas españolas y sus matrices europeas o internacionales con los productores chinos o establecidos en China se desprende que los tiempos de la Unión Europea no son los de China, lo que conduce a razonar, con pesimismo, sobre probables olas proteccionistas que afectarían al sector, con resultados desconocidos.

En 2023 el 18% de los coches vendidos en el mundo fueron eléctricos y China produjo el 80% de estos. En China el parque móvil de coches eléctricos ya supera los 20 millones, mientras en Europa está próximo a los siete millones y en Estados Unidos a cinco. El sector del automóvil mundial se va a reestructurar en los próximos años y todo apunta a que China seguirá ganando cuota de mercado al disponer sus empresas de mejor tecnología en coche eléctrico y competir con menores costes en el segmento de precios bajos, lo cual permitirá democratizar su uso y que sea accesible a la mayor parte de la población, especialmente a la clase media y de renta media-baja. Las valoraciones del PERTE del coche eléctrico en España son positivas y sin duda es un avance, pero es claramente insuficiente para el cambio tecnológico en el que está inmerso el sector y la necesidad de invertir y acelerar los procesos para reducir la distancia tecnológica que tienen en la actualidad los fabricantes europeos con los chinos.

De todo ello se desprende que sería imprescindible una regulación europea más flexible para adaptarse a un cambio tan profundo en los procesos de producción, así como concentrar las ayudas de fondos NextGenerationEU para poder financiar la gran inversión que necesitan las empresas y de este modo alcanzar este reto VEC a tipo de interés competitivo con los productores chinos.

4.3.2.4. En el sector naval

España tiene una potente industria naval que superó la crisis de los años ochenta y se ha especializado en nichos muy competitivos globalmente, tanto en defensa como en barcos de uso privado y civiles. El PERTE cuenta con las mejores valoraciones y debería ser el inicio de una política industrial verde en este sector que tenga continuidad para competir principalmente con China y Corea del Sur.

Tras la entrevista realizada en Navantia-PYMAR y la exposición de su proyecto PERTE naval de colaboración público-privada, no parece que se puedan extraer quejas específicas acerca de su evolución.

No obstante, PYMAR, tras la resolución del Ministerio de Industria por la que se estimaba este proyecto, presentó alegaciones planteando no hallarse conforme con el valor del presupuesto subvencionable señalado, que resultó algo menor del previsto. Ello fue debido a que algunas acciones y conceptos expuestos en la memoria de solicitud no se habían justificado idóneamente. Se manifiesta en las alegaciones que deberían tenerse en cuenta los aspectos cualitativos y cuantitativos expuestos en el proyecto, puesto que, señalan: "Hemos conceptualizado y estructurado al sector respecto al crecimiento y necesidades de futuro [...]. Si sobrevive el sector privado es porque se ha orientado a los nichos más avanzados y de alto valor ecológico; el 70-75% de la cifra del negocio va dirigida a la exportación".

Por otra parte, Navantia, expone que entre los proyectos previstos sobresale el de la creación de un *hub* de innovación especializado en inteligencia artificial y ciberseguridad en San Fernando (Cádiz). No obstante, este proyecto no encaja dentro del proyecto PERTE debido a restricciones en inversiones. Esperan resolver este aspecto en futuras convocatorias, ya que el proceso y los objetivos actuales de ayudas PERTE se adecúan y están alineados con las necesidades de la industria naval en España. Este proyecto se enfocará especialmente en la digitalización, la descarbonización de la industria naval, la diversificación hacia nuevas áreas (como la energía eólica marina) y la formación y capacitación de talento especializado.

4.3.2.5. En la nueva gestión del ciclo del agua

No se conocen hasta el momento comentarios específicos sobre quejas respecto a la evolución de este PERTE.

Esta nueva acción de impulso industrial y ambiental PERTE está siendo reconocida en ámbitos económicos y empresariales, ya que los proyectos del ciclo del agua van dirigidos precisamente a los operadores especializados, públicos o privados, y no a los tradicionales responsables (ayuntamientos, corporaciones, etc.) de la gestión del agua, que no trataban este recurso en términos de la finitud que arrastra desde hace ya décadas. Sin embargo, esta estrategia, aparentemente idónea, en términos de política industrial es aún provisoria y necesita un marco teórico que la sostenga conceptualmente y a largo plazo.

España es el país con mayor estrés hídrico de Europa, especialmente en sus cuencas hidrográficas mediterráneas. El PERTE tiene una excelente valoración, pero, aunque el desarrollo de la digitalización es indispensable en el sector, convendría también revertir la insuficiente inversión que registra el sector del agua desde 2010 tanto en infraestructuras como en desarrollo tecnológico. Es prioritario invertir en procesos destinados a la reutilización del agua, así como en sistemas que ayuden a mitigar los efectos de los desastres naturales, especialmente las danas o fuertes tormentas, sobre los ciudadanos, los municipios y el territorio.

4.3.2.6. En el sector aeronáutico y espacial

El pilar aeronáutico de este PERTE se lamenta de que en España no exista un plan con una visión a largo plazo para impulsar la transición energética y ecológica en ese campo, como ocurre en otros países de la Unión Europea, o bien Japón o Reino Unido. El Centro para el Desarrollo Tecnológico y la Innovación (CDTI), organismo de referencia de apoyo a la investigación e innovación empresarial, expresa que no depende de ellos (al menos financieramente), pero ratifica que "hace falta un plan Aero a largo plazo".

Por otra parte, en este marco de esfuerzo público-privado (y Consorcio Aeronáutico) se insiste, desde los altos responsables técnicos y de gestión, en que es tarea inexorable del Gobierno reducir considerablemente la burocracia exigida *—ex ante—* en la configuración de los proyectos PERTE (que lo generalizan para todos proyectos y ayudas) y la escasa flexibilidad en las fechas de cumplimiento de plazos, en la concesión de las ayudas y en el seguimiento posterior. Estos aspectos ya han sido narrados arriba, en el apartado que da comienzo a "Quejas e inquietudes" (generales a todos los proyectos PERTE), pero se traen de nuevo aquí por el énfasis puesto en este PERTE en particular.

Asimismo, se ha expresado en las entrevistas que este PERTE (en particular en el sector aeronáutico) está bien planteado ya que se contemplan planes tecnológicos anuales. Es más, se indica que pese a que las ayudas recibidas son bajas, ello no significa que el modelo no sea sostenible a largo plazo. La industria aeronáutica necesita en los próximos años el acompañamiento del Estado y un apoyo financiero mayor. De este modo mejoraría la baja participación de apoyo público a este sector respecto al sector espacial, ya que las ayudas otorgadas al pilar aeronáutico son reducidas mientras que las dirigidas al pilar espacial son elevadas, al menos en términos relativos. Sin embargo, también se ha reconocido que, pese esta reducida ayuda, el PTA del pilar aeronáutico está bien gestionado y es muy importante para el sector.

Profundizando en esta idea positiva de PERTE "pequeño, pero bien orientado y gestionado", ya se ha señalado en el apartado de buenas prácticas que ha sido interpretada de modo distinto por otros potenciales receptores de ayudas que no lograron acceder al PERTE. Y sobre ello han expresado algunas inquietudes. Se trata de empresas muy experimentadas y activas del sector que no tuvieron posibilidad porque no se les dio oportunidad. Lo intentaron a través del Ministerio de Industria, directamente, y de TEDAE, la asociación empresarial que las representa, pero se les mostró que las partidas definidas por el presupuesto "ya estaban adjudicadas o casi adjudicadas", puesto que los proyectos financiables correspondían a las empresas elegibles. De este modo, razonan, no consiguieron nada, las decisiones estaban prácticamente tomadas de antemano, al menos el 90%.

Ante esta imposibilidad de acceso al PERTE, se reclama habilitar fondos más abiertos para empresas avanzadas del sector que lo han tenido cegado en esta convocatoria. Y se apostilla que ha estado falto de interlocución idónea, que ha habido cierto grado de descontrol y no un criterio común al sector o, dicho de otro modo, ha faltado planteamiento estratégico. Se alega incluso que algunas de las autoridades políticas cercanas al PERTE lo manifestaron (según un alto cargo del Ministerio de Industria: "No sabemos cómo vamos a gestionar todo este presupuesto con las limitaciones impuestas"). Y se aporta una idea que podría ser de interés: el Ministerio debería haber habilitado un equipo de expertos que hubiera propuesto cómo llevar a cabo la gestión del PERTE durante todo su recorrido administrativo y empresarial. Estos expertos podrían ser personal del ministerio, pero también pertenecientes al sector privado[45]. Se valora esta última propuesta como de ocasión perdida en el ámbito de la industria española.

Finalmente, en el recorrido de esta investigación por parte del experto responsable del CATEC se ha manifestado en la entrevista un comentario que viene al caso:

> Hágase un PERTE grande para acompañar a una política industrial, este es el papel que ha de jugar el Gobierno para reforzar la industria mediante un esfuerzo estratégico hacia la reindustrialización. ¿Por qué no, de una manera creativa y adecuada a la reglamentación, se adicionan a los PERTE los fondos sobrantes FEDER de cada año en las distintas comunidades autónomas que tienen derecho a recibirlos (y la obligación de gastarlos de acuerdo con un plan plurianual) para utilizarlos en una política de reindustrialización?

45. Esta idea está presente en los trabajos de esta Cátedra. Se ha hecho referencia a ella tanto en un artículo anterior ("Una política industrial verde orientada a nuevas industrias y tecnologías en la transición ecológica") como en este, en concreto, en el apartado "De la política industrial a la política industrial verde y la reindustrialización".

Asimismo, se enfatiza por responsables empresariales del sector en la necesidad de que el Gobierno elabore una política de reindustrialización propia, más potente y eficaz, contemplando, como la de Estados Unidos (en particular la reciente ley sobre la inflación), la modalidad del crédito fiscal que favorece la financiación de las empresas a largo plazo, además de otras subvenciones y préstamos de carácter tradicional, que podrían financiarse ahora en mercados muy dinámicos de deuda y también con fondos ICO.

Y se discute, también, que los PERTE están muy orientados hacia una actuación muy pegada a la transición ecológica o la economía circular (por ejemplo, el del hidrógeno, que dispone de un gran presupuesto y los resultados son aún expectativas), pero no se puede descuidar las manufacturas de alto valor añadido y contenido tecnológico alto o medio, que siguen siendo básicas para el crecimiento y mejora de la productividad y empleo a largo plazo.

En el pilar espacial del PERTE aeroespacial apenas hay todavía convocatorias o algunos proyectos están en fase de propuestas sin resultados por el momento. No obstante (como ya se vio en buenas prácticas), dentro de este PERTE hay una acción sobre ayuda a lanzadores de cohetes pequeños que ya fue convocada y de la que fue beneficiaria la empresa PDL.

Ahora bien, se ha se remarcado desde los representantes de esta empresa que, pese a que este pilar espacial ostenta un elevado presupuesto respecto al aeronáutico, la mayor parte va al pago de cuotas a la Agencia Espacial Europea (1.240 millones de euros; 250 millones de euros al año), aunque es verdad que esta agencia despliega interesantes proyectos entre sus socios (y empresas del sector) de los Estados miembros. Pero se matiza que estos proyectos están separados o no son coincidentes respecto a la senda adoptada por el Gobierno y las empresas del sector en España.

4.3.2.7. En el sector agroindustrial

Del PERTE de los Reyes Magos, pasando por la negativa de Bruselas a la concesión de ayudas de Estado, hasta el efecto suflé cuando aparecieron las convocatorias y presupuestos de ayuda limitados, han sido los pasos que ha seguido el PERTE agroalimentario, describe metafóricamente el responsable de AINIA entrevistado —con una agrupación de empresas— de gran interés del sector. Estos pasos precarios han supuesto la irritación de muchas empresas y centros tecnológicos del sector.

Se ha apuntado por responsables empresariales entrevistados que concurrir al PERTE agroalimentario ha sido una oportunidad para entrar en contacto y compartir puntos de vista con otras empresas del sector. Pero, por el contrario, la política PERTE ha sido poco satisfactoria desde el punto de vista de la escasa intensidad de ayuda recibida, así como del excesivo celo administrativo exigido.

Señalan las empresas actoras que la resolución de la convocatoria no se ha dilatado demasiado en el tiempo, pero que el proceso de poner un proyecto a punto desde que se anunció la convocatoria ha sido muy extenso y complejo. Las manifestaciones de interés comenzaron a presentarse a finales de 2020 y hasta la elaboración del proyecto han ido modificándose la orientación y algunas líneas del PERTE. Por ejemplo, bajo la convocatoria del centro tecnológico AINIA, responsable técnico del proyecto, se reunieron por videoconferencia más de 50 veces las 20 empresas que formaban la agrupación del proyecto. La propuesta del proyecto necesitó seis meses para su elaboración y las modificaciones exigidas.

Habría sido necesario, se ha matizado, disponer de un plan de trazabilidad con indicativos sencillos para lograr redactar bien los proyectos ("¿cómo lo resuelvo?, es un requisito indispensable, pero a menudo difícil de llevar a cabo"). Este plan podría haberse mostrado en una plataforma amigable, de gestión experta y común, accesible, reduciendo la burocracia y los numerosos requisitos exigidos a lo largo del diseño del proyecto.

También se ha remarcado que, con motivo de una circunstancia tan especial como era el lanzamiento de los PERTE, habría sido una gran oportunidad articular una plataforma técnica de carácter nacional de gestión, conformada por expertos o consultores —con una participación de los empleados públicos— que desarrollase un modelo de trazabilidad para los proyectos y colaborase desde el principio en la gestión y asesoramiento durante el periodo de elaboración de los proyectos.

La complejidad de la convocatoria y los estrictos requisitos de los proyectos tractores y de los proyectos de las empresas agrupadas ha significado que algunos de estos hayan terminado decayendo, lo que afecta a otras empresas que formaban parte de los proyectos primarios. Sobre la línea de digitalización del PERTE se ha dicho que más que un efecto incentivador ha tenido un efecto retardador ("retrasador" dicen). En efecto, una empresa de la agrupación con su plan estratégico de digitalización listo tuvo que postergar la puesta en marcha debido a la convocatoria y, finalmente, no ha recibido financiación; algo similar ha ocurrido con las propuestas destinadas a la sostenibilidad, que han resultado no subvencionables al no cumplir exactamente con los requisitos de la convocatoria.

Asimismo, como se ha indicado más arriba, se han dado casos de empresas con productos de alta calidad que abandonaban el consorcio o agrupación a la que pertenecían porque "no les salían las cuentas", no les compensaba tanto esfuerzo ante las bajas intensidades de ayuda que ofrecía el PERTE agroalimentario: el añejo y malsonante en política industrial "café para todos".

Todo ello se correspondería con una vetusta filosofía orientada a un sector tradicional mediante la diseminación de (escasas) ayudas para muchas empresas, frente a situar el foco en unos pocos proyectos grandes de futuro —que asumieran un nuevo riesgo de campeones industriales— para la alimentación europea, en un país rico en materias primas procedentes del sector primario, y que generara un fuerte proceso de arrastre en el sector, las empresas, el territorio y el empleo. En algún sentido, las protestas del sector agrario durante los meses de febrero y marzo de 2024, en las que los agricultores salieron con sus tractores por diversas ciudades españolas podrían ser una muestra de estos tradicionales formatos relativamente fracasados de política industrial.

Adicionalmente, responsables del sector se han mostrado críticos con el PERTE por haber dejado de nuevo rota la cadena de valor agroalimentaria, puesto que se queda tan solo del lado de la producción industrial propiamente dicha. La parte del origen ha quedado fuera de elegibilidad: solo pueden financiarse las actividades manufactureras, no las agrícolas, que son parte indispensable en el *output* final de los alimentos y que daría coherencia al aterrizaje de una nueva política industrial verde. Tan solo se entienden productos industriales aquellos que siendo de origen vegetal han tenido algún proceso —aunque sea pequeño— de transformación industrial. Tampoco son elegibles las actividades de la ganadería o la pesca, muy destacadas en la cadena alimentaria. Quedan por tanto excluidos del PERTE agricultores, ganaderos y pescadores, pequeños principalmente, ya que tamaños mayores de explotaciones (incluidos invernaderos y el cultivo en sistema de hidroponía), a menudo, tienen algún proceso básico manufacturero antes de surtir a los mercados intermedios, tanto mayoristas como minoristas.

Finalmente, se ha indicado que nuevas líneas de alimentos de futuro (basados en nuevos ingredientes y materias primas, o bien en cultivo celular animal), más sostenibles y saludables, han entrado en las premisas del proyecto PERTE, aunque desafortunadamente no es elegible la actividad de promoción y difusión al consumidor, que sería de sumo interés dado el reto que significa en el mercado nacional/europeo y en el internacional.

El sector agroalimentario sigue siendo, junto con el automóvil, el principal sector de exportación de la economía española. Es un sector muy competitivo, pero que necesita modernizarse y adaptarse a los efectos del cambio climático, especialmente al estrés hídrico, e incorporar tecnología y digitalización para suplir la escasez de mano obra en el sector, que irá a más en los próximos años debido al envejecimiento de los trabajadores actuales del campo y la pesca en España y a su difícil sustitución. El PERTE ha sido claramente insuficiente y debería reforzarse.

4.3.2.8. En el sector de la salud de vanguardia

La política industrial PERTE de salud de vanguardia es valorada por los interlocutores entrevistados como "buena" pero con dos importantes matices: es pequeña (insuficiente en fondos) y sus objetivos no están bien centrados, convendría revisarlos y orientarlos más hacia un modelo de mercado biológico-farmacéutico.

Se ha recomendado entre los entrevistados algunas ideas que aparentemente suenan bien y podrían introducirse en un eventual nuevo PERTE de salud. Estas ideas y reflexiones no dejan de ser, por otra parte, mejoras para la industria farmacéutica. De un lado, deberían englobarse menos cosas de las que hay actualmente, hay demasiadas, no son claras dentro del proceso de la acción biotecnológica en la farmacología. De otro lado, está muy orientado a empresas grandes ya expandidas del sector farmacéutico, por lo que deja poco espacio para empresas del ámbito biotecnológico. Para desarrollar estas mejoras, el nuevo PERTE debería estar orientado a empresas de producción farmacéutica ya establecidas que dispongan de "principios activos" y que además quieran ampliar su modelo hacia la biotecnología; asimismo, debería estar dirigido a emprendedores activos en el campo biotech que quieran establecerse con un mínimo de copartícipes (fusiones entre *startups*, etc.) y que tengan visión comercial.

Asimismo, el PERTE de salud de vanguardia, en lo concerniente a la biotecnología, va dirigido principalmente a los que están en la fase anterior a la preclínica, en laboratorios, y a los que están en las fases posteriores: fase 1 (preclínica: modelos con animales, con base regulatoria), fase 2 (estudios clínicos: con voluntarios sanos o con enfermos voluntarios para probar la eficacia terapéutica del medicamento), fase 3 (prueba con enfermos de hospitales, para la autorización del medicamento) y fase 4 (ciclo de comercialización en función de estadísticas reconocidas, en esta fase empieza el retorno económico). Pero en el diseño del PERTE está poco analizado lo que se halla en medio del conjunto de estas fases. El análisis tendría que responder sobre el modo de expandir las líneas productivas entre este conjunto de fases.

Finalmente, se ha dicho por los entrevistados que las ayudas recibidas son consideradas importantes, si bien las dos convocatorias PERTE desarrolladas hasta 2023 parecen diseñadas para hacer una repartición entre todo el sector.

CUADRO 20

RESULTADOS DEL BLOQUE 9 DE LA ENCUESTA

PERTE	LA IDONEIDAD DEL REPARTO DE LOS FONDOS PERTE EN LAS 12 TIPOLOGÍAS INDUSTRIALES	¿CONSIDERA QUE UN GRUPO DE EMPRESAS GRANDES O SECTORES ESTARÍAN BENEFICIÁNDOSE MÁS QUE OTROS TAMBIÉN CON POTENCIALIDAD PERTE?
Hidrógeno verde	5	No
Vehículo eléctrico	6,5	No
Industria naval	10	No 75% En parte 25%
Ciclo del agua	8	No
Aeroespacial		
Aeronáutico	3	Sí
Espacial	6	NS/NC
Agroindustria	7,3	Sí 33% No 33% NS/NC 33%
Salud de vanguardia	5	Sí 50% No 50%
Economía de la lengua	6	No
Media total	6,3	Sí 23% No 62% NS/NC 15%

Elaboración propia a partir de la encuesta a los responsables entrevistados de proyectos PERTE.

4.3.2.9. En la nueva economía de la lengua

El PERTE de la nueva economía de la lengua es una oportunidad a la que se ha destinado poca inversión respecto al ambicioso presupuesto total. El sector de las lenguas cooficiales trabajó con el comisionado en el diseño del PERTE, pero se lamenta de que los fondos previstos se desinflaran como un suflé, ya que de los más de 1.000 millones anunciados para el PERTE solo les han encauzado 7,5 millones de euros, con fecha máxima para su ejecución de 31 de diciembre de 2025.

Por otra parte, no parecería que el lento avance para establecer un corpus de las lenguas cooficiales sea la nueva regulación europea en materia de IA. Se enfatiza que es más bien un problema de inversión. Adicionalmente, se reconoce que habría capacidad para avanzar más, pero "no hemos sabido hacer crecer a las empresas de tecnologías de la lengua": ha habido escasa transferencia del conocimiento. Por tanto, no es solo un asunto regulatorio, incluso grandes modelos de lenguaje han barrido con todos los recursos sin ningún respeto a la propiedad intelectual. Esta precariedad del sector de tecnologías lingüísticas hace que las empresas emergentes de España no escalen hacia mejores producciones. Es algo así como que "el enfermo necesitara un medicamento más complejo que solo una regulación".

Por tanto, la oportunidad de este PERTE —el alcance de los objetivos perseguidos— ha de estar acompañada de una mayor inversión y de potenciar la transferencia de conocimiento y el "saber hacer" a las empresas especializadas del sector. En otro caso, en este ámbito tan estratégico, la conexión entre la lengua y el desarrollo empresarial y económico se quedará atrás.

Desde la perspectiva europea, se considera que la Unión Europea no está apoyando de manera suficiente y ordenada la industria de nuevas tecnologías de la lengua y la inteligencia artificial, y que no existe coordinación, "cada uno va a lo suyo sin objetivos claros". De este modo, la UE va a remolque de Estados Unidos y de China en este ámbito. Hay una falta de estrategia total. Para posicionar la industria en Europa, se necesitan más recursos y más foco. Competir con las grandes tecnológicas es complicado, ya que "nos llevan años de avance, como mínimo cuatro o cinco años, respecto a España. Hay que investigar en alternativas a los modelos de *transformers* y con una tecnología propia".

CONCLUSIONES Y SUGERENCIAS

Los Proyectos Estratégicos de Recuperación y Transformación Económica (PERTE) y su dinámica entre 2021-2024 están mostrándose como un buen instrumento de política industrial, a falta de mejorar su diseño, gestión, coordinación, transparencia y flexibilización. Estas mejoras probablemente los convertirían —tal vez con otra denominación— en una valiosa y nueva política de reindustrialización verde, que debe ser madurada y debatida con tiempo antes de la terminación de los plazos de los fondos NextGenerationEU. En otro caso, nos encontraríamos ante una nueva oportunidad perdida, de modo que la economía y la industria españolas seguirían, a corto-medio plazo al menos, su activa y aceptable senda, pero sin converger en productividad y, a menudo, en competitividad de los países centrales de la Unión Europea y otros de la OCDE, además de la gigante China y otros países asiáticos. Esta circunstancia, si se produjese, tampoco sería palanca de transformación económica ni de generación de nuevos empleos —indispensable para reducir la brecha estructural del desempleo—, sobre todo de trabajadores preparados profesionalmente para abordar los retos de la digitalización, el acompañamiento en la evolución de la IA y la transición verde.

En este punto se extraen, en primer lugar, las conclusiones destacadas de cada PERTE y, en segundo lugar, otras de carácter general.

1. PRINCIPALES CONCLUSIONES Y RESULTADOS SEGÚN CATEGORÍAS PERTE

1.1. HIDRÓGENO VERDE

El PERTE ERHA se gestiona desde el Instituto para la Diversificación y Ahorro de la Energía (IDAE), y de las entrevistas realizadas a las principales empresas que han resultado beneficiarias se desprende que es imprescindible que la tramitación burocrática y la regulación europea se mejore y agilice si queremos ser competitivos con Estados Unidos y China. Este PERTE ha acelerado la inversión privada y ha tenido un efecto incentivador, incrementando el impacto y el alcance de los proyectos, pero las ayudas han sido insuficientes para este tipo de proyectos, como se demuestra que mientras se edita este libro la Comisión Europea, mediante un comunicado del 26 de julio de 2024, ha aprobado nuevas ayudas estatales en España para apoyar inversiones destinadas a la producción de hidrógeno verde (valles de hidrógeno).

El hidrógeno, como fuente ingente y segura de la energía global, es la tecnología más disruptiva en energía en la actualidad. España cuenta con ventajas competitivas al tener un coste energético menor gracias a la energía eólica y solar fotovoltaica, pero con un hándicap que es uno de los países con mayor estrés hídrico de Europa. Sin embargo, la tecnología en este campo es inmadura aún y requiere de apoyo público para desarrollarse; en este sentido, se debería centrar en grandes proyectos tractores que favorezcan la I+D+i y los proyectos piloto en toda la cadena de valor y no en pequeños proyectos esparcidos por todo el territorio español. Quedan por resolver algunos condicionantes y desarrollos técnicos que podrían despejar los modos de almacenamiento y distribución del hidrógeno para su empleo generalizado. Otro aspecto clave lo determinará que sea un combustible competitivo para los sectores de destino. Para desarrollar la demanda y potenciar la descarbonización de los sectores clave de la economía, se necesita apoyo decidido y agilidad, como está haciendo Estados Unidos, y un plan a medio plazo para hacerlo sostenible y competitivo respecto a otros combustibles más contaminantes, pero económicamente más competitivos en estos momentos, como son el gas o el queroseno.

1.2. VEHÍCULO ELÉCTRICO Y CONECTADO

Este PERTE está gestionado por el Ministerio de Industria y Turismo. En este sector tan sensible a la innovación y la competencia internacional —pese a la incertidumbre del mercado global y la audaz posición competitiva de China—, la estrategia del coche eléctrico ha sido asumida por la mayoría de los grandes constructores mundiales. En el caso de las constructoras españolas —todas de capital exterior—, las distintas partes involucradas están comprometidas con la innovación y la digitalización, transformando y descarbonizando sus plantas para el desarrollo del vehículo eléctrico. Del apartado de gestión de las ayudas públicas se extrae un buen caso de diseño ad hoc de política industrial, que se deriva del buen conocimiento de los empleados públicos responsables (a veces con algunos apoyos externos) de cómo funciona "por dentro" el sector y las empresas que compiten hasta llegar a la factoría constructora. Sin embargo, se advierte de las bajas de este personal técnico público, atraído por oportunidades privadas, que ha venido ocurriendo en los últimos años.

En el sector se desprende optimismo, que torna en pesimismo cuando se contempla desde una perspectiva geográfica mundial. En efecto, se expresa confianza en el salto hacia la emergencia de nuevas tecnologías y el uso de nuevos minerales en la producción de baterías de menor tamaño, hasta las pilas de H_2 y otros combustibles sintéticos. No obstante, detrás aparece la sombra de decepción cuando se aborda la comparación con los productores de China. Se estima que estos se hallan al menos diez años por delante gracias a su capacidad financiera y modelo cultural público-privado, muy disciplinado y de naturaleza *top-down*. De ahí que parece imprescindible una regulación europea más flexible para adaptarse a un cambio profundo en los procesos de producción y concentrar las ayudas de fondos NextGenerationEU para poder financiar la gran inversión que necesitan las empresas y así alcanzar este reto VEC a tipo de interés competitivo con los productores chinos. Conviene recordar aquí que la exportación de automóviles en España es el renglón más importante del comercio exterior.

1.3. SECTOR NAVAL

El PERTE naval lo gestiona el Ministerio de Industria y Turismo. Teniendo en cuenta que es el que menos fondos tenía asignados, es el que va a tener más impacto tractor sobre la innovación, la digitalización y la sostenibilidad de la cadena de valor del sector naval. Es un sector muy competitivo, con tecnología e ingeniería española, que se exporta al resto del mundo. Todo el sector se ha unido en una colaboración público-privada, donde destaca en inversión el proyecto liderado por Navantia, principalmente, y PYMAR, y a los que se han unido pequeños astilleros y pymes innovadoras del ecosistema con gran potencial de crecimiento y creación de empleo. Lo salarios son altos, especialmente en nichos de mercado donde los astilleros tienen ventajas competitivas como es el caso de barcos de mantenimiento de parques eólicos o diseño y fabricación de aerogeneradores offshore para inversores y empresas productoras de energía, cuya demanda está creciendo exponencialmente y continuará haciéndolo en el futuro. Asimismo, debido al aumento del gasto en defensa en el mundo en los últimos años, la demanda de fragatas y barcos de Navantia crece exponencialmente.

1.4. CICLO DEL AGUA

Este PERTE, gestionado por el Ministerio de Transición Ecológica y Reto Demográfico, presenta una clara insuficiencia de fondos teniendo en cuenta el reto al que se enfrenta España con el agua, especialmente en el segmento de ciclo de agua urbano donde apenas unas pocas entidades públicas o empresas privadas concesionarias han accedido a fondos. No obstante, del trabajo realizado y las entrevistas se desprende que esos pocos proyectos están gestionados por empresas muy competitivas internacionalmente y son innovadores y disruptivos. Los fondos permiten avanzar en el proceso de digitalización de toda la producción y el consumo de agua para hacer un uso más eficiente de un recurso cada vez más escaso, desde el lado de la oferta y también desde el lado de la demanda.

Esta nueva política industrial y de servicios sobre el agua, aunque aún provisoria y sin un marco teórico que la sostenga conceptualmente ni a largo plazo, goza de prestigio en ámbitos económicos y empresariales, especialmente porque los proyectos van dirigidos a los operadores, públicos o privados, y no a los tradicionales responsables de la gestión del agua, que habitualmente eran los ayuntamientos. El sector también genera mucho empleo y paga aproximadamente el doble de salario medio que el promedio de la economía española; de ahí que este PERTE sea una gran oportunidad para recuperar la infrainversión en infraestructuras y en desarrollo tecnológico e innovación que padece desde 2010.

1.5. SECTOR AEROESPACIAL

El PERTE aeroespacial está gestionado por el CDTI. Todas las empresas entrevistadas destacan su eficacia en el diseño de la normativa y en la agilidad de los trámites burocráticos. La mayor parte de los fondos públicos se han concentrado en el sector espacial, que goza de un alto potencial de crecimiento y de generación de empleo, aunque buena parte de estos fondos se han usado para cubrir la cuota de España en la Agencia Espacial Europea. Por sus características, a los nuevos entrantes se les ha dado la oportunidad del apoyo del Estado, porque se ha visto como una oportunidad de impulso a la economía española.

La inversión de fondos ha sido claramente insuficiente para el sector aeronáutico, en el que España cuenta con una red de proveedores de Airbus y Boing muy competitivos y una industria que necesita más apoyo, ya que sus competidores cuentan con un fuerte apoyo de la política industrial de sus Gobiernos, principalmente en Francia y Alemania.

Este PERTE puede ser el inicio de una política industrial en el sector que no existía, pero necesita que el Gobierno español comience a definir, juntamente con los agentes implicados, planes de política industrial que den continuidad a lo conseguido con el PERTE y los planes estratégicos aeronáutico y espacial, tanto en ayudas directas como, especialmente, mediante modelos de apoyo flexible a la financiación. Asimismo, dado que el sector está muy avanzado entre los países líderes, el camino aquí es la búsqueda e inserción en áreas estratégicas verticales que generan alto valor añadido y la defensa de su posicionamiento en ellas, como ya lo han hecho algunas compañías españolas con gran éxito. A algunos nuevos entrantes se les ha dado la oportunidad del apoyo del Estado por considerarse una oportunidad.

1.6. SECTOR AGROALIMENTARIO

El PERTE agroalimentario está gestionado por el Ministerio de Industria y Turismo. La primera convocatoria quedó muy lejos de los objetivos y no fue capaz de adjudicar todo el dinero asignado por la ausencia de proyectos de inversión suficientes. La principal causa fue el diseño de la orden de bases y convocatoria que exigía ir en agrupación de empresas con una estructura muy compleja que demostró ser muy poco atractiva para estas compañías del sector. En nuestra opinión, buena parte de los errores de la primera convocatoria se han subsanado en la segunda, cuya orden de bases con cambios significativos respecto a la anterior se está tramitando mientras este libro se está editando y del que ya se conocen las bases publicadas para consulta previa.

El agroalimentario es el gran sector de exportación de la economía española, junto con el automóvil, y el que más ventajas competitivas y potencial de crecimiento tiene, tanto en los alimentos tradicionales como en otros emergentes que utilizan los destríos del proceso industrial como materias primas, así como los denominados nuevos alimentos, más sostenibles y saludables, fabricados a partir de materias primas como las microalgas, insectos o cultivos alternativos, y también con algunos tipos de grasas. El sector, que ha de ir al lado de la agricultura y agricultores especializados (lo que hasta ahora no ha considerado el PERTE) necesita avanzar en la profesionalización y la mejora de eficiencia, especialmente en los regadíos agrícolas y el consumo de agua que cada vez es un bien más escaso. La digitalización del sector es clave para conseguir este objetivo. También en la agricultura saludable, sin pesticidas, y sostenible cada vez más exigida por los consumidores, especialmente en el norte y el centro europeos, nuestros principales clientes. Asimismo, en este avance hacia una política industrial emergente y verde es indispensable la innovación y gasto en I+D.

1.7. SECTOR SALUD DE VANGUARDIA

El PERTE de salud de vanguardia está gestionado por el CDTI, con una mayoría de proyectos y empresas adjudicadas que incluyen I+D+i, eso ha permitido que la intensidad de las ayudas haya sido de las más elevadas que en otros PERTE. Las empresas entrevistadas también han destacado la agilidad y la mínima burocracia del CDTI en el diseño del PERTE. Sin embargo, el gran número de actores participantes impide cierta concentración de ayudas en algunos proyectos aventajados en ideas, tecnología, productos emergentes y comercialización.

España tiene un sector biotecnológico relacionado con la salud, aún incipiente, y el objetivo del PERTE es ayudar a potenciarlo si se ejecuta correctamente. Las cuantías de las ayudas, de acuerdo con lo manifestado en las entrevistas, son significativas pero insuficientes y además no parecen estar bien centradas. Sin embargo, hay que distinguir entre las grandes y medianas empresas farmacéuticas tradicionales, a partir de innovaciones pequeñas, que resultan las más beneficiadas, mientras que el apartado del emergente sector biotecnológico necesita un mayor acompañamiento de los fondos NextGenerationEU y de instrumentos de deuda, y especialmente su desarrollo en los mercados de capitales y de mecenazgo tecnológico. Es habitualmente en estos mercados donde se puede conseguir financiación vendiendo sus créditos fiscales generados por la inversión en I+D, que no pueden monetizar hasta que generan beneficios. Necesitan también el acompañamiento de las instituciones públicas en la apuesta y búsqueda de oportunidades por la salud de vanguardia y personalizada.

1.8. NUEVA ECONOMÍA DE LA LENGUA

Este PERTE cae en cuanto a responsabilidad de gestión en el Ministerio de Transformación Digital, que ha dispuesto de muy pocos recursos, que a su vez se han dividido en exceso para potenciar las lenguas cooficiales. Ha sido muy escaso el dinero concedido a cada una. Probablemente, ya se ha perdido una oportunidad de oro para el desarrollo de inteligencia artificial en español, de modo que sea luego exportable a América Latina y a Estados Unidos, donde existe una amplia comunidad hispanohablante. La inteligencia artificial es la revolución tecnológica más disruptiva y horizontal. España y la Unión Europea van muy atrasadas con respecto a Estados Unidos y a China.

El PERTE de la nueva economía de la lengua concentra sus esfuerzos en el desarrollo de tecnología en español y en lenguas cooficiales, pero ha centrado sus esfuerzos principalmente en el desarrollo de investigación básica con un perfil de beneficiarios muy académico y poco empresarial. La prioridad debería ser el desarrollo de inteligencia artificial en las empresas que actúan de interfaz con el mercado con el fin de aumentar la productividad, el empleo y los salarios.

2. CONCLUSIONES GENERALES Y SUGERENCIAS

En síntesis, y a pesar de las numerosas quejas presentadas por los responsables de los proyectos PERTE, se podría decir que, en términos generales, estos se encuentran en la buena dirección para lograr un camino hacia una nueva estrategia de transformación económica mediante un modelo de reindustrialización. Bajo este modelo subyace la transición verde, digital y la inteligencia artificial generativa, al menos incipientemente.

No obstante, tal vez por tratarse de un modelo nuevo y de implantación urgente debido las características de los fondos europeos NextGenerationEU:

- Carece de visión a medio y largo plazo y ha sido organizado y lanzado sin la suficiente reflexión y adecuación a las distintas categorías PERTE o sectores y sin los indispensables instrumentos de gestión. De este modo, aunque pueda corregirse en parte en los casi tres años que restan, el instrumento PERTE entre 2021 y 2024 ha sido tosco, poco afinado, más bien un *totum revolutum*.
- No ha acertado con precisión en poner el foco en los sectores más estratégicos, o lo ha hecho con recursos económicos inadecuados, escasos para unos y excesivos para otros, lo que explica el reducido grado de ejecución hasta el momento presente.
- No ha puesto la confianza en las empresas tractoras ni en las más promisorias emprendedoras *startups* (con los debidos condicionantes), sino en un vetusto y largo recorrido procedimental y en la evaluación *ex ante* y altamente exigente de los proyectos. No es este ya el tiempo de políticas tradicionales, ya obsoletas en el devenir de la tradición verde.

Conviene recordar aquí brevemente que una política industrial verde ocupa un estadio distinto al tradicional, incluidas las políticas ambientales (Altenburg y Rodrik, 2017). O, dicho de otro modo, la nueva perspectiva de la política industrial aleja el debate de la visión de la política industrial como un conjunto de herramientas para asignar recursos hacia su comprensión como proceso (Bruegel, 2020: 31). Asimismo, esta política verde encaja y se sostiene por las externalidades ambientales (fallo de mercado, de coordinación y gestión de bienes públicos), por la tecnología específica para la transición, que exige la interrupción de las vías tecnológicas insostenibles y la inversión (a menudo elevada) en otras sostenibles y más eficientes, y por la mayor incertidumbre que se genera ante periodos prolongados de la transición verde y los resultados de algunas políticas que hacen aumentar el riesgo. Dentro de estas coordenadas deberían hallarse cómodos los PERTE o las futuras figuras de política de reindustrialización.

En consecuencia, para subsanar estas carencias, estamos a tiempo de proponer mejoras en las convocatorias venideras hasta 2026:

- Mayor certidumbre, seguridad y transparencia en cuanto a su filosofía estratégica y mejores y más flexibles herramientas de coordinación y gestión, así como menor extensión y mayor concentración de las ayudas a sectores o empresas con gran impacto *button down* (de arriba hacia abajo) territorial y de empleo.
- A estos sectores y empresas con proyectos de gran impacto ha de exigírseles los condicionantes que han de cumplir *ex post* (Mazzucato y Rodrik, 2023): en el desarrollo del proyecto, en tanto que la gestión se flexibiliza tanto en el análisis del proyecto como en la entrega de fondos. Esta medida, concebida de este modo, se acercaría a los más flexibles requerimientos de la norteamericana contemplada en la ley contra la inflación.
- Respecto al largo y rígido procedimiento que acompaña a los responsables de proyectos PERTE habría que aligerarlo necesariamente. Ha de contemplarse una flexibilización notable de las normas de los procedimientos administrativos. En otro caso, esta política de reindustrialización puede tener efectos paradójicos o negativos. Así, en el caso de Estados Unidos, la opción han sido las deducciones fiscales, que solo se materializan si los proyectos son éxitos y dan beneficios y no tienen apenas burocracia. En Europa se ha optado por el modelo de subvenciones, que exige gran burocracia y colapsa la Administración en todos los países, incluida Bruselas. Ello explica, al menos en parte, el bajo grado de ejecución de los fondos NextGenerationEU tres años después de estar en marcha. Y este modelo,

además, premia por igual a los proyectos que fracasen y no sean viables que a los que mejoren la productividad, el empleo y a los salarios.

- En tal sentido, se podrían agilizar los trámites burocráticos mediante un nuevo modo de gestión de los proyectos en función de los siguientes aspectos:
  - El conocimiento es base para el éxito de esta nueva política de reindustrialización. Los responsables del diseño de las políticas PERTE o los instrumentos que los sustituyan en un futuro próximo han de mantener relaciones estrechas con el sector privado para entender cómo funcionan los sectores específicos, la lógica comercial de los actores privados y si es necesaria la participación del Estado y qué instrumentos sirven para superar los fallos del mercado. Es decir, una nueva política industrial verde conlleva un (sugerente) proceso colaborativo basado en la confianza entre actores públicos y privados que interactúan, negocian y adaptan continuamente sus contribuciones al desarrollo de la industria respectiva. Ello no impide el justo ejercicio de tareas de *lobbying* (acciones de presión) ante los responsables políticos o grupos parlamentarios.
  - Resulta indispensable que estos responsables del diseño y seguimiento de las políticas reindustrializadoras reúnan condiciones de personal muy preparado en los campos de la ingeniería, tecnología, economía y derecho, entre otros, y han de ser recompensados adecuadamente por los ministerios correspondientes. Pero es necesario igualmente que cada institución comprometida con esta nueva política cuente con el número idóneo de este personal altamente especializado. O bien, en otro caso, compartir, al menos en algunas partes de las fases de los proyectos, estos equipos públicos con otros privados procedentes de consultoras expertas y de prestigio o de otros profesionales pertenecientes al ámbito universitario o de centros tecnológicos o asimilados.

- Por otra parte, en la organización del diseño y seguimiento de esta nueva política hace falta mantener un principio de disciplina. La integración del sector público con el privado, aun en esta dinámica de confianza, conlleva riesgos de colusión y captura por parte de intereses privados. Con el fin de minimizarlos, ha de mantenerse la independencia para ajustar o retirar los incentivos sin caer presa de *lobbies* o cabildeos. A este efecto, resulta muy útil separar las funciones de formulación, financiación, implantación y evaluación de políticas.
- Finalmente, se sugiere asumir el principio de responsabilidad. Los responsables de la ejecución deben rendir cuentas, mediante informes y controles de equilibrios democráticos por parte de las autoridades de auditoría. Con ello no solo se previene la corrupción y el favoritismo, sino que se ayuda a legitimar las políticas de reindustrialización apropiada.

Este trabajo, tanto desde su perspectiva teórica —basada en la literatura— como desde el desarrollo aplicado entre las empresas y empresarios beneficiarios de proyectos PERTE, nos ha permitido obtener una visión bastante cabal de cómo funciona esta nueva tipología de política industrial, auspiciada con fondos europeos. Y ello nos ha llevado a proponer estas sugerencias sobre cómo construir y establecer con solidez una nueva política industrial verde. En nuestra opinión, debatirlas e impulsarlas aportarían rigor en la regulación, flexibilidad en la gestión y transparencia ante los empresarios y otros actores implicados, así como ante los ciudadanos interesados.

Conviene, sin embargo, señalar también que en el curso de la investigación hemos observado algunos cambios y adaptaciones por parte de los responsables públicos de la gestión de los PERTE. Por ejemplo, la introducción de mejoras en el ámbito de la información y del seguimiento y ejecución de los proyectos, mediante plataformas electrónicas abiertas (ELISA, mapa de ejecución

MITECO). También hemos observado modificaciones de reformas de normas u órdenes ministeriales para facilitar el acomodamiento de los proyectos que presentaban dificultades. Por ejemplo, sustituir la obligación de constituir agrupaciones de empresas en el sector agroalimentario para acceder a un proyecto, por dejar libertad a empresas individualmente. Pero hay varios casos más. La excepción más engorrosa es la incapacidad pública de aflojar la exigencia burocrática, queja más escuchada y reiterada a lo largo de cada entrevista y en todas las categorías PERTE.

Es decir, las Administraciones conocen bien la necesidad de favorecer algunos de los caminos imprescindibles que aquí hemos señalado y así dar eficiencia y seguridad a los programas de promoción industrial que son sensibles a ella. En esta línea, animamos a que esta predisposición pública siga avanzando a paso resuelto y establezca estrategias a largo plazo que mejoren la dinámica de la política industrial verde.

ANEXO

ENCUESTA A LOS RESPONSABLES DE PROYECTOS PERTE ENTREVISTADOS

MODELO DE ENCUESTA

CUESTIONES PREDETERMINADAS EN LAS ENTREVISTAS A LOS RESPONSABLES DE PROYECTOS PERTE

Se llevarán a cabo tras la entrevista abierta con duración aproximada de unos 40-60 minutos. Todas las preguntas se calificarán de 1 a 10, salvo que se indique otra valoración en preguntas específicas.

1. Desde su opinión, califique el conjunto de la acción de esta nueva política industrial basada en Proyectos Estratégicos para la Recuperación y Transformación Económica (PERTE).
2. Califique el valor global para su empresa del proyecto específico y ayuda PERTE del que usted es responsable.
3. Califique el valor de cooperar con otras empresas y entidades de innovación asociadas al proyecto.
4. Desde la perspectiva de su empresa, ESTIMA QUE el proyecto PERTE:

a. Potencia nuestra inversión a través de los FRR hacia un proyecto industrial en la transición verde.

b. Posibilita el desarrollo de nuevos productos de mayor valor y productividad.
c. Aumenta nuestra capacidad innovadora, con el desarrollo y uso de nuevas tecnologías orientadas a:
   i. la producción,
   ii. la eficiencia energética y empleo de energías renovables,
   iii. mejoras ambientales o descarbonización de la industria que mitigan el cambio climático,
   iv. la gestión y organización interna,
   v. la digitalización de nuestra actividad,
   vi. conseguir talento y nuevo empleo.
d. Genera una oportunidad de engancharse industrialmente o hacerlo con más fuerza a la transición verde.
e. Facilita un despliegue de nuestra actividad en el ámbito territorial, con efectos positivos esperados en la producción, productividad y empleo en el entorno socioeconómico. [Explique brevemente: nota sintética de 1 o 2 ideas].
f. Refuerza nuestro (incipiente, si así fuera) proceso de exportación e internacionalización.
g. Nos enlaza con más facilidad a cadenas globales de valor en el ámbito:
   i. europeo,
   ii. norteamericano o de otros países de la OCDE,
   iii. de China y Asia oriental,
   iv. de África.
h. Promueve la cooperación entre las empresas y entidades de innovación que participan en el proyecto (si así fuere), lo que fragua potencial de crecimiento, y mejoras en competitividad y productividad de nuestra empresa.
i. Proporciona (si la hubiere) la colaboración público-privada en el proyecto. [Explique brevemente: nota sintética de 1 o 2 ideas].

5. Desde la perspectiva de la (o las) Administracion pública que ha analizado y seleccionado este proyecto, VALORE:

a. El apoyo y facilidades recibidos por parte de los técnicos/ empleados especializados del ministerio o entidad responsable de la gestión del PERTE al que pertenece su proyecto.
b. Las habilidades y conocimientos específicos de los técnicos/ empleados públicos que han gestionado el proyecto en relación con los aspectos estratégicos y técnicos de este.
c. El grado de facilidad/complejidad burocrática en la fase de discusión, presentación y selección del proyecto.
d. El grado de facilidad/complejidad burocrática en la fase del desarrollo del proyecto y entrega a su empresa de los fondos previstos en la selección.
e. La aportación de fondos públicos PERTE para nuestro proyecto es:
   i. Suficiente [marcar x].
   ii. Insuficiente [marcar x] [estime % sobre presupuesto total] [marcar %].
   iii. Si ii. ¿Se han visto obligados a financiar una parte de la inversión acudiendo al sistema financiero?

6. ¿En la dinámica de presentación del proyecto, ha sido necesario o fundamental mantener una o más entrevistas explicativas con responsables políticos del PERTE al que pertenece su proyecto?:
   f. Sí [marcar x].
   g. No [marcar x].
   h. NS/NC [marcar x].
7. ¿Cuántos empleos nuevos se considera en su empresa que se crearán como consecuencia del desarrollo de este proyecto PERTE? [indicar número estimado]
8. ¿Considera que en su empresa la dinámica de contratación laboral se orienta hacia la igualdad y disminución de la brecha de género?
   i. Si [marcar x].
   j. No [marcar x].
   k. NS/NC [marcar x].

9. Cree que sú proyecto PERTE facilita, en parte al menos, la senda de la reindustrialización y transición verde de España.
    l. Si [marcar x].
    m. No [marcar x].
    n. NS/NC [marcar x].
10. Puede estimar cómo es comprendido y valorado el proceso de los fondos y proyectos empresariales PERTE como trayectoria para una reindustrialización por parte de los agentes sociales:
    o. Patronal y entidades empresariales.
    p. Sindicatos.
11. Puede estimar cómo es comprendido y valorado el proceso de los fondos y proyectos empresariales PERTE como trayectoria para una reindustrialización por parte de:
    q. La sociedad civil.
    r. Los responsables e investigadores de Universidades.
    s. Los centros de investigación.
    t. Las ingenierías y consultoras.
    u. La banca y el sector financiero.
12. Desde su visión, valore la idoneidad del reparto de fondos PERTE en función de su ajuste a tipologías de proyectos industriales emergentes y de naturaleza verde.
13. ¿Considera que un grupo de empresas grandes o sectores específicos estaría beneficiándose más que otros grupos de empresas también con potencialidad PERTE?
    v. Sí [marcar x].
    w. No [marcar x].
    x. En parte sí [marcar x].
    y. NS/NC [marcar x].
14. Finalmente, si lo estima, puede darnos libremente algunas pistas para una mejor valoración de los PERTE. [Explique brevemente: nota sintética de 1 o 2 ideas].

REFERENCIAS BIBLIOGRÁFICAS

Agnosiewicz, M. (2014): "Dzieło polskiego Oświecenia wykuwano w kuźnicach, nie w salonach literackich", https://lc.cx/39qswB.

Akbulut, A. y Burcin Yereli, A. B. (2023): "A new look at the pollution halo hypothesis: The role of environmental policy stringency", *Estudios de Economía*, vol. 50, pp. 31-54.

Altenburg, T. y Rodrik, D. (2017): "Green Industrial Policy: Accelerating Structural Change Towards Wealthy Green Economies", en T. Altenburg y C. Assmann (eds.), *Green Industrial Policy. Concept, Policies, Country Experiences*, Ginebra y Bonn, UN Environment, German Development Institute/Deutsches Institut für Entwicklungspolitk, pp. 1-20.

Andreoni, A. *et al.* (2021a): "Preface", en A. Andreoni *et al.* (eds.), *Structural Transformation in South Africa*, Oxford, Oxford, University Press, https://lc.cx/2OD6XF.

Andreoni, A.; Lee, K. y Torreggiani, S. (2021b): "Global Value Chains, 'In-Out-In Industrialization', and de Global Patters of Sectoral Value Addition", en A. Andreoni *et al.* (eds.), *Structural Transformation in South Africa*, Oxford, Oxford, University Press.

Andreoni, A. y Tregenna, F. (2021): "The Middle-Income Trap and Premature Deindustrialization in South Africa", en A. Andreoni *et al.* (eds.), *Structural Transformation in South Africa*, Oxford, Oxford, University Press, pp. 237-260.

Backhaus, R. (2023): "The Maturity of the Electric Car Market: A Global Comparison", *ATZ Electron Worldw*, vol. 18, pp. 34-39, https://lc.cx/6yzLY6.

Balawejder, F.; Sampson, S. y Stratton, T. (2021): "Lessons for industrial policy from development of the Oxford/AstraZeneca COVID-19 vaccine", *Research Paper*, https://lc.cx/RMnHjt.

Banco Mundial (2012): "Inclusive Green Growth. The Pathway to Sustainable Development", https://lc.cx/zsuDg2.

— (2023): www.bancomundial.org/es.

Basave Kunhardt, J. (2020): "La política industrial de México existe solo en el papel", https://lc.cx/M7KfMt.

Beugelers, R. y Tagliapietra, S. (2020): *A Green Industrial Policy for Europe*, Bruselas, Bruegel.

Blanchard, O. (1987): "Reaganomics", *Economic Policy*, vol. 2, nº 5, p 15-56.

BRUNNER, Z. (2022): "Manufacturing USA. Highlights Report. A Summary of 2021 Accomplishments and Impacts", https://lc.cx/GCE8id.
BUONOMANO, A. *et al.* (2023): "Advancing sustainability in the maritime sector: energy design and optimization of large ships through information modelling and dynamic simulation", *Applied Thermal Engineering*, vol. 235.
BUSCH, P.; KENDALL, A. y LIPMAN, T. (2023): "A systematic review of life cycle greenhouse gas intensity values for hydrogen production pathways", *Renewable and Sustainable Energy*, vol. 184.
CHARI, B. *et al.* (2022): "CHIPS Act Basics for Semiconductor Companies: Early Answers on Finding Funding and Resulting Risks", https://lc.cx/D_tcjh.
CLIMATE AND ECONOMIC JUSTICE (2023): https://lc.cx/1xufNs.
— (2023): https://lc.cx/TQLo6i.
CLIMATE POWER (2023): https://lc.cx/BgNE8t.
COMISIÓN EUROPEA (2021): "Estrategia Industrial Europea", https://lc.cx/xZt8yh.
CONSEJO DE LA UNIÓN EUROPEA (2019): "El Consejo reclama una estrategia global a largo plazo de la política industrial con una visión para 2030", https://lc.cx/4bCLr_.
CONTIN TRILLO-FIGUEROA, S. (2023): "Breaking Free from China's Hold: U. S.: EU Deal on Critical Mineral", https://lc.cx/Bk4BWr.
DORRUCCI, E.; PULA, G. y SANTABÁRBARA, D. (2013): "China's Economic Growth and Rebalancing", *Documentos Ocasionales*, nº 1301, Banco de España.
DWECK, E. *et al.* (2022): "COVID-19 and the Brazilian manufacturing sector: Roads to reindustrialization within societal purposes', *Structural Change and Economic Dynamics*, nº 61, pp. 278-293.
EUROSTAT (2023): "Key and Figures on Europe, 2023 Edition", p. 46, https://lc.cx/zoGGe4.
FAJGELBAUM, P. y KANDELWAL, A. (2021): "The Economic Impact of the US-China Trade War", National Bureau of Economic Research, https://lc.cx/pVeYtT.
FARIÑAS, J. C. y MARTÍN MARCOS, A. (2015): "¿Se puede reindustrializar España?", *Cuadernos de Información Económica*, nº 247, pp. 55-67.
FONTANA, A. y FREY, J. H. (1987): "The interview. From Structured Questions to Negotiated Text", en *Methods of Collecting and Analyzing Empirical Materials*, pp. 645-672.
FRED ST. LOUIS FED. (2023): "China Exports", https://lc.cx/bWOxZl.
FUENTE, Á. de la (2024): "Seguimiento de las inversiones y ayudas del Plan de Recuperación y contenido de su *Adenda*", *Boletín Fedea*, nº 24.
GUTIÉRREZ MUGUERZA, R. M. (2012): "Hacia la industrialización de México", Ciudad de México, Biblioteca Jurídica Virtual del Instituto de Investigaciones Jurídicas de la UNAM.
HAI, H. (2020): "Hacia una Industrialización sostenible de África", Organización de las Naciones Unidas para el Desarrollo Industrial (ONUDI) para la industrialización en África, https://lc.cx/_lvicM.
HALLEGATTE, S.; FAY, M. y VOGT-SCHILB, A. (2013): "Green Industrial Policies: When and How", *Policy Research Working Paper*, nº 6677, World Bank, Washington.
HAUSMANN, R. y RODRIK, D. (2003): "Economic development as self-discovery", *Journal of Development Economics*, vol. 72, nº 2, pp. 603-633.
HEAT MAP (IRA) (2023): https://lc.cx/95VgKf.
HIDALGO, A. y LEGARDA, A. (2023): "China y Estados Unidos: dos modelos de política industrial y un mismo objetivo", *Revista de Economía Industrial*, vol. 427, MINCOTUR, Gobierno de España.
HIDALGO PÉREZ, M. (2022): "Radiografía de las subvenciones provenientes de los fondos europeos del Mecanismo de Recuperación y Resiliencia en España", Observatorio de los fondos NextGenerationEU, ESADE.

HOELZEN, J. *et al.* (2022): "Hydrogen-powered aviation and its reliance on green hydrogen infrastructure: Review and research gaps", *International Journal of Hydrogen Energy*, vol. 47, nº 5, pp. 3108-3130.

IPCC (2014): *Cambio climático 2014: Impactos, adaptación y vulnerabilidad*, https://lc.cx/p07iTl.

JONES, N. (2024): "The new car batteries that could power the electric vehicle revolution. Researchers are experimenting with different designs that could lower costs, extend vehicle ranges and offer other improvements", *Nature*, nº 626, pp. 248-251.

KANE, J. y TOMER, A. (2023): "Unlocking new federal infrastructure funding to drive green workforce", https://lc.cx/5Z7trt.

KHANG, A.; JADHAV, B. y SAYYED, M. (2024): "Role of Cutting-Edge Technologies and Applications Learning Frameworks", en A. Khang (ed.), *AI-Driven Innovations in Digital Healthcare: Emerging Trends, Challenges, and Applications*, Pensilvania, IGI Global.

KHEYFETS, B. y CHERNOVA, V. (2019): "Government programs for smart re-industrialization: Justification of strategic choice for Russia", *Revista Espacios*, vol. 40, nº 18, p. 30.

KORINEK, A. (2023): "Language Models and Cognitive Automation for Economic Research", NBER, National Bureau of Economic Research, https://lc.cx/G32IEC.

KRAWCZYŃSKI, M.; CZYŻEWSKI, P. y BOCIAN, K. (2016): "Reindustrialization: A Challenge to The Economy in The First Quarter of The Twenty-First Century", *Foundations of Management*, vol. 8.

LAM, W. R. y MORENO, M. (2023): "Fiscal Policy and the Government Balance Sheet in China', International Monetary Fund, https://lc.cx/q_j3dZ.

LAR, N. y TAGUCHI, H. (2023): "Premature deindustrialization or reindustrialization. The case of China's latecomer provinces", East Asian Sustainable Development Research Area, Saitama University, *Discussion Paper*, SU-RCSDEA 2023-001.

LIU, E. (2019): "Industrial Policies in Production Networks", *Quarterly Journal of Economics*, vol. 134, nº 4, pp. 1883-1948.

LÜTKENHORST, W. *et al.* (2014): "Green_Industrial Policy, Managing Transformation under Uncertainty", https://lc.cx/wZZPSM.

MATSUO, T. y SCHMIDT, T. S. (2019): "Managing tradeoffs in green industrial policies: The role of renewable energy policy design", *World Development*, vol. 122, pp. 11-26.

MAZZUCATO, M. (2011): *The Entrepreneurial State*, Londres, Demos.

MAZZUCATO, M. y RODRIK, D. (2023): "Industrial Policy with Conditionalities: A Taxonomy and Sample Cases", UCL Institute for Innovation and Public Purpose, https://lc.cx/RuQkcF.

MCMILLAN, M.; RODRIK, D. y SEPULVEDA, C. (2017): "Structural Change, Fundamentals and Growth: A Framework and Case Studies", NBER, National Bureau of Economic Research, https://lc.cx/yO_srp.

MELLE, M. (2023): "Los fondos europeos y las nuevas reglas fiscales", *El Español*, https://lc.cx/pLr6A8.

MUTANOV, G. *et al.* (2024): "Sustainability-Driven Green Innovation: Revolutionising Aerospace Decision-Making with an Intelligent Decision Support System", *Sustainability*, vol. 16, nº 41.

NAUGHTON, B. (2021): "The Rise of China's Industrial Policy, 1978 to 2020", Ciudad de México, Union de Universidades de America Latina y el Caribe.

NAWRATEK, K. (2017): "Introduction", en K. Nawratek (ed.), *Urban re-industrialization*, Nueva York, Punctum Books.

Neagu, C. *et al.* (2015): "A SWOT analysis of Romanian Extractive Industry and Re-Industrialization Requirements of This Industry", *Procedia Economics and Finance*, nº 22, 287-295.

O'Cathain, A. *et al.* (2014): "Getting added value from using qualitative research with randomized controlled trials: a qualitative interview study", *Trials*, nº 15.

Oliveira, A. M.; Beswick, R. R. y Yan, Y. (2021): "A green hydrogen economy for a renewable energy society", *Current Opinion in Chemical Engineering*, nº 33.

Oliveira, R. P. de; Saldanha Matos, J. y Monteiro, A. J. (2015): "Managing the urban water cycle in a changing environment', *Water Utility Journal*, vol. 9, pp. 3-12.

Olmedo, B. (2014): "Desafíos de una política industrial y tecnológica en tiempos de reindustrialización mundial: reflexiones para México", en A. Girón (coord.), *Democracia, financiarización y neoextraccionismo ante los desafíos de la industrialización y el mercado de trabajo*, Ciudad de México, Instituto de Investigaciones Económicas, colección Problemas del Desarrollo, UNAM, pp. 167-181.

Oskarsson, A. (2023): "A Norrland before, and a Norrland after? Exploring re-industrialization, as an example of green growth, through the reproduction of space and planetary urbanization in Northern Sweden", trabajo de fin de máster, Universidad de Estocolmo, https://lc.cx/6I_mVR.

Palma, G. (2008): "Deindustrialisation, Premature Deindustrialisation, and the Dutch Disease", en L. Blume y S. Durlauf (eds.), *The New Palgrave: A Dictionary of Economics*, Basingstoke, Palgrave Macmillian.

Palomera, M. y Espinosa, R. S. (2004): "Inversión extranjera directa y medioambiente: la evidencia", *Carta Económica Regional*, nº 89, p. 36-44.

Pianta, M. y Lucchese, M. (2020): "Rethinking the European Green Deal: An Industrial Policy for a Just Transition in Europe", *Review of Radical Political Economics*, vol. 52, nº 4, pp. 633-641.

Platzer, M. F. (2023): "The prospects for green aviation by 2050", *Progress in Aerospace Sciences*, nº 141.

Prytherch, M.; Lieberthal, K. G. y Hass, R. (2023): "Unpacking China's climate priorities", *Brookings*, https://lc.cx/g_pBNW.

Reuters (2023): https://lc.cx/zfC53n.

Rhodium Group y MIT (2023): "Clean Investment Monitor", https://lc.cx/7vUFPN.

Ríos, X. (2016): "El XIII Plan Quinquenal: antecedentes, contexto, contenidos y expectativas/The 13th Five-Year Plan: Precedents, Context, Contents and Expectations', *Araucaria*, vol. 18, nº 35, https://lc.cx/SL-qk1.

Rodrik, D. (2004): "Industrial Policy for the Twenty-First Century", *Working Paper*, RWP04-047, Cambridge, Harvard Kennedy School.

— (2008): "Normalizing Industrial Policy", *Working Paper*, nº 3, Commission on Growth and Development, The World Bank.

— (2010): "The Return of Industrial Policy", *Project Syndicate*, https://lc.cx/wK-DPUM.

— (2011): "El imperativo manufacturero', *Project Syndicate*, https://lc.cx/UlHAlQ.

— (2014): "Green Industrial Policy", *Oxford Review of Economic Policy*, vol. 30, nº 3, pp. 469-491.

— (2016): "Premature deindustrialization", *Journal of Economic Growth*, nº 21, pp. 1-33.

Rodrik, D.; Juhász, R. y Lane, N. (2023): "Economists Reconsider Industrial Policy", *Project Syndicate*, https://lc.cx/qYyoWg.

Rowthorn, R. y Coutts, K. (2004): "Commentary: Deindustrialisation and the Balance of Payments in Advanced Economies", *Cambridge Journal of Economics*, vol. 28, nº 5, pp. 767-790.

SAEGER, S. (1997): "Globalization and Deindustrialization: Myth and Reality in the OECD", *Review of World Economics*, vol. 133, nº 4, pp. 579-608.
SALAMA, P. (2012a): "China-Brazil: Industrializacion y Desindustrializacion Temprana (China-Brazil: Industrialization and Early Deindustrialization)", *Cuadernos de Economía*, vol. 31, nº 56, pp. 223-252.
— (2012b): "Preguntas y respuestas sobre la crisis mundial", *Nueva Sociedad*, nº 237, pp. 50-64.
SÁNCHEZ JUÁREZ, I. L. y MORENO BRID, J. C. (2016): "El reto del crecimiento económico en México: industrias manufactureras y política industrial", *Revista Finanzas y Politica Económica*, vol. 8, nº 2, pp. 271-299.
SAPNKEN, F. E. *et al*. (2024): "The potential of green hydrogen fuel as an alternative", *International Journal of Hydrogen Energy*, nº 49, pp. 433-449.
SGROI, S. (2023): "Circular economy and sustainable agri-food systems", *Journal of Agriculture and Food Research*, nº 14.
SINGH, A. (1977): "UK Industry and the World Economy: A Case of De-industrialisation?", *Cambridge Journal of Economics*, vol. 1, nº 2, pp. 113-136.
SRIYAKUL, T.; CHIENWATTANASOOK, K. y CHANKOSON, T. (2022): "Does Industrialization and Renewable Energy Consumption Determine Economic Growth? Empirical Evidence from ASEAN Countries", *International Journal of Economics and Finance Studies*, vol. 14, nº 3, pp. 264-279.
STRAIN, M. R. (2023): "Por qué fracasa la política industrial", *Project Syndicate*, https://lc.cx/WOGP7q.
SUGIHARTI, L. *et al*. (2019): "Indonesia Industrial Productivity Growth: Evidence of Re-industrialization or De-industrialization?", *Periodica Polytechnica Social and Management Sciences*, vol. 27, nº 2, pp. 108-118.
THE WHITE HOUSE (2021): Iniciativa Justice40, https://lc.cx/mAEYgv.
— (2021): "Fact Sheet: The Bipartisan Infrastructure Deal", https://lc.cx/zdlWrK.
— (2021): Plan de rescate americano, https://lc.cx/vX3T20.
— (2021): Primer acuerdo sectorial basado en el carbono del mundo sobre el comercio de acero y aluminio, https://lc.cx/RbsOso.
— (2022): Ley de reducción de la inflación (IRA), https://lc.cx/-RosGl.
— (2022): Ley de chips y ciencias de 2022, https://lc.cx/o8EkTt.
— (2023): Cuerpo Climático Americano, https://lc.cx/QxGsuf.
THE WORLD BANK (2012): *Inclusive Green Growth: The Pathway to Sustainable Development*, https://lc.cx/PMRmSG.
TORRE, L. de la y ESPÍ, J. A. (2022): "Posibles efectos de la guerra Rusia-Ucrania en el mercado de las materias primas: los recursos minerales", Madrid, Real Instituto Elcano.
TREGENNA, F. (2011): "Manufacturing Productivity, Deindustrialization, and Reindustrialization", *Working Paper*, 2011/57, United Nations University, World Institute for Development Economic Research (UNO-WIDER).
WALTER, C. (2024): "Digital Technologies for the Future of the Water Sector? Examining the Discourse on Digital Water", *Geoforum*, nº 148.
WANG, A. (2021): "Is U.S.-China Climate Action Possible in an Era of Mistrust?", https://papers.ssrn.com/sol3/papers.cfm?abstract_id=3826681.
WARWICK, K. (2013): "Beyond Industrial Policy: Emerging Issues and New Trends", https://lc.cx/-X9c8_.
WILLIAMSON, J. (2003): "Washington Consensus and beyond. Economic' and Political Weekly", vol. 38, nº 15, p. 1475-1481.
WILLIS TOWERS, W. (2019): "Los modelos tradicionales de organización, gestión del talento y retribución están cuestionados", *equipo & talento*, nº 200, https://lc.cx/8oomNv.

World Economic Outlook (IMF) (2023): "Navigating Global Divergences", *Global Prospects and Policies*, https://lc.cx/mRrNcz, p. 4.

XIV Plan Quinquenal Chino (2021): https://lc.cx/OBe8qr.

Yuan, Q. *et al*. (2020): "Inclusive and sustainable industrial development in China: An efficiency-based analysis for current status and improving potentials", *Applied Energy*, nº 268.

Zandi, M. y Yaros, B. (2021): "Macroeconomic Consequences of the Infrastructure Investment and Jobs Act & Build Back Better Framework", *Moody's Analytics*, https://lc.cx/qmKNjU.

SOBRE LOS AUTORES Y LA AUTORA

Antonio García Tabuenca

Doctor en Economía y licenciado en Derecho en la Universidad de Deusto. Profesor honorífico de investigación en el IAES (Universidad de Alcalá, UAH). Decano de la Facultad de Económicas (UAH, 2018-2021) y *visiting scholar* en la Universidad de Harvard en 2016. Codirector de la Cátedra Iberdrola-UAH sobre energías renovables responsables y director de otras cátedras y proyectos sobre tamaño, financiación y competitividad de las empresas. Consultor del BID, CE y BM. En sus cargos de responsabilidad pública ha dirigido políticas de desarrollo industrial e infraestructuras de soporte a la innovación empresarial. Cuenta con una extensa obra en revistas y libros.

María Gálvez del Castillo Luna

CEO de Smart Blue Lab, investigadora, mentora de *startups* y embajadora del Pacto Climático Europeo (Comisión Europea). Licenciada en Ciencias del Mar y en Ciencias Ambientales, máster en GIAL y PhDc por la Universidad de Cádiz, con estancias académicas internacionales en la Universidad de Palermo (Italia), en la UABC (México) y en UCLA (Estados Unidos). También cuenta, entre otros estudios, con postgrados en la Unión Europea por la Escuela Diplomática de España y en Dirección de Proyectos por la EOI. Tiene una amplia experiencia profesional relacionada, especialmente, con la transición ecológica, la I+D+i y la dirección, diseño y gestión de proyectos y ayudas de fondos públicos y privados.

José Carlos Díez Gangas
Socio fundador de LUAfund y de YT Capital. Compagina su actividad privada como profesor de Economía de la Universidad de Alcalá. Forma parte del Consejo Asesor del PNUD de las Naciones Unidas para Latam. Asimismo, es colaborador habitual de medios de comunicación nacionales e internacionales y es uno de los economistas más influyentes en las redes sociales. Ha escrito tres *best sellers* y ha vendido más de 75.000 ejemplares.